CB059555

DIREITO CONSTITUCIONAL GERAL

COLEÇÃO CLÁSSICOS DO DIREITO

inter
saberes

Paulo Ferreira da Cunha

DIREITO CONSTITUCIONAL GERAL

4ª edição

Rua Clara Vendramin, 58 ∎ Mossunguê
CEP 81200-170 ∎ Curitiba ∎ PR ∎ Brasil
Fone: (41) 2106-4170
www.intersaberes.com
editora@intersaberes.com

Conselho editorial Dr. Alexandre Coutinho Pagliarini ∎ Dr.ª Elena Godoy ∎ Dr. Neri dos Santos ∎ Dr. Ulf Gregor Baranow
Editora-chefe Lindsay Azambuja
Gerente editorial Ariadne Nunes Wenger
Assistente editorial Daniela Viroli Pereira Pinto
Edição de texto Tiago Krelling Marinaska
Capa e projeto gráfico Sílvio Gabriel Spannenberg
Fotografia do autor Fernando Piçarra
Equipe de *design* Sílvio Gabriel Spannenberg
Diagramação Fabiola Penso
Iconografia Regina Claudia Cruz Prestes

Dados Internacionais de Catalogação na Publicação (CIP)
(Câmara Brasileira do Livro, SP, Brasil)

Cunha, Paulo Ferreira da
    Direito Constitucional Geral/Paulo Ferreira da Cunha. 4. ed. rev. e atual. Curitiba: InterSaberes, 2022. (Coleção Clássicos do Direito; v. 1)
    Bibliografia.
    ISBN 978-65-5517-156-3

    1. Direito constitucional 2. Direito constitucional – Brasil I. Título. II. Série.
22-113590   CDU-342 (81)

Índices para catálogo sistemático:
1. Brasil: Direito constitucional 342 (81)
        Eliete Marques da Silva - Bibliotecária - CRB-8/9380

4ª edição – revista e atualizada, 2022.
Foi feito o depósito legal.
Informamos que é de inteira responsabilidade do autor a emissão de conceitos.
Nenhuma parte desta publicação poderá ser reproduzida por qualquer meio ou forma sem a prévia autorização da Editora InterSaberes.
A violação dos direitos autorais é crime estabelecido na Lei n. 9.610/1998 e punido pelo art. 184 do Código Penal.

Sumário

Outros livros do autor 13
Prefácio 23
Introdução 27

LIVRO 1
FUNDAMENTOS EPISTEMOLÓGICOS E SOCIOCOMPARATÍSTICOS 31

PARTE 1
O DIREITO CONSTITUCIONAL COMO REALIDADE E COMO CIÊNCIA 33

Título 1
Evolução "científica" do Direito Constitucional e relações com outras *epistemai*, jurídicas e não jurídicas 35

Capítulo 1
Direito, Constituição, Direito Constitucional: pré-compreensão 37

Capítulo 2
Aproximação fenomênica ao Direito Constitucional 41
2.1 Sociologia e comparatismo jusconstitucionais 42
2.2 Ensaio de classificação constitucional 45

Capítulo 3
Direito Constitucional: Sentido Normativo e Sentido Epistêmico 53

Capítulo 4
Função do Direito Constitucional no contexto dos Direitos 55

Capítulo 5
Momentos da Evolução Epistêmica do Direito Constitucional 59
5.1 Por que não existiu sempre Direito Constitucional, mas sempre houve Constituição? Constitucionalismo e Direito Natural 60
5.2 Alguns marcos fundadores do Direito Constitucional 62

Capítulo 6
O Direito Constitucional e outras Epistemai 67
6.1 História do Direito Constitucional 73

Capítulo 7
Interdisciplinaridade e Cultura no Direito Constitucional 75

Capítulo 8
**Direito Constitucional, entre Direito e Política:
o exemplo da Justiça Constitucional** 81

Título 2
**Conceito, Ideia e Noção de Constituição e de Direito
Constitucional** 87

Capítulo 1
Ideia de Direito Constitucional e Ideia de Direito 89

Capítulo 2
Conceito e noção de Direito Constitucional e Constituição 93

Capítulo 3
**Conceito Histórico-universal de Constituição. Constituição
Natural e Constituição Voluntária. Constitucionalismo Histórico
e Constitucionalismo Moderno** 97
3.1 Conceito Histórico-Universal de Constituição 98
3.2 Constituição Natural e Constituição Voluntária: Constitucionalismo Histórico e Constitucionalismo Moderno 98

PARTE 2
**FUNDAMENTO, SER, E SENTIDO EM DIREITO CONSTITUCIONAL –
LEGITIMIDADE, PODER CONSTITUINTE, CONSTITUIÇÃO
MATERIAL, PIRÂMIDE NORMATIVA, VALORES CONSTITUCIONAIS,
ÉTICA E CONSTITUIÇÃO, E OUTRAS RELAÇÕES E PARADIGMAS
FUNDANTES** 103

Capítulo 1
Aparência e Essência, Ser e Sentido em Direito Constitucional 105

Capítulo 2
Fundamento e Fundamentação 109

Capítulo 3
Legitimidade e Legitimação 115

Capítulo 4
Poder Constituinte e Constituição Material 119
4.1 Origens do Poder Constituinte 120

4.2 Poder Constituinte e Constituição Material 124

Capítulo 5
Pirâmide Normativa, Ética e Constituição 135
5.1 O Problema Hermenêutico, a Hierarquia das Fontes e o lugar da Ética na Constituição 136
5.2 Ética Constitucional como Ética Republicana 137

Capítulo 6
Valores Constitucionais 147
6.1 Delimitação do Objeto 148
6.2 Da Demanda dos Valores em geral 148
6.3 Em Demanda dos Valores no Direito Constitucional positivo 154
6.4 Construindo os Valores Globais do Estado Constitucional: Lições do Direito Comparado 155
6.5 Desfazendo Problemas: Antinomia, Hierarquia e Conflito de Valores 160
6.6 Sistematicidade espanhola, Contextualização europeia, Abertura à Inovação Valorativa 163
6.7 A Lição Brasileira 165

PARTE 3
O DIREITO CONSTITUCIONAL NO MUNDO E NA SOCIEDADE: GEOGRAFIA E SOCIOLOGIA CONSTITUCIONAIS 169

Título 1
Comparação de Culturas Constitucionais 171

Capítulo 1
Famílias de Direito e Famílias Constitucionais 173

Capítulo 2
Mapa de Culturas Constitucionais 177

Título 2
Realidade constitucional e "constituição real", constituição-balanço e constituição-programa, "constituição-mito" e "constituição-utopia" 183

Capítulo 1
Conceitos sócio-jusconstitucionais: Realidade Constitucional, Law in action, força normativa, constituição real 185

Capítulo 2
Constituição-balanço e constituição-programa   191

Capítulo 3
Constituição-mito e constituição-utopia   195

LIVRO 2
HISTÓRIA CONSTITUCIONAL E TEORIA DO ESTADO   201

PARTE 4
HISTÓRIA CONSTITUCIONAL   203

Capítulo 1
Raízes do Constitucionalismo   205

Capítulo 2
As Grandes Revoluções Constitucionais   209

Capítulo 3
Do Direito Político nas Ordenações às Constituições Atuais   211
3.1 Constitucionalismo Português   212
3.2 Constitucionalismo Brasileiro   215

PARTE 5
TEORIA DO ESTADO E CONSTITUIÇÃO   225

Capítulo 1
Conceitos Fundamentais   227

Capítulo 2
Evolução   231

Capítulo 3
Novos desafios   239
3.1 O Estado Constitucional   240
3.2 O Estado Social   246

Conclusão   261
Referências bibliográficas   267

Aos meus antigos estudantes de Direito Constitucional, que bem conhecem muitas ideias deste livro.

A quantos se iniciam nos estudos do Direito Constitucional.

Agradeço ao Prof. Dr. Alexandre Coutinho Pagliarini o simpático convite para preparar esta edição, e ao Prof. Dr. André Ramos Tavares o honroso Prefácio com que nos distinguiu neste novo livro, mais uma vez.

Outros livros do autor

1987
(1) O Procedimento administrativo, Coimbra, Almedina, 1987 (esgotado).
(2) Quadros institucionais: do social ao jurídico, Porto, Rés, 1987 (esgotado); refundido e aumentado no volume seguinte:
(2a) Sociedade e Direito: quadros institucionais, Porto, Rés, 1990 (esgotado).

1988
(3) Introdução à teoria do Direito, Porto, Rés, 1988 (esgotado).
(4) Noções gerais de Direito, Porto, Rés, 1. ed., 1988; 2. ed. 1991; há outras edições ulteriores (em colaboração). Edição bilíngue português-chinês, revista, adaptada e muito aumentada: Noções gerais de Direito Civil, I, tradução de Vasco Fong Man Chong, Macau, Publicações O Direito, ed. subsidiada pelo Instituto Português do Oriente e Associação dos Advogados de Macau, 1993; nova edição pela Calendário das Letras, Vila Nova de Gaia, 2015; nova edição pela Primeira Edição editora, 2020.
(5) Problemas Fundamentais de Direito, Porto, Rés, 1988 (esgotado);

1990
(6) Direito, Porto, Edições Asa, 1990; 2. ed. 1991; 3. ed., 1994 (esgotado).
(7) Mito e constitucionalismo: perspectiva conceitual e histórica, Coimbra, 1988, Separata do "Suplemento ao Boletim da Faculdade de Direito de Coimbra", vol. III, Coimbra, 1990 (esgotado).
(8) Pensar o Direito I: do realismo clássico à análise mítica, Coimbra, Almedina, 1990 (esgotado).
(9) Direito: guia universitário, em colaboração, Porto, Rés, 1990 (esgotado).

1991
(8b) Pensar o Direito II: da modernidade à pós-modernidade, Coimbra, Almedina, 1991 (esgotado).
(10) História da Faculdade de Direito de Coimbra, Porto, Rés, 1991, 5 vols. (com colaboração de Reinaldo de Carvalho, Prefácio de Orlando de Carvalho).

1992
Mythe et constitutionnalisme au Portugal (1777-1826): originalité ou influence française?, Paris, Université Paris II, 1992 (tese policopiada e editada parcialmente).

1993

(11) *Princípios de Direito: introdução à filosofia e metodologia jurídicas*, Porto, Rés, 1993 (esgotado).

1995

(12) *Para uma história constitucional do Direito português*, Coimbra, Almedina, 1995 (esgotado).
(13) *Tópicos jurídicos*, Porto, Edições Asa, 1. e 2. eds., 1995 (esgotado).
(14) "*Peço Justiça!*", Porto, Edições Asa, 1995 (esgotado) – há edição em Braille, Porto, Centro Prof. Albuquerque e Castro, n. 1176, 8 vols.
(15) *Amor Iuris, filosofia contemporânea do Direito e da política*, Lisboa, Cosmos, 1995 (esgotado).

1996

(16) *Constituição, Direito e utopia: do jurídico-constitucional nas utopias políticas*, Coimbra, Faculdade de Direito de Coimbra, Studia Iuridica, Coimbra Editora, 1996.
(17) *Peccata Iuris: do Direito nos livros ao Direito em ação*, Lisboa, Edições Universitárias Lusófonas, 1996.
(18) *Arqueologias jurídicas: ensaios jurídico-humanísticos e jurídico-políticos*, Porto, Lello, 1996.

1998

(19) *Lições preliminares de Filosofia do Direito*, Coimbra, Almedina, 1998, esgotado, há 2. ed. e 3. ed.
(20) *A constituição do crime: da substancial constitucionalidade do Direito Penal*, Coimbra, Coimbra Editora, 1998.
(21) *Instituições de Direito. I: filosofia e metodologia do Direito*, Coimbra, Almedina, 1998 (organizador e coautor), Prefácio de Vítor Manuel Aguiar e Silva.
(22) *Res Publica: ensaios constitucionais*, Coimbra, Almedina, 1998.

1999

(23) *Lições de filosofia jurídica: natureza & arte do Direito*, Coimbra, Almedina, 1999;
(24) *Mysteria Ivris: raízes mitosóficas do pensamento jurídico-político português*, Porto, Legis, 1999.

2000

(25) *Le droit et les sens*, Paris, L'Archer, dif. P.U.F., 2000.
(26) *Teoria da constituição. II: direitos humanos – direitos fundamentais*, Lisboa, Verbo, 2000.

(27) *Temas e perfis da filosofia do Direito luso-brasileira*, Lisboa, Imprensa Nacional-Casa da Moeda, 2000.
(20a) *Instituições de Direito. II: enciclopédia jurídica*, (organizador e coautor), Coimbra, Almedina, 2000.
(28) *Responsabilité et culpabilité: abrégé juridique pour médecins*, Paris, P.U.F., 2000 (esgotado).

2001

(29) *O Ponto de Arquimedes: natureza humana, direito natural, direitos humanos*, Coimbra, Almedina, 2001 (esgotado).
(30) *Propedêutica jurídica: uma perspectiva jusnaturalista*, Campinas, São Paulo, Millennium, 2001 (em colaboração com Ricardo Dip).

2002

(31) *Lições preliminares de Filosofia do Direito*, 2. ed. revista e atualizada, Coimbra, Almedina, 2002.
(25a) *Teoria da constituição. I: mitos, memórias, conceitos*, Lisboa, Verbo, 2002.
(32) *Faces da Justiça*, Coimbra, Almedina, 2002 (esgotado).

2003

(33) *Direitos humanos: teorias e práticas*, Coimbra, Almedina, 2003 (organizador), com Prefácio de Jorge Miranda.
(34) *O século de Antígona*, Coimbra, Almedina, 2003.
(35) *Teoria do Estado contemporâneo* (organizador), Lisboa/São Paulo, Verbo, 2003.
(36) *Política mínima*, Coimbra, Almedina, 2003 (esgotada a 2. ed.);
(37) *Miragens do Direito: o Direito, as instituições e o politicamente correto*, Campinas, SP, Millennium, 2003.
(38) *Droit et récit*, Québec, Presses de l'Université Laval, 2003.

2004

(39) *Memória, método e Direito*, Coimbra, Almedina, 2004 (esgotada a 2. ed.).
(40) *O tímpano das virtudes*, Coimbra, Almedina, 2004.
(41) *Filosofia do Direito: primeira síntese*, Coimbra, Almedina, 2004 (esgotado).
(42) *Direito natural, religiões e culturas* (organizador), Coimbra, Coimbra Editora, 2004.

2005

(43) *Anti-Leviatã*, Porto Alegre, Sérgio Fabris, 2005.
(44) *Repensar a política: ciência & ideologia*, Coimbra, Almedina, 2005 (esgotado; há 2. ed., com Apresentação de J. J. Gomes Canotilho).

(45) Lusofilias: identidade portuguesa e relações internacionais, Porto, Caixotim, 2005 (menção honrosa da SHIP).
(46) Escola a arder, Lisboa, O Espírito das Leis, 2005.
(35a) Política Mínima, 2. ed., corrigida e atualizada, Coimbra, Almedina, 2005 (esgotado).
(47) Novo Direito Constitucional Europeu, Coimbra, Almedina, 2005.
(48) História do Direito: do Direito Romano à Constituição Europeia, Coimbra, Almedina, 2005 (em colaboração com Joana de Aguiar e Silva e António Lemos Soares), esgotado, foi feita reimpressão, de novo esgotada, e mais recentemente 2. ed.
(49) Direito natural, justiça e política (organizador), Coimbra, Coimbra Editora, vol. I, 2005.
(50) O essencial sobre filosofia política medieval, Lisboa, Imprensa Nacional-Casa da Moeda, 2005.

2006

(51) O Essencial sobre filosofia política moderna, Lisboa, INCM, 2006.
(52) Per-curso constitucional: pensar o Direito Constitucional e o seu ensino, Prefácio de Manoel Gonçalves Ferreira Filho, São Paulo, CEMOROC-ED-F-FEUSP, Escola Superior de Direito Constitucional, Editora Mandruvá, 2006 (esgotado).
(53) O Essencial sobre filosofia política da antiguidade clássica, Lisboa, Imprensa Nacional-Casa da Moeda, 2006.
(54) Pensamento jurídico luso-brasileiro, Lisboa, Imprensa Nacional-Casa da Moeda, 2006.
(55) Raízes da República: introdução histórica ao Direito Constitucional, Coimbra, Almedina, 2006 (esgotado).
(56) Direito constitucional geral, Lisboa, Quid Juris, 2006 (esgotado; há nova edição).
(57) Filosofia do Direito, Coimbra, Almedina, 2006 (esgotado; há 2. ed.).
(56a) Direito constitucional geral: uma perspectiva luso-brasileira, São Paulo, Método, 2006, Prefácio de André Ramos Tavares (Prêmio Jabuti para o melhor livro de Direito).
(58) Constituição da República da Lísia, Porto, Ordem dos Advogados, 2006.

2007

(59) A Constituição viva: cidadania e direitos humanos, Porto Alegre, Editora do Advogado, 2007, Prefácio de Ingo Sarlet.
(45a) Repensar a política: ciência & ideologia, 2. ed., revista e atualizada, Coimbra, Almedina, 2007, com uma Apresentação de J. J. Gomes Canotilho.
(60) Direito constitucional aplicado, Lisboa, Quid Juris, 2007.

(61) *O Essencial sobre filosofia política liberal e social*, Lisboa, INCM, 2007.
(62) *O Essencial sobre filosofia política romântica*, Lisboa, INCM, 2007.
(63) *Manual de retórica & Direito*, Lisboa, Quid Juris, 2007, colaboração com Maria Luísa Malato (esgotado; 2. ed. em preparação).
(64) *Constituição, crise e cidadania*, Porto Alegre, Livraria do Advogado Editora, 2007, com Prefácio de Paulo Bonavides.

2008

(65) *Direito constitucional e fundamentos do Direito*, Rio de Janeiro/São Paulo/Recife, Renovar, 2008, com um texto de J. J. Gomes Canotilho.
(66) *Comunicação e Direito*, Porto Alegre, Livraria do Advogado Editora, 2008.
(67) *Tratado da (In)Justiça*, Lisboa, Quid Juris, 2008.
(68) *Direito constitucional anotado*, Lisboa, Quid Juris, 2008 (esgotado).
(69) *Fundamentos da República e dos direitos fundamentais*, Belo Horizonte, Forum, 2008, Apresentação de André Ramos Tavares.
(70) *O Essencial sobre filosofia política contemporânea (1887-1939)*, Lisboa, Imprensa Nacional-Casa da Moeda, 2008.
(71) *O Essencial sobre filosofia política do séc. XX (depois de 1940)*, Lisboa, Imprensa Nacional-Casa da Moeda, 2008.

2009

(72) *Filosofia jurídica prática*, Lisboa, Quid Juris, 2009.
(73) *Direito constitucional & filosofia do Direito*, Porto, Cadernos Interdisciplinares Luso- Brasileiros (coord.), 2009 (esgotado).
(72a) *Filosofia jurídica prática*, Belo Horizonte, Forum, 2009, Prefácio de Willis Santiago Guerra Filho, Apresentação de Regina Quaresma.
(74) *Da Declaração Universal dos Direitos do Homem*, Osasco, São Paulo, Edifieo, 2008 (2009).
(75) *Geografia constitucional: sistemas juspolíticos e globalização*, Lisboa, Quid Juris, 2009.
(76) *Direito & literatura* (coordenador), Porto/São Paulo, Cadernos Interdisciplinares Luso-Brasileiros 2009 (esgotado).
(77) *Síntese de filosofia do Direito*, Coimbra, Almedina, 2009.
(67a) *Breve Tratado da (In)Justiça*, São Paulo, Quartier Latin, 2009.
(31a) *Lições preliminares de filosofia do Direito*, 3. ed., Coimbra, Almedina, 2009.
(39a) *Iniciação à metodologia jurídica: memória, método e Direito*, Coimbra, Almedina, 2009 (esgotadas a 2. ed. e 3. eds.);
(78) *Pensar o Estado*, Lisboa, Quid Juris, 2009.

2010

(79) *Presidencialismo e parlamentarismo*, Belo Horizonte, Forum, 2010, Prefácio de Marcelo Figueiredo, Apresentação de Maria Elizabeth Guimarães Teixeira Rocha.

(80) *Traité de droit constitutionnel: constitution universelle et mondialisation des valeurs fondamentales*, Paris, Buenos Books International, 2010 (também com edição em e-book).

(81) *Justiça & Direito: viagens à tribo dos juristas*, Lisboa, Quid Juris, 2010.

(82) *Para uma ética republicana: virtude(s) e valor(es) da república*, Lisboa, Coisas de Ler, 2010, Prefácio de Eduardo Bittar.

(83) *Filosofia política: da Antiguidade ao século XXI*, Lisboa, Imprensa Nacional-Casa da Moeda, 2010.

2011

(84) *O Essencial sobre a I República e a Constituição de 1911*, Lisboa, Imprensa Nacional-Casa da Moeda, 2011.

2012

(85) *Droit naturel et méthodologie juridique*, Paris, Buenos Books International, 2012, Prefácio de Stamatios Tzitzis.

(86) *Avessos do Direito: ensaios de crítica da razão jurídica*, Curitiba, Juruá, 2012, Prefácio de Lênio Streck, Apresentação de Maria Francisca Carneiro.

(87) *Constituição & política: poder constituinte, constituição material e cultura constitucional*, Lisboa, Quid Juris, 2012;

2013

(88) *Rethinking Natural Law*, Berlin/Heidelberg, Springer, 2013, Prefácio de Virginia Black.

(57a) *Filosofia do Direito: fundamentos, metodologia e teoria geral do Direito*, 2. ed. revista atualizada e desenvolvida, Coimbra, Almedina, 2013 (esgotado).

(89) *Filosofia do direito e do estado*, Prefácio de Tercio Sampaio Ferraz Junior, Apresentação de Fernando Dias Menezes de Almeida, Belo Horizonte, Forum, 2013.

(90) *Repensar o Direito: um manual de filosofia jurídica*, Prefácio de Mário Bigotte Chorão, Posfácio de José Adelino Maltez, Lisboa, Imprensa Nacional-Casa da Moeda, 2013.

(56b) *Direito Constitucional Geral*, nova edição (2. ed): aumentada, revista e atualizada, Lisboa, Quid Juris, 2013.

(57b) *Filosofia do Direito: fundamentos das instituições jurídicas*, Rio de Janeiro, G/Z, 2013.

(91) *Nova teoria do Estado: Estado, República, Constituição*, São Paulo, Malheiros, 2013, Prefácio de Paulo Bonavides, Apresentação de Carmela Grüne.

2014

(92) *O Contrato constitucional*, Lisboa, Quid Juris, 2014.
(93) *La Constitution naturelle*, Paris, Buenos Books International, 2014.
(94) *Direitos fundamentais: fundamentos e direitos sociais*, Lisboa, Quid Juris, 2014.
(95) *Desvendar o Direito: iniciação ao saber jurídico*, Lisboa, Quid Juris, 2014.
(96) *Republic: Law & Culture*, Saarbrücken, Lambert Academic Publishing, 2014, Prefácio de Patrick Hanafin.
(35b) *Política mínima*, nova edição (3ª), com Prefácio de Adriano Moreira, Lisboa, Quid Juris, 2014.
(39b) *Iniciação à metodologia jurídica*, 3. ed., Coimbra, Almedina, 2014 (esgotada).
(97) *Constitution et mythe*, com prefácio de François Vallançon, Quebeque, Presses de l'Université Laval, 2014.

2015

(98) *Fundamentos del Derecho: iniciación filosófica*, Prólogo de Francisco Puy Muñoz. Estudio Introductorio de Milagros Otero Parga, Epílogo de Santiago Botero Gómez, Biblioteca Jurídica Americana, México, Editorial Porrúa y Red Internacional de Juristas para la Integración Americana, 2015;
(4a) *Noções gerais de Direito*, Vila Nova de Gaia, Calendário das Letras (nova edição, em colaboração).
(86a) *Avessos do Direito: ensaios de crítica da razão jurídica*, edição portuguesa, Lisboa, Juruá, 2015, Prefácio de Lênio Streck, Apresentação de Maria Francisca Carneiro, Posfácio de António Braz Teixeira.
(99) *Political Ethics and European Constitution*, Heidelberg, Springer, 2015, Prefácio de Paulo Archer de Carvalho.

2016

(100) *Palimpsesto: a democracia*. Rio de Janeiro, Lumen Juris, 2016 (organização em colaboração com Sérgio Aquino).

2017

(101) *Direito Internacional: raízes & asas*, Belo Horizonte, Forum, 2017, Prefácio de Marcílio Franca e Posfácio de Sérgio Aquino.
(102) *Pour une cour constitutionnelle internationale*, em colaboração com Yadh Ben Achour, Oeiras, A Causa das Regras, 2017.

(103) *Direito fraterno humanista: novo paradigma jurídico*, Rio de Janeiro, G/Z, 2017, Prefácio de Germano Schwartz, Posfácio de Reynaldo Soares da Fonseca.

(104) *Tributo a César: arte, literatura & Direito*, Florianópolis, Empório do Direito, 2017, Prefácio de António Arnaut, Posfácio de Paulo Bomfim.

2018

(105) *Síntese de Justiça Constitucional*, Oeiras, A Causa das Regras, 2018, Prefácio de André Ramos Tavares.

(106) *Teoria geral do Estado e ciência política*, São Paulo, Saraiva, 2018, Prefácio de Ricardo Aronne.

(57c) *Filosofia do Direito; fundamentos, metodologia e teoria geral do Direito*, 3. ed. revista atualizada e aprofundada, Coimbra, Almedina, 2018.

(107) *Teoria geral do Direito: uma síntese crítica*, Oeiras, A Causa das Regras, 2018.

2019

(48a) *História do direito* (2. ed.), Coimbra, Almedina, 2019 (em colaboração com Joana de Aguiar e Silva e António Lemos Soares).

(101a) *Repensar o Direito Internacional: raízes & asas*, Coimbra, Almedina, 2019, Prefácio de Maria Helena Pereira de Melo.

(57d) *Filosofia do Direito: fundamentos, metodologia e teoria geral do Direito*, 3. ed. revista atualizada e aprofundada, Coimbra, Almedina, 2019, reimpressão.

2020

(108) *Dicionário de metodologia jurídica: guia crítico de fundamentos do Direito*, São Paulo, Tirant Brasil, 2020, Prefácio de Jean-Marc Trigeaud, Introdução de Lenio Luiz Streck.

(109) *Crimes & penas: filosofia penal*, Coimbra, Almedina, 2020, Prefácio de Cândido da Agra.

(110) *Filosofia do Direito e do Estado: história & teorias*, Coimbra, Almedina, 2020.

(111) *O IV Cavaleiro: Direito, cultura e apocalipses*, Coimbra, Almedina, 2020, Prefácio de José António Henriques dos Santos Cabral.

(112) *Primavera outono: Direito & artes*, Oeiras, A Causa das Regras, 2020, Prefácio de Gonçal Mayos, Átrio de Emerenciano, Posfácio de Henrique Fabião e Sérgio Amorim.

(113) *Pós-Estética? Diálogo sobre arte e pensamento*, colaboração com Sousa Dias, Porto, Quadras Soltas, 2020.

(114) *Vontade de justiça: Direito Constitucional fundamentado*, Coimbra, Almedina, 2020, Prefácio de Luiz Edson Fachin.

(4b) *Noções gerais de Direito*, 1. ed. (nova edição, em colaboração), 2020.

2021
(39c) *Metodologia jurídica: iniciação & dicionário*, 4. ed., atualizada, revista e ampliada, Coimbra, Almedina, 2021, Prefácio de Joana Aguiar e Silva.
(115) *Justiça social*, Coimbra, Gestlegal, 2021, Prefácio de Arnaldo de Pinho.
(116) *Cultura & cidadania*, Coimbra, Gestlegal, 2021, Prefácio de António Braz Teixeira.
(89a) *Filosofia do Direito e do Estado*, 2. ed., Belo Horizonte, Forum, 2021.
(117) *Medicina ou Magia? Um Olhar Jurídico*, João Pessoa-PB, Editora Porta, Prefácio de Luís Bigotte Chorão, Posfácio de José Pedro Lopes Nunes, 2021.

2022
(118) *Observar a Justiça*, João Pessoa-PB, Editora Porta, 2022.
(119) *Arte constitucional: novos ensaios*, João Pessoa-PB, Editora Porta, 2022, Prefácio de Karine Salgado, Posfácio de António-Carlos Pereira Menaut.
(120) *Lições de desumanidade: entre paz e guerra*, João Pessoa-PB, Editora Porta, 2022.
(121) *O que é o Direito?*, João Pessoa-PB, Editora Porta, 2022.
(122/107a) *Observação das Marés: Primeiro Manual de Direito*, João Pessoa-PB, Editora Porta, 2022, Prefácio de João Relvão Caetano.
(123) *Observação dos Ventos. Sociedade & Direito (2010-2022)*, Coimbra, Imprensa da Universidade de Coimbra, 2022, Prefácio de Guilherme d'Oliveira Martins.

Ficção e poesia
(1) *Tratado das coisas não fungíveis*, Porto, Campo das Letras, 2000.
(2) *E foram muito felizes*, Porto, Caixotim, 2002;
(3) *Escadas do Liceu*, São Paulo, Mandruvá, 2004, Apresentação de Gilda Naécia Maciel de Barros.
(4) *Livro de horas vagas*, São Paulo, Mandruvá, 2005, Prefácio de Jean Lauand.
(5) *Linhas imaginárias*, Dover, Buenos Books America, 2013, Prólogo de José Calvo.
(6) *Caderno permitido*, Lisboa, A Causa das Regras, 2014.
(7) *Relatório sem contas*, Oeiras, A Causa das Regras, 2017, Prefácio de Luiz Rodolfo de Souza Dantas, Posfácio de Roberto Senise Lisboa.
(8) *Estado das cidades*, Oeiras, A Causa das Regras, 2018.
(9) *Fauves*, Oeiras, A Causa das Regras, 2019, Prefácio de Gabriel Perissé, Posfácio de Luiz Rodolfo Ararigboia de Souza Dantas.

(10) *Ponte suspensa*, João Pessoa-PB, Editora Porta, 2021, Prefácio de Jean Lauand, Posfácio de João Sérgio Lauand, 2021.

(11) *Fármaco & outras ficções*, João Pessoa-PB, Editora Porta, 2022 Prefácio de Álvaro Laborinho Lúcio.

Prefácio

Esta Obra é um grato presente do Professor Catedrático da Faculdade de Direito junto à Universidade de Porto, Paulo Ferreira da Cunha, estudioso que, de há muito, tem dedicado parte de seu tempo à discussão do Direito no Brasil e com os brasileiros. Seu retorno às livrarias brasileiras, físicas e digitais, vem renovado, com enfoque no Direito Constitucional Geral, para ser uma fonte essencial de consulta para todos aqueles que valorizam a história, a cultura e o Direito.

O consagrado jurista português não é somente uma referência na área de Direito Constitucional. Em sua produção acadêmica, percorreu diversos campos dentro e fora da área jurídica: Teoria Jurídica, Introdução ao Direito, Filosofia do Direito, Metodologia Jurídica, História Constitucional e Ciências Políticas, entre outras. É muito reconfortante tê-lo de volta a falar do tema em nossas bancas de conhecimento legítimo. Sua contribuição, refletindo tamanha experiência interdisciplinar, dá-se ainda dentro de um momento importante, desde um ponto de vista tanto nacional como internacional, pois as fronteiras do Direito e a legitimidade do Estado Democrático de Direito estão sendo diuturnamente testadas, questionadas e pressionadas.

O estudo que aqui se apresenta, sobre Direito Constitucional Geral, oferece uma sólida abordagem histórica sobre a relação entre o Direito e a Sociedade e serve à necessidade de textos referenciais no campo dos fundamentos do Direito Constitucional. Dirige-se à formação dos estudantes, mas interessa a todos os estudiosos que almejam uma instrução segura nessa seara. Excedendo a perspectiva dogmática, estimula a reflexão e o pensamento crítico sobre questões novas e questões não tão novas, mas que permanecem na ordem do dia das discussões entre os constitucionalistas.

Ancorado nas pesquisas e preocupações pedagógicas que sempre desenvolveu, Paulo Ferreira da Cunha pressupõe que a Universidade (e a Faculdade de Direito em especial) tem um papel que vai além do treinamento profissional: é um centro de criação e propagação de conhecimento. O estudante deve concluir o curso de Direito municiado de espírito jurídico e, para isso, é necessário o estudo crítico das bases, dos fundamentos das disciplinas. Esta obra visa a contribuir para que se supram as lacunas deixadas por uma formação jurídica com interesse quase que exclusivo na habilitação técnica para a prática profissional cotidiana. Daí o enorme interesse que apresenta aos estudantes brasileiros: as faculdades de Direito nacionais, salvo raras exceções, apresentam essa carência.

Em Direito Constitucional – o autor é muito lúcido ao constatá-lo – o ensino prático apresenta ainda uma grave incoerência: a Constituição não admite o discurso enclausurado. O autor defende a compreensão do Direito Constitucional como ciência da Cultura, que recebe influxos provindos dos mais diversos setores e das mais variadas experiências. Pressuposto, aliás, que nos une em termos de abordagem interdisciplinar e concepção. Isso permite ao leitor alcançar reflexões para além dos aspectos técnico-práticos dos estudos constitucionais, reconhecidamente ao ter acesso a marcos teóricos diversos na construção de seu referencial próprio.

Há, neste trabalho, a elucidação de noções elementares do Direito Constitucional: o significado e as funções da Constituição e do Direito constitucional, a história do constitucionalismo, sua evolução científica, seu caráter interdisciplinar e cultural, seu poder constituinte, sua legitimidade, seus valores constitucionais. A partir delas, abordam-se questões constitucionais mais intricadas: constitucionalização do Direito, relação entre Direito constitucional e Justiça, "politização" da Justiça Constitucional, justificação do poder, (in)existência de normas constitucionais inconstitucionais, entre outras.

A Constituição é compreendida em suas múltiplas dimensões. Há uma particular atenção à Constituição como realidade social, como fenômeno que pode apenas ser percebido no seio de uma dada sociedade. No ambiente cultura vive-se a realidade constitucional; daí a concepção, na esteira de Peter Häberle, do Direito Constitucional como "realização cultural", enquanto criação da humanidade (daí, também, a sua intrínseca interdisciplinaridade). Essa percepção da relação entre realidade e texto constitucional conduz o autor a discutir as perspectivas "Constituição como balanço" e "Constituição como programa" e, ainda, a tratar do domínio constitucional mítico e do domínio constitucional utópico.

A parte final da obra tem por objeto a Teoria do Estado. Discutem-se, ali, as diversas etapas da evolução do Estado, compreendido não como qualquer organização política de uma comunidade, mas como a forma política específica que tem sua origem no Renascimento – o Estado Moderno. E constata que vivemos hoje um conflito entre paradigmas, que ainda não se decidiu.

Reconhecendo a dificuldade de confinar a realidade cambiante das sociedades políticas atuais em concepções de Estado já ultrapassadas, Paulo Ferreira da Cunha finaliza a obra indicando novos desafios que se colocam ao estudioso da teoria do Estado. Este deve lidar com a reelaboração de ideias fundamentais ao Estado Moderno, estabelecendo novos contornos, por exemplo, para a separação dos poderes e direitos fundamentais; deve acolher a cultura como uma nova dimensão do Estado e deve compatibilizar a soberania, tão estimada no Estado liberal, com a tendência à integração mundial e comunitária. Nesse contexto, de transformação de paradigmas e de construção do Estado Constitucional a partir de novas perspectivas, o autor aborda um assunto que, atualmente, é pauta extremamente elevada em nosso "índice de relevância temática", por assim dizer: o conhecimento legítimo.

> Uma das falhas mais graves das mesmas democracias que puderam na Europa Ocidental triunfar nessa partilha tem sido a incapacidade de transmitir o seu legado de símbolo e de memória – permeabilizando as jovens gerações à sementeira dos autoritarismos e até dos totalitarismos, que espreitam sempre à esquina de cada crise. E a crise está aí.

Esta é uma obra extremamente rica. Expõe aspectos elementares de Teoria do Direito Constitucional, da cultura constitucional, de história da Constituição, de Filosofia e de Teoria do Estado. A partir dessas noções, levanta problemas complexos e estimula uma leitura crítica de concepções tradicionais. Conecta tais questões ao Direito Constitucional positivo de diferentes estados e na tentativa do que ficou conhecido como projeto de Constituição Europeia. Frise-se, ainda, preocupar-se sempre em ilustrar as discussões teóricas, conectando-as com acontecimentos históricos e com ocorrências recentes, dirigindo especial atenção às experiências brasileiras.

PROFESSOR ANDRÉ RAMOS TAVARES

Professor Titular da Faculdade de Direito da Universidade de São Paulo. Coordenador e Professor do Núcleo de Direito Econômico da Pós-Graduação da PUC/SP. Coordenador dos Programas de Mestrado e Doutorado em Direito da Faculdade Autônoma de Direito – FADISP. Coordenador da Revista Brasileira de Estudos Constitucionais.

Introdução

Memória, Palimpsesto, Intenção

A presente Introdução tem de ser feita, antes de mais, em chave memorialista, para bem se explicar a gênese deste livro, e assim poder enquadrá-lo a contento.

Quando me instalei no Brasil, no seguimento de nomeação do Comitê *ad hoc* para o Tribunal Constitucional Internacional que me dava a incumbência, além de representação em Portugal, também na América Latina, e com convites para docência nas Universidades da *Laureate* (Universidade Anhembi Morumbi e Faculdades Metropolitanas Unidas – FMU) e uma bolsa de pesquisa na Faculdade Autônoma de Direito de São Paulo (FADISP), logo decidi, aparentemente por paradoxo, mas com uma razão muito amadurecida, aí não lecionar Direito Constitucional.

Não deixava, de fato, de aparentemente ser paradoxal essa minha decisão, tanto mais que, da primeira vez que abrira a concurso a respectiva seção de livros de Direito, em 2007, ganhara eu um dos Prêmios Jabuti, precisamente com o antepassado direto deste livro, *Direito Constitucional Geral: uma perspectiva luso-brasileira*, editado então pela Método, obra que se encontra fora do mercado há já alguns anos.

Como que previa já os ventos revoltos no clima constitucional brasileiro, e não me parecia curial que um *apesar de tudo* estrangeiro (embora um estrangeiro *sui generis*, desde logo com avô brasileiro – e mais tarde uma nora brasileira) pudesse, nem que ao de longe, envolver-se nas polêmicas constitucionais que, ao menos subconscientemente, já estaria a prever. Dei muitas palestras e até cursos sobre a Corte Constitucional Internacional almejada, ensinei Direito Internacional, Teoria do Estado, Filosofia do Direito etc., mas jamais lecionei Direito Constitucional *tout court*.

Este livro, sendo primariamente vocacionado para manual elementar de Direito Constitucional na graduação (bacharelato ou licenciatura), nunca por mim teve ensejo de ser adotado no Brasil.

O mesmo, porém, não ocorreria obviamente em Portugal. As duas edições portuguesas desta obra, publicadas em Lisboa pela Quid Juris, em 2006 e 2013, foram o *textbook* adotado para o início da cadeira anual de Direito Constitucional e depois para a cadeira semestral de Direito Constitucional I na Faculdade de Direito da Universidade do Porto, em todos os anos em que regemos a cadeira.

Nesta edição brasileira, há algumas reflexões que previamente gostaria de partilhar com o(a) leitor(a). À medida que ia relendo e corrigindo o texto, aditando uma ou outra referência aqui e ali, foi ganhando força a convicção de que o principal interesse desta obra não é uma vocação enciclopédica no domínio constitucional, nem sequer uma vocação prática, mas precisamente o ser uma síntese do Direito Constitucional Geral. Nesse sentido, a fórmula inicial aproximava-se mais desse paradigma de portabilidade, concisão, e concentração nas grandes ideias e traves-mestras da disciplina.

A leitura, estes anos volvidos, do original da 1ª edição satisfez-nos como ponto de partida, e abdicamos de um livro muito maior, que pareceu, pelo menos para já, descabido. Até porque haveria a tentação de o fazer ainda maior que a 2ª edição portuguesa. Acabamos apenas por colher dessa específica edição uma versão atualizada (mas decantada de bibliografia) do seu final.

Além disso, vistas bem as coisas, afigurou-se que mais se trata de uma síntese que de uma *perspectiva*, pelo que ainda se pensou em alterar nesse sentido o subtítulo. Porém, de novo ponderando, e para não confundir o público, acabar-se-ia por apenas retirar o subtítulo.

Numa edição francesa que segue de algum modo a 2ª edição portuguesa, saída em 2010, os editores sugeririam um título audacioso e um subtítulo abrangente: *Traité de droit constitutionnel: constitution universelle et mondialisation des valeurs fondamentales*. Não nos atrevemos, desta feita, a enveredar por essa senda. Porque embora até nos seduza a ideia de tratados breves, o certo é que a obra em francês engloba a hermenêutica constitucional e a justiça constitucional, e esta não se adentra por esses continentes.

Atualizou-se não apenas a ortografia (para o Novo Acordo Ortográfico: tudo feito manualmente, o que deu um trabalho ciclópico, e demorou muito nesta edição), como (bem mais importante) o conteúdo. Não se fez, porém, uma atualização sistemática da bibliografia, mas foi-se remetendo para algumas obras que se fizeram úteis, nomeadamente, *brevitatis causa*, a partir de estudos que, entretanto, fomos dando à estampa (e que as incluem).

Em vez de ceder à tentação de mais nutrir este livro, pelo contrário se procurou depurá-lo, reduzindo-o ao essencial. Foi assim que se prescindiu de reflexões e conselhos de índole acadêmica (releia-se a *Oração aos Moços*, de Rui Barbosa: já aí está quase tudo, ou tudo mesmo o que mais importa), referências bibliográficas iniciais e finais etc.

Este é, de qualquer modo, herdeiro legítimo do manual que formou alguns milhares de alunos num espírito constitucional com fervor pelo Estado Constitucional, como Estado de direito, democrático, social e de cultura (pluralista, convivente, ecológico e pela paz). Procurou suscitar nos estudantes uma *forma mentis* universitária e jurídica, com apreço pela pós-disciplinaridade, pela cultura e pelo sentido crítico. É, na verdade, uma conversa com quem o lê, não *ex cathedra* debitando conceitos, mas recordando fundamentos e dialogando com memórias da disciplina, num repensar permanente dos adquiridos, e com desperta atenção os reptos do presente.

Não podia deixar de dedicar esta obra, nesta nova veste, aos Estudantes de Direito Constitucional de quem fui Professor. De algum modo, esta continua a ser a principal mensagem (para além dos ensinamentos tecnicistas, que aqui são apenas os básicos) que gostaria de transmitir aos estudantes que se iniciam nesta matéria. E daí se englobem também na dedicatória.

Num tempo, como o presente, em que a dureza e por vezes escândalo dos desafios parecem definitivamente atirar para o caixote do lixo da História projetos de um Direito Fraterno Humanista, como o de um Tribunal Constitucional Internacional, e mesmo certamente abalam em alguns a própria ideia de um Direito Constitucional Internacional e de um Direito Internacional Constitucional, uma das principais formas de sobreviver e de plantar raízes de futuro é abrir as asas do pensamento livre e recordar as bases do que se pensou generosamente como *estatuto jurídico do político*.

Ou seja, recordando que houve e continua a haver o sonho de Direito e não apenas de força. Um Direito Constitucional não limitado às estritas regras de um poder indiscutível, mas como instrumento de libertação: como tradução jurídica de uma sociedade livre, justa e fraterna e com acolhimento de direitos, liberdades e garantias, e direitos sociais, econômicos e culturais – direitos fundamentais e humanos.

Estudar Direito não é apenas ser candidato a ser rico sem saber Matemática (como com graça e propriedade sugeriu um grande Professor brasileiro). É ingressar numa sociedade intemporal de cavaleiros andantes pela Justiça.

Porto, 4 de julho de 2022

LIVRO 1

FUNDAMENTOS EPISTEMOLÓGICOS E SOCIOCOMPARATÍSTICOS

Sumário

PARTE 1
O DIREITO CONSTITUCIONAL COMO REALIDADE E COMO CIÊNCIA 33

PARTE 2
FUNDAMENTO, SER E SENTIDO EM DIREITO CONSTITUCIONAL – LEGITIMIDADE, PODER CONSTITUINTE, CONSTITUIÇÃO MATERIAL, PIRÂMIDE NORMATIVA, VALORES CONSTITUCIONAIS, ÉTICA E CONSTITUIÇÃO, E OUTRAS RELAÇÕES E PARADIGMAS FUNDANTES 103

PARTE 3
O DIREITO CONSTITUCIONAL NO MUNDO E NA SOCIEDADE: GEOGRAFIA E SOCIOLOGIA CONSTITUCIONAIS 169

PARTE 1

O DIREITO CONSTITUCIONAL COMO REALIDADE E COMO CIÊNCIA

Sumário

Título 1
Evolução "científica" do Direito Constitucional e relações com outras *epistemai*, jurídicas e não jurídicas   35

Título 2
Conceito, Ideia e Noção de Constituição e de Direito Constitucional   87

Título 1

Evolução "científica" do Direito Constitucional e relações com outras *epistemai*, jurídicas e não jurídicas

Sumário

Capítulo 1
Direito, Constituição, Direito
Constitucional: pré-compreensão   37

Capítulo 2
Aproximação fenomênica ao Direito
Constitucional   41

Capítulo 3
Direito Constitucional: Sentido Normativo
e Sentido Epistêmico   53

Capítulo 4
Função do Direito Constitucional no contexto
dos Direitos   55

Capítulo 5
Momentos da Evolução Epistêmica do Direito
Constitucional   59

Capítulo 6
O Direito Constitucional e outras Epistemai   67

Capítulo 7
Interdisciplinaridade e Cultura no Direito
Constitucional   75

Capítulo 8
Direito Constitucional, entre Direito e Política:
o exemplo da Justiça Constitucional   81

Capítulo 1
Direito, Constituição, Direito Constitucional: pré-compreensão

Pode parecer muito óbvio afirmar que o Direito Constitucional é o Direito da Constituição. Como muitas das coisas óbvias, tal afirmação pode, contudo, revelar-se complexa e não completamente tautológica, se aprofundarmos o sentido das suas palavras. Dizia o juiz Holmes que precisamos de maior educação no respeitante às coisas óbvias do que relativamente às obscuras[1]. É o caso.

Se por Direito compreendermos realmente tudo o que o é verdadeiramente, e se por Constituição o que ela é na verdade, podemos, sem dúvida, dizer que essa expressão simples e lugar-comum está certa.

Tal remete-nos para uma concepção de Direito, e para a Ideia, o conceito e a noção de Direito Constitucional. A primeira, é normalmente objeto de estudo de Introdução ao e Filosofia do Direito, sobretudo. Das últimas questões, trataremos infra.

Sem adiantar muito relativamente a esses momentos didáticos, podemos dizer que nesta expressão "Direito" devemos incluir todas as manifestações da normatividade, que, no caso concreto, deverão prescindir de uma ideia de Direito muito ontologicamente purificada (como na tópica ontológica de Ulpianus: concebendo a Justiça enquanto "constante e perpétua vontade de atribuir a cada um o que é seu" e o Direito como objeto ou caminho para a Justiça[2]), antes centrar-se numa tópica indiciária, para a qual nos apercebemos da existência de Direito não apenas pela presença das suas fontes (lei, doutrina, jurisprudência, costume etc.), como de elementos do seu ritual, pessoais ou materiais (tribunais, cadeias, parlamentos; "operadores" jurídicos: juízes, advogados, notários, conservadores de registo, parlamentares, ministros, polícias; documentos jurídicos etc.). Tudo isso, justo ou injusto, é Direito, nesta acepção lata e fenomênica.

De algum modo, mas de algum modo apenas, poderá dizer-se que, enquanto a tópica ontológica procura a essência ideal do Direito, para o detectarmos na sua realidade quotidiana colocamo-nos na perspectiva do homem comum, nem particularmente amigo, nem especialmente adverso ao Direito[3].

Também a Constituição pode ser encarada de diversas formas. Talvez a ideia mais alta e depurada seja a de constituição material (que analisaremos brevemente infra). Numa síntese das sínteses correspondendo aos mais altos e ônticos princípios e normas constitucionais, aqueles com verdadeira dignidade

---

[1] HOLMES, Oliver Wendell. Law and the Court. 1913. Palestra. In: POSNER, Richard (Ed.). **The Essential Holmes**. Chicago: The University of Chicago Press, 1992. p. 145 e ss.

[2] Cf., para mais desenvolvimentos, o nosso livro **Filosofia do Direito**. Coimbra: Almedina, 2006. p. 55 e ss.; p. 296 e ss.

[3] Não precisamos, neste ponto, de usar o "ácido cínico" do "homem mau", apenas o "ácido crítico", de todo o vero investigador, seja ou não jurista. Sobre aqueles dois primeiros conceitos, cf. HOLMES, Oliver Wendell. **The Path of Law**. 1897. Tradução para o castelhano de E. A. Russo. **La Senda del Derecho**. máx. p. 18-21.

constitucional[4] e *força normativa* (Konrad Hesse[5]), em sintonia com a "consciência axiológico-jurídica geral" daquela formação social concreta (outras fórmulas possíveis, embora com variantes conotativas: "espírito da nação", "alma do Povo", "realidade constitucional profunda" etc.), segundo alguns, e que, como parece evidente, nem sempre coincidirão com o texto escrito e codificado das normais constituições (*constituição formal*), que temos encerradas num suporte material, normalmente em papel (mas pode ser um suporte eletrónico), a que deveremos chamar *constituição* em sentido *instrumental*. Há, contudo, quem confunda as designações ou lhes dê outros contornos. Cremos, porém, que esta tripartição: constituição material/constituição formal/constituição instrumental é uma das mais úteis.

---

[4] Conceito cunhado aqui a exemplo do muito elaborado doutrinalmente dignidade penal. Cf. A nossa perspectiva em **A constituição do crime**: da substancial constitucionalidade do Direito Penal. Coimbra: Coimbra Editora, 1998, e ainda **Crimes & penas**: filosofia penal, Coimbra: Almedina, 2020.

[5] HESSE, Konrad. **Die normative Kraft der Verfassung**. Tubinga: Mohr, 1959.

Capítulo 2

Aproximação fenomênica ao Direito Constitucional

2.1 Sociologia e comparatismo jusconstitucionais

O Direito Constitucional a que nos referimos no sintagma "Direito Constitucional" é, afinal, todo o referido. O Direito Constitucional engloba o Direito Constitucional da Constituição material, da formal e da instrumental (esta última pouco relevante, em sede teórica). Além disso, o Direito Constitucional é o direito fundamental do Estado e dos entes políticos afins (República, Pólis, Federação, Império...) e ainda das instituições essenciais da União Europeia (nesse caso, Direito Constitucional da União Europeia), podendo ainda falar-se hoje de um Direito Constitucional comum da Europa, mesmo para além da fortuna do projeto de tratado constitucional[1].

Por outro lado, assiste-se a uma constitucionalização crescente dos vários ramos de Direito. Fala-se na substancial constitucionalidade do Direito Penal, um dos primeiros a redimensionar-se (e a rejuvenescer, na verdade) com apelo aos grandes e novos princípios constitucionais do mundo moderno e do Estado de Direito democrático e social, assim como se fala na Constitucionalização do Direito do Trabalho, do Direito Fiscal etc.

Dificilmente se poderá defender a tese de Otto Mayer e Ernst Forsthoff, para quem "a Constituição passa, a Administração fica". É que a Administração tem de ser impregnada de Constituição, e das suas mutáveis mas generosas aquisições e (por que não?) conquistas. E por isso é que já em 1969 Rogério Ehrhardt Soares podia dizer – o que é absolutamente atual nos nossos dias – num dos mais belos ensaios de Direito Público que nos foi dado ler: "É por isso que os temas mais aliciantes para o juspublicista de hoje vêm a situar-se no campo do direito constitucional e aí precisamente no setor menos técnico, naquele em que as preocupações em torno do homem e da sua dignidade se tornam mais vivas"[2].

Mas todo esse porejar de Constituição e Direito Constitucional nos demais ramos decorreria, desde logo, da lógica da hierarquia normativa, pela qual, como dizia o primeiro professor de Direito Constitucional em Paris, o italiano Pellegrino Rossi, a Constituição já integra, no seu próprio seio, as "têtes de chapitre" dos diferentes ramos do Direito – ao fazê-lo, acaba por ser também um Direito do Direito, seu quadro e sua medida[3]. O Direito Constitucional é, realmente,

---

1   Cf., por todos, BUSTOS GISBERT, Rafael. **La Constitución Red**: *Un Estúdio sobre Supraestatalidad y Constitución*. Oñati: Instituto Vasco de Administración Pública, 2005.
2   SOARES, Rogério Ehrhardt. **Direito Público e Sociedade Técnica**. Coimbra: Atlântida, 1969. p. 9.
3   STARCK, Christian. **La Constitution, cadre et mesure du droit**. Paris: Presses Univ. D'Aix--Marseille, 1994.

norma de primado e supremacia, norma das normas – e por isso mesmo uma janela para além do próprio Direito[4].

E nessa visão ordenada das coisas jurídicas havia o renomado e controverso jurista austríaco Hans Kelsen (1881-1973), total razão[5], com a sua bela metáfora da pirâmide normativa, que lhe viria a ser muito consensualmente reconhecida pela história e pelas ordens jurídicas, de resto. Outra metáfora parte não do topo para a base (como as de Rossi e de Kelsen), mas de um centro (de base) para a periferia: Santi Romano concebeu o Direito Constitucional como um tronco de que brotariam os demais ramos do Direito.

Por outro lado, o Direito Constitucional, como veremos mais em concreto *infra*, acaba por substituir o Direito Natural na sua função de instância de "recurso" contra a injustiça das leis. Título a este propósito modelar é o de Juarez Freitas: A *Substancial Inconstitucionalidade da Lei Injusta*[6]. A lei injusta não é lei. Sabiamo-lo de há muito, e tal estava gravado na fórmula de Tomás de Aquino (*lex iniusta non est lex*[7]) em muitos espíritos, posto que, na prática, daí poucas consequências práticas decorressem as mais das vezes. Sabemos agora que a lei injusta também é inconstitucional, e que, pelos meios processuais vigentes, pode e deve ser atacada e erradicada da ordem jurídica.

Acresce que à dimensão sociológica (que se reverte muito à análise da *força normativa* e da *constituição real*, conceitos que melhor veremos *infra*) se acrescenta uma dimensão "geográfica", comparatística, mas que melhor se designaria por cultural.

---

4   PIRES, Francisco Lucas. **Teoria da Constituição de 1976**: a transição dualista. Coimbra: S.e., 1988. p. 18: "mesmo que se considere que o Direito todo não começa ou remonta à Constituição, há-de reconhecer-se que esta é uma zona de crise e de fronteira de todo o Direito e onde, por isso, mais estão presentes todas as questões meta-jurídicas, pré-jurídicas e circum-jurídicas". V., em geral, SALDANHA, Nelson. **Formação da teoria constitucional**. 2. ed. Rio de Janeiro; São Paulo: Renovar, 2000. p. 135 e ss. Sobre a supremacia do Direito Constitucional e a Constitucionalização do Direito, v. TAVARES, André Ramos. **Fronteiras da Hermenêutica Constitucional**. São Paulo: Método, 2006. p. 131 e ss.

5   Uma coisa é reconhecer o grande teórico (e prático) constitucionalista Kelsen, outra, bem diferente, aderir às suas teorias mais gerais, jusfilosóficas. Contudo, a sua teoria pura do Direito ganha outra luz quando inserida no contexto geral da sua obra. E dir-se-ia que o juspublicista redime o jusfilósofo. Cf., em geral, para uma primeira e rápida abordagem, a síntese de JURISPRUDENCE, 3. ed. **Cavendish Lawcards Series**. Londres; Sidney, 2002. p. 46 e ss. De Kelsen, sobretudo: KELSEN, Hans. **Das Problem der Gerechtigkeit**. Tradução portuguesa de João Baptista Machado; **A Justiça e o Direito Natural**. 2. ed. Coimbra: Arménio Amado, 1979; *Idem*. **Reine Rechtslehre**. Tradução portuguesa e prefácio de João Baptista Machado. **Teoria Pura do Direito**. 4. ed. Tradução portuguesa de Arménio Amado, Coimbra 1976; *Idem*. **General Theory of Law and State**. Tradução portuguesa de Luís Carlos Borges, 1945; **Teoria Geral do Direito e do Estado**. 4. ed. portuguesa São Paulo: M. Fontes, 2001. E, agrupando vários estudos dispersos: *Idem*. **Jurisdição Constitucional**. Tradução de Sérgio Sérvulo da Cunha. São Paulo: M. Fontes, 2001. Sobre a atualidade do autor, *v.g.*, HERRERA, Carlos Miguel. **La Philosophie du droit de Hans Kelsen**: une introduction. Québec: Les Presses de l'Université Laval, 2004.

6   FREITAS, Juarez. **A Substancial Inconstitucionalidade da Lei Injusta**. Petrópolis, RJ: Vozes; Porto Alegre: EDIPUCRS, 1989.

7   TOMÁS DE AQUINO, SANTO. **Summa Theologiae**: IIa IIae. q. 60, art. 5.

As diferentes culturas jurídicas e políticas desenvolvem constituições afins, e assim há famílias constitucionais pelo Mundo, que o chamado "Direito Comparado" (impropriamente chamado[8]: melhor se diria "Comparação de Direitos" – como *Rechtsvergleichung*) estuda (neste caso, especificamente, o "Direito Constitucional Comparado").

Do mesmo modo que uma das mais fecundas perspectivas para esta "Geografia Jurídica" é a comparação de culturas jurídicas[9]: também no domínio do Direito Constitucional o que verdadeiramente importa é uma visão compreensiva e contextual da comparação, uma comparação de culturas constitucionais.

Esta dimensão comparatística, longe de ser uma flor na botoeira diletante, ou meramente erudita, tem hoje, compreensivelmente, e cada vez mais, uma importância prática do maior relevo na interpretação constitucional nacional, porque, como tem sublinhado o grande jurista alemão contemporâneo Peter Häberle, o chamado "direito comparado" é o quinto elemento de interpretação, a juntar aos clássicos elementos[10] que Friedrich Carl von Savigny sintetizaria (em 1840) em histórico, gramatical, sistemático e teleológico[11].

A relevância deste contributo de todos não só é antiga aspiração iluminista (falava-se então, entre nós, por exemplo, nos direitos dos povos "polidos" e "ilustrados" ou policiados") como recebe acolhimento na jurisprudência dos tribunais europeus, e os textos constitucionais da União Europeia têm reconhecido as "colaborações constitucionais" dos Estados membros. O que não quer dizer que não possa haver, aqui e ali, dissonâncias. Mas, em geral, há é diferentes aportações, que, juntas, formam um excelente diadema ou ramalhete de constitucionalidade plural mas articulável.

Em suma: a disciplina universitária "Direito Constitucional"[12] deve dar conta da área do saber homônima (pois uma coisa é o saber e outra a sua contenção epistêmica), como uma das chamadas "ciências jurídicas materiais" ou, mais vulgarmente, "ramos do Direito". E considerada por muitos (embora não por

---

8   Cf., por todos, entre nós, MENDES, João de Castro. **Direito Comparado**. ed. rev. e atual. Lisboa: Associação Acadêmica da Faculdade de Direito de Lisboa, 1982-1983. p. 9 e ss.; v. o nosso Direito Comparado. In: **Verbo. Enciclopédia do Séc. XXI**. v. col. 507 e ss. (embora este último ainda matizando sobre esta tese).
9   V., *v.g.*, NELKEN, D. (Ed.). **Comparing Legal Cultures**. Aldershot, Dartmouth, 1997; EHRMANN, H. N. **Comparative Legal Cultures**. Englewood Cliffs: Prentice Hall, 1976.
10 Hoje já muito superados, por novas técnicas e abordagens, mas constituindo ainda a base das bases, pelo menos para iniciação.
11 Cf., *v.g.*, SAVIGNY, Friedrich Karl von. **System des heutigen Römischen Rechts**. Berlim, 1840, edição em seleta castelhana de WERNER GOLDSCHMIDT. Los Fundamentos de la Ciencia Jurídica. In: SAVIGNY; KIRCHMANN; ZITELMANN; KANTOROWICZ. **La Ciencia del derecho**. Buenos Aires: Losada, 1949. V. ainda, *Idem*. **La Vocazione del nostro Secolo per la Legislazione e la Giurisprudenza**. Tradução para o italiano. Bolonha: Forni, 1968.
12 Na verdade, uma constelação de disciplinas, que deveriam ter nos elencos acadêmicos muito mais efetiva presença (equivalente quer à importância dos seus estudos, quer à sua relevância prática), e não concentrarem-se no primeiro ano numa única disciplina generalista.

todos) a mais fundante de todas as disciplinas jurídicas positivas, porquanto a Constituição, que é o seu objeto principal de estudo, é a fonte que ocupa o vértice da hierarquia das normas jurídicas.

Importará também, em rigor, distinguir entre os vários conceitos sócio-jus-constitucionais: realidade constitucional, constituição real, força normativa da constituição, e outros. Fá-lo-emos *infra*.

Independentemente de credos filosófico-jurídicos mais ou menos "realistas" (de diverso tipo), não parece haver dúvida de que, como dizia Holmes, "A vida do direito não tem sido lógica: tem sido experiência"[13].

E continua, muito significativamente:

> As necessidades da época, as teorias morais e políticas dominantes, instituições de política(s) pública(s), declaradas ou inconscientes, inclusive os preconceitos que os juízes partilham com os seus semelhantes, têm muito mais a ver que o silogismo na determinação das regras (jurídicas) que devem reger a conduta humana.[14]

2.2 Ensaio de classificação constitucional

Vivemos numa época classificatória. As siglas, tantas vezes ininteligíveis, salvo para especialistas do respectivo assunto, são o exemplo dessa prevalência nominalista. Em Direito Constitucional também não se foge à regra e há quem tudo reduza a esquemas, chavetas e etiquetas. É uma forma simplista e primária de abordagem. Algumas matérias – desde logo as processuais e procedimentais, orgânicas e formais podem ser didaticamente abordadas dessa forma. Mas a compreensão mais profunda dos problemas nunca pode ser esquemática.

E contudo à tentação classificatória não fugiram grandes nomes (Loewenstein, Bryce, Smend, Dicey, Mac-Bain etc.) que cunharam algumas das classificações em que se inspiram as que *infra* apresentamos.

Um dos pontos em que o abuso classificatório em Direito Constitucional é hoje patente se dá, por exemplo, na falência da divisão dos Direitos Fundamentais por gerações: primeira, segunda, terceira e quarta (que se sucederiam historicamente). Vê-se agora que os tempos são descontínuos, simultâneos, intersecionados etc.

---

13 HOLMES, Oliver Wendell. **The Common Law**. Cambridge, Mass.: The Belknap Press of Harvard University Press, 1963 (1. ed., 1881). p. 5.
14 Idom, Ibidom.

Também na classificação das Constituições há graves riscos. De deturpação, de truncagem, de incompreensão. Contudo, numa primeira abordagem, talvez haja alguma vantagem em sacrificar ainda a esse estilo, e esboçar algumas classificações. Cuja validade depois, como acontece a quem começa por estudar Geometria euclidiana, depois irá sendo matizada pelo conhecimento mais matizado e aprofundado no futuro. Do mesmo modo, algumas das brevíssimas explicitações de agora só mais tarde ganharão pelo sentido. Muito do que parecerá agora confuso, tornar-se-á simples. E também *vice-versa*...

2.2.1 Quanto à forma-manifestação

As Constituições podem manifestar-se, vir à vida e ao nosso conhecimento de formas mais ou menos formalizadas e organizadas. Assim:

2.2.1.1 Constituição escrita

A forma corrente nos nossos dias de consubstanciação de uma Constituição é a escrita. Ela divide-se em duas modalidades possíveis[15]:

Constituição escrita esparsa

A Constituição escrita esparsa encontra-se em textos escritos, ou basicamente em textos escritos (não se excluindo, como em qualquer outro tipo, elementos não escritos mais ou menos importantes: de índole consuetudinária).

O que distingue uma Constituição escrita esparsa como a britânica de uma constituição não escrita é o fato de que os elementos não escritos na britânica conviverem com não escritos com prevalência dos primeiros: por haver um *corpus* significativo de elementos escritos, ainda que tradicionais e esparsos (*Magna Charta*, *Bill of Rights* etc., e até os Tratados da integração europeia do Reino Unido, Sentenças etc.). Por outro lado, numa Constituição não escrita prevalece a oralidade e a respectiva tradição. Ora a Constituição britânica, sendo tradicional, não é marcada pela tradição oral.

Constituição escrita codificada

A Constituição é sistemática, científica e sucintamente exposta num código de Direito político, com todas as características da codificação[16]. Hoje, a maioria esmagadora (quase totalidade) das Constituições adota esta forma e metodologia.

---

15 Continuamos a crer que se devem considerar duas modalidades apenas, apesar do título sugestivo e algo provocatório de CRUZ VILLALÓN, Pedro. **La Constitución Inédita**: Estúdios ante la Constitucionalización de Europa. Madrid: Editorial Trotta, 2004. A Constituição inédita por um lado é um texto escrito, e por outro lado não é uma Constituição formal (no caso do projeto de Tratado Constitucional para a União Europeia).

16 Sobre a questão, em geral, numa clave historiográfica, CLAVERO, Bartolomé. Codificacion y constitucion: Paradigmas de un binomio. **Quaderni Fiorentini per la storia del pensiero giuridico moderno**. Milano, Giuffrè, v. 18, p. 79-145, 1989.

2.2.1.2 Constituição não escrita

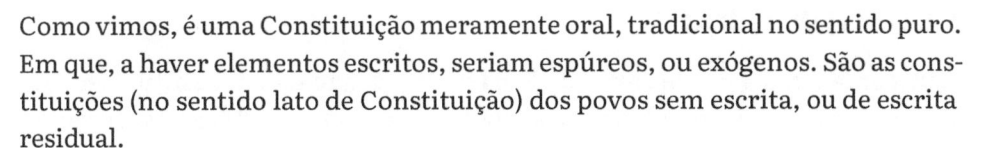

Como vimos, é uma Constituição meramente oral, tradicional no sentido puro. Em que, a haver elementos escritos, seriam espúreos, ou exógenos. São as constituições (no sentido lato de Constituição) dos povos sem escrita, ou de escrita residual.

2.2.2 Quanto à relação forma/conteúdo

Esta é das classificações mais meandrosas, e a ser ponderada com muito cuidado. Porque se está agora não a classificar constituições em geral, desta ou daquela ordem jurídica, comunidade, sociedade ou Estado, mas, na verdade, aquilo que podem ser aspectos de uma mesma Constituição, numa mesma entidade das que referimos. Admite-se, contudo, que as duas primeiras classificações possam imperfeitamente ser usadas no sentido de etiquetar uma Constituição concreta, como alguns fazem. Mas não cremos que seja um procedimento muito proveitoso.

2.2.2.1 Constituição material

A Constituição material é a parte substancial, o cerne, de uma Constituição. Não precisa de estar plasmada em texto escrito (ou codificado) para existir. Por isso, alguns classificam como constituições materiais as do constitucionalismo tradicional, histórico, antigo etc., em que não havia texto codificado. Mas isso redunda em classificar como meras constituições formais as que, tendo embora conteúdo material espelhado no seu texto codificado, além disso se encontram dotadas dessa outra característica formal. Cremos, pois, não dever opor-se classificatoriamente, neste caso, constituição material a constituição formal. O caso normal, hoje, será o de constituições formais que contêm constituições materiais.

2.2.2.2 Constituição formal

Como se viu, é a dimensão textual de uma Constituição, normalmente codificada. Mas que pode ser também o conjunto de textos de uma constituição escrita esparsa.

2.2.2.3 Constituição instrumental
(não confundir com "meramente instrumental")

Constituição instrumental é o mero suporte material, físico, da constituição formal.

2.2.3 Quanto à relação forma/realidade constitucional

Consoante o seu grau de efetividade na realidade vivida das instituições e da vida política e social geral, assim as Constituições são classificáveis, glosando uma grelha de Karl Loewenstein, em:

2.2.3.1 Constituição Normativa

Na Constituição Normativa, a constituição formal encontra-se de tal forma em sintonia com a constituição material que a realidade constitucional coincide com aquelas. Ou, dito de outro modo, menos substancialista e talvez menos idealista: é Constituição Normativa a Constituição cujo texto encontra na realidade constitucional efetividade, e corresponde não só aos anseios populares, como à efetiva ação constitucional dos poderes (pelo menos num grau razoável). Evidentemente que estes dois requisitos podem ser dissociados. E exigir-se só um ou só o outro. E uma Constituição pode não ser normativa porque, por exemplo, é alheia aos desejos populares, ou porque, pelo contrário, os poderes se furtam ao seu cumprimento. E alguns até apenas a toleram, enquanto outros a elaboraram com fins meramente propagandísticos: discurso legitimador.

2.2.3.2 Constituição Nominal

A imperfeita ou deficiente concretização da Constituição na realidade constitucional, designadamente pela sua incapacidade de controlar os poderes é o principal critério para considerar um texto constitucional como Constituição Nominal.

2.2.3.3 Constituição Semântica ou "meramente Instrumental"

No caso de o texto constitucional servir apenas de discurso legitimador, cortina de fumaça de uma realidade despótica, por natureza contrária à Ideia de Constituição, ele será classificado como Constituição Semântica, ou "meramente Instrumental".

2.2.4 Quanto à relação forma/projeto

Aparentemente, a dimensão de uma Constituição não teria nada a ver com o seu projeto, com, afinal o seu caráter programático ou de balanço (dimensões que *infra* estudaremos). Porém, não obstante em teoria poder haver uma constituição hiper-programática sintética e uma constituição analítica mas de rebarbativo e insípido "regulamentarismo" sem a chispa de um programa, a verdade é que normalmente poderemos dizer que:

2.2.4.1 Constituição Analítica

É normalmente considerada Constituição Analítica a que desenvolve, num corpo articulado suficientemente amplo e pormenorizado, um programa político, cultural, social etc. Contendo matérias muito para além da mera organização superior do Estado ou do Poder (*Government*).

2.2.4.2 Constituição Sintética

Pelo contrário, as Constituições consideradas sintéticas limitam-se tendencialmente aos clássicos elementos identificadores do Estado e dos seus órgãos de soberania. Note-se que estas duas dimensões seriam o tipo-ideal (hipotético) de uma dimensão mínima (e minimalista). Mesmo as constituições sintéticas reais aqui e ali vão mais longe que essas prescrições descarnadas.

2.2.5 Quanto ao procedimento constituinte (e ao tempo e estilo geral de Constituição)

Como veremos no lugar próprio, sucederam-se (em regra) historicamente dois tipos de Constituição:

2.2.5.1 Constituição Natural, Tradicional, Histórica ou Consuetudinária (Costumeira)

A primeira, de criação por assim dizer orgânica, baseou-se nas velhas garantias, liberdades e direitos dos povos (talvez, no caso, melhor por esta ordem), e caracteriza-se pelo seu caráter escrito esparso e não escrito mesmo, no plano formal. Substancialmente, tem formas de proteção das pessoas concretas e não universais, e a forma de representação é mais perante o poder que no poder.

2.2.5.2 Constituição Voluntária (ou Voluntarista, para alguns), Moderna, ou Dogmática

Com as revoluções constitucionais, a que aludiremos, começou a reivindicar-se a passagem a escrito das Constituições. Mas fez-se mais que redigir os velhos foros e costumes. A Constituição moderna passou a formas mais universais de proteção das pessoas, embora, numa primeira fase, acusadas por alguns de proclamatórias e formais, e a representação política, com a soberania popular, passa a ter presença no próprio poder.

2.2.6 Quanto ao princípio constituinte

2.2.6.1 Constituição democrática (ou promulgada ou popular)

As Constituições saídas do processo constitucionalista moderno são, em geral, democráticas. Elas derivam do poder constituinte do povo. E direta ou indiretamente dele são emanação.

2.2.6.2 Constituição outorgada

Por vezes os monarcas, por variadas razões, envolvem-se muito diretamente no processo constitucional, e chegam mesmo a redigir ou mandar redigir textos constitucionais que dão, oferecem ou outorgam aos seus súbditos. Foi o caso de D. Pedro IV que, do Brasil, e corrigindo a Constituição brasileira, escreveu, com seu secretário, pelo seu punho, a Carta Constitucional de 1826, que expediu para Portugal pelo Embaixador britânico. Estas Cartas não são verdadeiras constituições, por lhes faltar o poder constituinte, popular.

Este movimento constitucional de contemporização, antecipação à revolução e de partilha autoconsentida do poder foi típico de um certo "constitucionalismo" germânico, desde a Constituição da Baviera, de 1808. Na França, a Restauração daria também a sua *Carta Constitucional*, em 1814.

2.2.6.3 Constituição dualista ou pactuada

Situando-se num equilíbrio entre a Constituição saída do princípio monárquico e outorgada pelo soberano (ainda que, naturalmente, mais ou menos demofílico), e o poder constituinte do povo, há casos em que um e outro dos polos pretendentes da soberania (o monarca, dito "soberano") e o povo (titular da "soberania", na nova ordem dos tempos pós-revolucionários em geral) participam no procedimento constituinte. A outorga pode ser ratificada por uma assembleia representativa, por exemplo, como no caso da Constituição do Império Alemão de 1871. Pode ainda incluir-se nesta categoria o chamado *método bonapartista* de exercício do poder constituinte, em que, ao invés do primeiro caso, a outorga é precedida de "autorização" popular.

De qualquer sorte, toda esta categoria pode ser subsumida na anterior, se não se houver de distinguir com malha muito fina.

2.2.7 Quanto à estabilidade[17]

Conforme o que preveem (no plano formal) ou o que sucede efetivamente (no plano real e material), as Constituições podem ser mais ou menos difíceis de rever, de acordo com as suas próprias normas (sempre se podem rever, rompendo[18], por via revolucionária). Assim, se dizem, da mais pétrea e totalmente irrevisível para a totalmente dúctil:

2.2.7.1 Constituição imutável

Aquela que não admite nenhuma revisão por meios constitucionais, seja total, seja parcial, seja a breve trecho, seja diferida no tempo. E que, por conseguinte, só poderá ser revista com uma rutura constitucional, mais ou menos revolucionária. É um caso raro. Contudo, refira-se que a revolução está a entrar na doutrina, e começa a ser encarada como uma fonte de Direito. Há ainda, porém, muitas incertezas, ao que julgamos[19].

2.2.7.2 Constituição rígida

Admite apenas alguma, embora muito limitada, revisibilidade. As formas de rigidez podem ser várias: matérias, tempo, procedimento, entidades propositoras e/ou aprovadoras etc. A combinação de várias barreiras nestes diferentes aspetos pode complicar seriamente o processo, tornando uma constituição rígida, virtualmente, numa Constituição imutável. Sobretudo se se exigir uma maioria qualificada muito vasta para aprovar a revisão, em sociedades muito divididas politicamente.

---

17 Cf. BRYCE, James. **Constituciones Flexibles y Constituciones Rígidas**. 2. ed. castelhana. Madrid: Instituto de Estúdios Políticos, 1962; PACE, Alessandro; VARELA, Joaquín. **La Rigidez de las Constituciones Escritas**. Madrid: Centro de Estúdios Constitucionales, 1995; RIMOLI, Francesco. Costituzione Rígida: Potere di Revisione e Interpretazione per Valori. **Giurisprudenza Costituzionale**, ano XXXVII, n. 5, 1992.
18 LUCENA, Manuel de. Rever e Romper (Da Constituição de 1976 à de 1989). **Revista de Direito e de Estudos Sociais**, ano XXXIII, v. VI da 2ª série, n. 1-2, p. 1-75.
19 LIET-VEAUX, Georges. **La continuité du droit interne**: essai d'une théorie juridique des révolutions, Paris, Sirey, 1942; VINCENT, André. **Les révolutions et le droit**. Paris: LGDJ, 1974; NEVES, António Castanheira. A Revolução e o Direito: a situação atual da crise e o sentido no atual processo revolucionário. Separata de "Revista da Ordem dos Advogados". 1976, in ex in **Digesta**: Escritos acerca do Direito, do Pensamento Jurídico, da sua Metodologia e Outros. I. Coimbra: Coimbra Editora, 1995. p. 51 e ss.; MIRANDA, Jorge. **A Constituição de 76**: Formação, Estrutura, Princípios Fundamentais. Lisboa, 1978. p. 41. n. 1; TELES, Miguel Galvão. O Problema da Continuidade da Ordem Jurídica e a Revolução Portuguesa. **Boletim do Ministério da Justiça**. Lisboa, n. 345, 1985; AMARAL, Diogo Freitas do. **Manual de Introdução ao Direito**. Coimbra: Almedina, 2004, p. 485 e ss., máx. p. 486.

2.2.7.3 Constituição semirrígida

Prevê formas razoavelmente evolutivas no seu texto. Sendo normalmente possível uma revisão periódica, dentro de exigências razoáveis. É o caso das presentes Constituições portuguesa e brasileira. Sucede, contudo, que apesar de as possibilidades de revisão serem razoáveis, se tem, segundo vários autores, em que nos incluímos, abusado das revisões, trivializando o processo[20], num fenômeno simétrico ao que, por via da *praxis* constitucional, ocorre com as constituições flexíveis, como veremos já adiante.

Mais claro ainda no plano da derrapagem da Constituição para uma flexibilidade é o que tem acontecido com a Constituição brasileira, que tem sofrido inúmeras revisões, chamadas *"emendas" constitucionais*, sob influência da designação equivalente nos EUA.

2.2.7.4 Constituição flexível

Nas Constituições flexíveis a revisão constitucional é sempre possível e por forma muito facilitada, igual ou equiparável às das leis ordinárias. Embora a tradição ou a praxe constitucional possa tornar sempre tais revisões atos menos banais do que poderia deixar pressupor o texto.

---

20 Cf. MIRANDA, Jorge. Acabar com o Frenesim Constitucional. **Separata do volume coletivo Nos 25 Anos da Constituição da República Portuguesa**. Lisboa: Associação Acadêmica da Faculdade de Direito de Lisboa, 2001. V. ainda MOREIRA, Vital. Revisão e Revisões: a Constituição ainda é a mesma? In: **20 Anos da Constituição de 1976**. Coimbra: Coimbra Editora; Faculdade de Direito, 2000. p. 197 e ss. Col. Stvdia Ivridica.

Capítulo 3
Direito Constitucional: Sentido Normativo e Sentido Epistêmico

A Constituição em sentido latíssimo (compreendendo também os elementos da "constituição real") é o objeto do Direito Constitucional. Mas o Direito Constitucional significa duas coisas ainda.

Direito Constitucional é a realidade normativa multímoda que já começamos a divisar, por um lado. Realidade em que se integram as fontes do Direito em geral, e as suas específicas fontes, desde logo o texto das Constituições (códigos de Direito político ou constitucional), e ainda as relações da "constituição real" (embora estas possam também ter sede noutras áreas).

E é Direito Constitucional ainda a ciência (arte, técnica etc. – numa palavra, disciplina: *episteme*) do Direito Constitucional[1].

Sendo o uso da expressão *ciência* discutível para o Direito (porque os juristas não são cientistas de ciências "duras", nem de "bata branca", nem sequer cientistas sociais típicos[2]), a perspectiva do polígrafo e naturalista alemão Wilhelm von Humboldt sobre o que seja ciência serve-lhe perfeitamente, e, *a fortiori*, ao Direito Constitucional: para este autor, a ciência seria "busca eterna da verdade".

Quão semelhantes estas palavras àquelas com que se pretende surpreender a Justiça – *constans et perpetua voluntas*. Ou seja, sempre, empreendimento inacabado e sempre recomeçado, tarefa de Sísifo. Talvez por isso, calaram fundo estas palavras na doutrina do Tribunal Constitucional Federal alemão.

Uma coisa é uma realidade normativa e política (e de normação da política). A outra, é uma realidade epistêmica, "científica" *lato sensu*, se preferirmos.

---

1 Sobre estas matérias epistêmicas, desenvolvidamente, entre nós, CANOTILHO, J. J. Gomes. **Direito Constitucional e Teoria da Constituição**. p. 17 e ss.
2 E já houve juristas que negaram teoricamente a cientificidade do Direito, como o clássico KIRCHMANN, Julius von. **Die Wertlosigkeit der Jurisprudenz als Wissenschaft**: Ein Vortrag, 1848, gehalten in der juristischen Gesellschaft. Nova ed. org. por Anton Shefer. Berlim, 1999. Discutindo o problema, mais recentemente, CASA, Federico. **Sulla Giurisprudenza come Scienza**. Pádua: Facultà di Giurisprudenza dell'Università di Pádua, 2005. Sobre o lugar do Direito no quadro dos saberes, cf., por todos, TEJADA, Francisco Elias de. **Tratado de Filosofía del Derecho**. Sevilla: Universidad de Sevilla, 1974. v. I; DUFRENNE, Mikel; KNAPP, Viktor. **Corrientes de la investigación en las ciencias sociales**: 3. Arte y Estética. Derecho. Tradução castelhana. Madrid: Tecnos/Unesco, 1982. V. ainda o nosso **Filosofia do Direito**, p. 335 e ss.; p. 516 e ss. É também de assinalar que o mundo do direitos dos EUA tem também nos seus mitos fundadores uma questão de cientificidade, designadamente a partir das reflexões do já citado emblemático "pai-fundador" de Jurisprudência norte-americana Oliver Wendell Holmes. E um dos seus mais celebrados textos é uma conferência sobre o assunto: cf. HOLMES, Oliver W. Law in Science and Science in Law. **Harvard Law Review**. v. XII, 1899 (recolhido hoje in POSNER, Richard (Ed.). **The Essential Holmes**. p. 185 e ss). Na mesma linha, e criticando a "jurisprudência mecânica" (termo cunhado por Holmes para designar um positivismo legalista sem rasgo, pedestre, rasteiro) pelo seu autoproclamado cientismo, ou pela sua pretensa cientificidade, POUND, Roscoe. Mechanical Jurisprudence. **Columbia Law Review**. v. VIII, 1908. p. 608.

Capítulo 4

Função do Direito Constitucional no contexto dos Direitos

No plano substancial, o Direito Constitucional (ou, na verdade, a própria Constituição, atuando pelo Direito Constitucional – mas não entremos em especiosismos ou preciosismos por agora) tem, na ordem jurídica, uma particular função dentro da geral função do Direito.

O Direito, caminho para a Justiça, modo de concretização ou de aproximação à sempre fugidia justiça (por isso a própria Justiça é dita no Digesto "constante e perpétua vontade": não é definida como uma meta acabada), procede pela justa atribuição do seu a seu dono. O mesmo brocardo diz que a essa "constante e perpétua vontade" consiste em ou visa efetivamente "atribuir a cada um o que é seu". Ora esse *suum cuique tribuendi*, desenvolve-se, nos vários ramos de Direito, por atribuições diferentes. Muitos ramos do Direito se especializaram em atribuição de coisas mais ou menos materiais, bens, ou atividades humanas de valor comercial (como, desde logo, o Direito das Coisas ou Direitos Reais e o Direito Comercial). Mais sutil é o tipo de atribuições do Direito Penal. Na medida em que, como dizia, por exemplo, Hegel, o criminoso tem direito à sua pena (a pena é, por conseguinte, algo de *seu* do criminoso[1]), o *suum cuique* deste ramo do Direito será sobretudo distribuição de penas, ou de absolvições, conforme tenha diante de si quem mereça umas ou outras.

E qual o tipo específico de distribuição e de que coisas, do Direito Constitucional?

Parece que, atentos os entes com que lida, o Direito Constitucional não poderá deixar de distribuir sobretudo dois tipos de coisas: poderes e honras.

São, com efeito poderes (frações do poder, parcelas dele) que aos vários titulares de órgãos o Direito Constitucional regula.

E são também honras, mais de caráter simbólico, mas prenhes de toda a realidade dos símbolos. E não são apenas honras as condecorações e demais objetos do Direito Honorífico (outro sub-ramo Constitucional), nem a Lei do Protocolo do Estado, nem as precedências hierárquicas e de antiguidade, em vários níveis do Estado e da Administração. Mesmo alguns órgãos, poderes e funções implicam honras inerentes. A fronteira entre a honra e o privilégio está hoje muito esbatida na percepção da *vox populi*, porque frequentemente se esquece do primeiro elemento: há sem dúvida mordomias, por vezes, que são privilégios ("leis privadas", dizia uma errônea mas eloquente etimologia);

---

[1] "A pena com que se aflige o criminoso não é apenas justa em si; justa que é, é também o ser em si da vontade do criminoso, uma maneira da sua liberdade existir, o seu direito. E é preciso acrescentar que, em relação ao próprio criminoso, constitui ela um direito, está já implicada na sua vontade existente, no seu acto. Porque vem de um ser da razão, este acto implica a universalidade que por si mesmo o criminoso reconheceu e à qual se deve submeter como ao seu próprio direito". HEGEL, Georg Wilhelm Friedrich. **Grundlinien der Philosophie des Rechts**. Tradução portuguesa de Orlando Vitorino. 2. ed. Lisboa: Guimarães Editores, 1976. p. 97, § 100. Princípios da Filosofia do Direito.

mas também há prerrogativas inerentes ao *status*, que não podem assim ser consideradas. Houve tempos em que a pompa e circunstância dominavam, e toda a ostentação parecia natural à magnificência do Estado. Hoje, perante os abusos, parece tender a opinião pública para reclamar um certo despojamento espartano. Cremos que, como princípio, não é mau: pelo contrário. Mas temos que entender, até com imaginação, que nem todas as honras custam dinheiro aos cofres públicos, e algumas podem ser baratas, e simbólicas: como eram as coroas de louros da Antiguidade.

Os direitos também são (desde logo os Direitos Fundamentais) entidades com que lida o Direito Constitucional. Por isso, haveria a tentação de dizer que também eles são pelo Direito Constitucional distribuídos. Repugna porém um tanto esta ideia, na medida em que se partilhe da visão do caráter originário dos direitos. Se estes tivessem a sua gênese no poder, poderiam ser outorgados, sem dúvida. E o Direito Constitucional sem dificuldades se diria seu distribuidor. Contudo, pensamos que os Direitos (sobretudo os mais fundantes) são inerentes à dignidade do Homem e mesmo que se não diga que estão já na sua natureza essencial, pelo menos não são dádiva dos poderes, nem simples fruto da reivindicação dos clamantes. Por isso preferimos limitar o próprio da distribuição do Direito Constitucional aos mais efêmeros poderes e honras, por direito próprio. E podemos dizer que, como que de forma "delegada" (*improprio sensu*), o Direito Constitucional também lida e arbitra questões de Direitos fundamentais.

A esta função por assim dizer primária, e que se confunde com o seu *quid specificum*, acrescem outras funções do Direito Constitucional.

Por um lado, o Direito Constitucional tem uma importantíssima **função simbólica**, capaz de dar ou reforçar a identidade e a concomitante unidade e sentido de uma dada comunidade política. Esta função desenvolve-se em duas subfunções: a **pedagógica**, especialmente daquelas constituições que levam mais a sério a educação democrática, para os Direitos Humanos e afins (como a do Perú de 1979 e da Guatemala de 1985); e a **função integradora** (inspirada no princípio de integração de Rudolf Smend, que deu aliás lugar a polêmica com Kelsen[2]) que lhe anda obviamente associada, e é propiciadora de paz social e consensos nacionais. Por vezes à custa da clareza e pelo uso de polissemias ou compromissos. Mas é esta a sua função: propiciar consensos[3] e não clivagens. Contudo, o consenso não pode ser a niilização da Constituição. Há limites na procura desses consensos...

---

2 KELSEN, Hans. **Der Staat als Integration**: Eine prinzipielle Auseinandersetzung, 1930. Tradução casteçhana e estudo preliminar de Juan Antonio García Amado. **El Estado como Integracíon**: una controversia de Principio. Madrid: Tecnos, 1997.

3 Cf., *v.g.*, os estudos do politólogo alemão VORLÄNDER, Hans. **Integration durch Verfassung**. VS Verlag für Sozialwissenschaften, 2002; Idem. **Verfassung und Konsens**. Duncker & Humblot, 1981.

Capítulo 5
Momentos da Evolução Epistêmica do Direito Constitucional

5.1 Por que não existiu sempre Direito Constitucional, mas sempre houve Constituição? Constitucionalismo e Direito Natural

Uma arqueologia de significantes e significados levar-nos-ia muito longe. Que sempre existiu o *quid* Constituição, compreende-se, pela teorização do conceito histórico-universal de Constituição, embora tenhamos que o matizar, com a distinção entre constituições antigas e modernas. Mas a "coisa" não necessita, para existir, de levar consigo a palavra que hoje lhe damos. Nem sequer – parece – de ser apercebida coetaneamente como hoje a podemos ver.

Efetivamente a palavra que hoje designa o *quid*, Constituição, teve uma vida – que é assunto da histórica linguística comparada. Na verdade, Constituição é palavra que nasce nas línguas latinas, tendo como antecedente o vocábulo latino *constitutio*, que em Cícero acaba por encontrar uma confluência semântica com outros significantes tendentes para o mesmo significado, então: tais como *res publica* e *status*[1]. Correspondendo ao grego *politeia*. E que alguns traduzem por "república". Ainda hoje há quem considere que a palavra "república" pode ser usada com esse sentido mais ou menos asséptico de "forma política" *tout court*. O próprio artigo respetivo na *Enciclopédia* de Diderot e D'Alembert parece, pelo menos a princípio, orientar-se nesse sentido[2].

A expressão Constituição aparece ainda incipientemente e para designar coisas diversas (nomeadamente as constituições medievais eclesiásticas), até ao Constitucionalismo moderno. E o Direito Constitucional, como tal, terá também de esperar a sua formação epistemológica até a esses tempos revolucionários, como veremos já. A chave do problema reside na questão – uma das mais importantes no contexto dos próprios fundamentos do Direito – o problema do Direito Natural[3]. É uma chave que não é normalmente encontrada, porque, afora os terrenos da Filosofia do Direito (e mesmo esses não maioritariamente), se trata de um paradigma (vamos entendê-lo agora assim) cuja substituição se

---

1 Desenvolvidamente, o nosso **Teoria da Constituição**. v. I. p. 249 e ss.; máx. p. 267 e ss.
2 JAUCOURT, Chevalier De. **República**. In: **Verbetes Políticos da Enciclopédia, Diderot et D'Alembert**. Edição portuguesa com tradução de Maria das Graças de Souza. São Paulo: Ed. da Unesp, 2006. p. 245 e ss.
3 Para um balanço da questão, entre nós, cf. TEIXEIRA, António Braz. **Sentido e Valor do Direito**: Introdução à Filosofia Jurídica. 2. ed. Lisboa: 2000. p. 155 e ss.

vem operando⁴. Não é este o lugar para sequer tentar uma síntese do que seja o Direito Natural e os jusnaturalismos, teorias que o defendem e explicitam, assim como o seu arquiopositor, o Positivismo jurídico, ou juspositivismo (já que o Direito positivo *tout court* se não opõe ao Direito Natural: este não pode mesmo viver sem aquele)⁵. Só teorias se digladiam, neste campo: jusnaturalismos e juspositivismos.

Seja como for, e em sentido muito geral, recordar-se-á (a matéria costuma ser abordada em Introdução ao Direito) que os chamados jusnaturalismos de uma forma ou de outra consideram existir uma instância (crítica e valoradora etc.) suprapositiva que se relaciona com a Justiça de forma mais íntima do que o simples Direito positivo, o que é posto pelos Homens, pelo costume ou pelas fontes voluntárias do Direito; já os chamados juspositivistas negam a existência dessa instância, considerando que apenas é Direito o criado pelos homens pelas suas fontes.

As doutrinas do Direito Natural (ou jusnaturalistas) precederam o Constitucionalismo, e ainda hoje é complicado conciliar ambos: por vezes, fica-se, é verdade, com a sensação de uma duplicação de níveis quando se consideram ambos os aspectos na sua integralidade. Por exemplo: que relação haverá entre valores constitucionais e Direito Natural? E entre poder constituinte e Direito natural?⁶

Esta sensação de algum mal-estar e desarrumação existirá porque precisamente – e para isso parece confluírem autores com perspectivas muito diversas⁷ – o Direito Constitucional terá tido como uma das suas funções fundadoras o de substituir o Direito Natural, considerado falido ou em vias de falência (ao menos legitimadora, retórica ou de *marketing* – cremos) quer na sua versão clássica, quer na moderna, ou jusracionalista. Certos autores vão mesmo ao ponto de

---

4   Já no séc. XVIII, em que ainda florescia, e em que tinha, entre nós, cadeira universitária (em Espanha só nos finais do séc. XX seria abolida) o grande jurista Gustavo Hugo recomendava aos colegas que não mais se ocupassem do problema, e modernamente, como afirma Höffe, embora com exagero, "a expressão direito natural está tão desacreditada que não mais é empregada, e a reabilitação do direito natural moderno prefere chamar-se uma 'Teoria da Justiça'" – cf. HÖFFE, Otfried. **Politische Gerechtigkeit**: Grundlegung einer kritischen Philosophie von Recht und Staat. Francoforte sobre o Meno: Suhrkamp, 1987; 3. ed. 2002. Tradução portuguesa de Ernildo Stein; 2. ed. São Paulo: M. Fontes, 2001. p. 71 e ss., máx. p. 74 (onde figura o texto que citamos).
5   Cf., *v.g.*, além dos citados infra, HAMON, Francis; TROPER, Michel; Burdeau, Georges. **Droit constitutionnel**. 27. ed. Paris: LGDJ, 2001. Tradução portuguesa de Carlos Souza. **Direito Constitucional**. Barueri, São Paulo: 2005. p. 17 e ss.; DUARTE, Écio Oto Ramos; POZZOLO, Susanna. **Neoconstitucionalismo e Positivismo Jurídico**: as Faces da Teoria do Direito em Tempos de Interpretação Moral da Constituição. São Paulo: Landy, 2006. *passim*, máx. p. 52 e ss.
6   Cf., *v.g.*, D'OLIVEIRA MARTINS, Afonso. Para uma Teoria do Poder Constituinte com Direito Natural. In: **Estudos em Homenagem a Marcello Caetano, no Centenário do seu Nascimento**. Coimbra: Coimbra Editora; Faculdade de Direito da Universidade de Lisboa, 2006. p. 55 e ss.
7   Por exemplo, C. J. Friedrich e Jürgen Habermas. Cf. a síntese de GRASSO, Pietro Giuseppe. **El Problema del Constitucionalismo después del Estado Moderno**. Madrid; Barcelona: Marcial Pons, 2005. p. 23 e ss.

considerarem que o Direito Constitucional é intrinsecamente positivista, e que a discussão, em sua sede, de valores, princípios e entidades afins o comprovaria, por serem matérias intrinsecamente avessas à positivação, que dizem própria do Direito Constitucional[8].

Não quer dizer que se não possa ser, ontem como hoje, constitucionalista e jusnaturalista. O que se necessita é de ideias claras sobre o assunto, e de sutileza no entendimento de como se é uma e outra coisa.

Pode mesmo pensar-se que, do mesmo modo que se afirma que os Direitos Humanos são a linguagem atualizada do Direito Natural, o Direito Constitucional seria hoje um dos seus ramos de eleição positivadora, uma nova fronteira ou uma nova barricada do grande Direito Justo – que, como é óbvio, deve ser preocupação de todos os ramos do Direito, mas por vezes, em certos casos, precisa de altura, de respiração, que o liberte das querelas de escolas e de autores e dos tecnicismos em que a doutrina e a burocracia por vezes se embrenham, esquecendo o Homem e a Justiça. O Direito Constitucional, sobretudo na sua dimensão valorativa, principial e geral, com os Direitos Fundamentais e as grandes garantias, parece fazer essa função de *ultima ratio*.

5.2 Alguns marcos fundadores do Direito Constitucional

Antes da existência do Direito Constitucional houve uma pré-história jurídica que o anunciou, ainda que de um modo muito imperfeito, e por isso só por vezes referido. Small afirmou que o cameralismo "é um capítulo perdido nas História das Ciências Sociais". Os antecessores dos juristas constitucionalistas foram os juristas cameralistas. Em termos gerais, o cameralismo surgiu sobretudo na Alemanha como uma prática e uma ciência da Administração pública, mas englobando um sem-número de outras conotações no domínio das Ciências do Estado e afins. Johann Heinrich Gottlob von Justi, um clássico da matéria, definou o cameralismo como arte do governo (política), economia, ciência da polícia e ciência comercial.

Mas se há evidentemente assuntos que evidenciam evidentes intersecções entre as duas matérias, é óbvio que um salto qualitativo de gigante se dá na passagem do cameralismo para o constitucionalismo.

Além do mais, a instituição escolar do cameralismo deu-lhe uma feição menos jurídica e mais administrativa. Mas as cátedras cameralistas precedem

---

8   Cf. *Ibidem*. p. 28-39. V. ainda, sobre a questão em geral, PRIETO SANCHÍS, Luís. **Constitucionalismo y Positivismo**. México: Fontamara, 1997.

imediatamente as constitucionalistas. Em 1727, Halle e Francoforte do Oder abrem as aulas. Três anos mais tarde é a vez de Rilten e em 1746, inaugura-se este ensino em Jena e Leipzig, e, já na Áustria, na Academia Teresiana e ainda na Suécia, em Upsala.

Os primórdios da autonomização do Direito Constitucional estão obviamente ligados à Revolução Francesa. Em 1791, a Constituinte francesa decidira que as Faculdade de Direito deveriam ensinar a Constituição, assim como um Decreto do ano XII criaria duas disciplinas anuais de Direito Constitucional. Contudo, ambas as decisões se quedariam como letra morta até que a Faculdade de Direito de Paris (hoje Universidade Paris II, Panthéon-Assas) manda chamar de Bolonha, onde tinha grande renome, Pellegrino Rossi, em 1834. E em 1835 a palavra "constitucional" daria entrada no Dicionário da Académie Française.

Itália fora, com efeito, o berço da concretização prática da autonomização epistêmica do Direito Constitucional – como virá a ser da Filosofia do Direito. Em 1797, no Norte de Itália, já encontramos, sob o impacto da invasão francesa, o ensino de Direito Constitucional em Ferrara, com Giuseppe Compagnoni Di Luzo, expandindo-se o ensino pelo País, sendo de salientar o carácter pioneiro de outras universidades neste ensino, como as de Pavia e de Bolonha, aliás ambas com velhos pergaminhos tradicionais.

A Constituição de Cádiz, em 1812, desencadeou em Espanha a criação de cadeiras de Direito Constitucional, a partir de 1812, como a Cátedra de Reais Estudos de Santo Isidro, de Madrid, e outras, chamadas de "Constituição".

Mas já em 1818, em França, Benjamin Constant tinha publicado o seu vasto *Curso de Política Constitucional*[9], e pelo menos desde 1836 que o português Silvestre Pinheiro Ferreira publicava abundantes estudos (alguns deles em França e em francês) sobre matérias constitucionais e de Direito Público em geral. E já desde 1823, pelo menos, que Faustino da Madre de Deus polemizava sobre o constitucionalismo, em clave panfletária e reacionária[10].

De resto, o vaivém epistêmico é complexo.

Apenas ilustrativamente: ainda em França, em 1852, o Direito Constitucional agregará a si o Direito Administrativo, passando a chamar-se Direito Público. Para se separem de novo em 1878.

---

9 CONSTANT, Benjamin. **Cours de Politique Constitutionnelle ou Collection des Ouvrages publiées sur le gouvernement représentatif**. 2. ed. (1. ed., 1818). Paris: Librairie de Guillaumin et Cie, 1872. vv. vols.

10 COUTINHO, Faustino José da Madre de Deos Sousa. **A Constituição de 1822 comentada e desenvolvida**. Lisboa, 1823; Idem. **Epístola à Nação Francesa**, na qual se demonstrarão os subversivos princípios das constituições modernas, e se prova que a Maçonaria tem sido a Autora da Revolução em Portugal, Lisboa, 1823; Idem. **Justificação da Dissidência Portuguesa contra a Carta**. Lisboa, 1828.

Já no Brasil, começou por existir uma cadeira de Direito Público Constitucional, que depois se desdobraria em duas: Teoria Geral do Estado e Direito Constitucional, a cujo propósito há interessantes observações nas memórias de Pedro Calmon[11].

Em Portugal, depois de tempos de ensino de Direito Político (as reformas de 1911 e 1918 previam duas cadeiras constitucionais: Direito Político e Direito Constitucional Comparado), numa defendida classicamente por linha de Marcello Caetano, houve na reforma de 1972 uma fusão do Direito Constitucional com Ciência Política numa única cadeira inicial[12] (depois, com o tempo, outras se autonomizaram), mas, o crescimento exponencial de ambas as áreas tornam difícil mesmo uma síntese num único ano letivo. Várias Faculdades autonomizaram assim a Ciência Política, e por vezes substituíram-na por uma autônoma Filosofia Política, possivelmente para bem vincar o tipo de estudos políticos mais úteis, neste âmbito, aos futuros juristas (menos sociométricos ou quantitativos[13], como por vezes há a tentação de fazer, e mais humanísticos). Outras cadeiras foram surgindo, sobretudo depois do 25 de Abril e da autonomia universitária: Direitos Fundamentais, por vezes Direito Constitucional II (por vezes anuais, por vezes semestrais) etc.

A ciência do Direito Constitucional prospera por todo o Mundo – como se demonstra, por exemplo, nas reuniões da Associação Internacional de Direito Constitucional[14]. São já inumeráveis os simples nomes dos constitucionalistas que se celebrizaram[15]. Ao contrário do que ocorreu no passado em Portugal[16]. O Brasil parece ter guardado mais na memória jurídica as suas glórias: Rui

---

11   CALMON, Pedro. **Memórias**. Rio de Janeiro: Nova Fronteira, 1995.
12   Marco editorial desse programa é CAETANO, Marcello. **Ciência Política e Direito Constitucional**. Coimbra: Coimbra Editora, 1955. Contudo, já REIS, José Alberto dos **Ciência Política e Direito Constitucional**. Coimbra, 1908, parece anunciá-lo.
13   Evidentemente que essa perspectiva de matemática política, estatística etc., é muito importante. Mas para cientistas políticos *proprio sensu*, que disso poderão fazer profissão e investigação, e não tanto para os juristas, que, se o desejarem fazer, deverão mudar de agulha em sede pós-graduada. A verdade é que nem tudo se pode sempre ensinar a todos... A propósito desta tendência quantitativista, na perspectiva da própria Ciência Política, cf., por todos, as saborosas palavras de VARMA, Dr. Vishwanath Prasad. **Studies in Hindu Political Thought and its Metaphysical Foundations**. 3. ed. Delhi; Varanasi; Patna, 1974, p. 414: "According to the modern quantitativists even the writings of Krabbe, Barker, MacIver and Laski belong to the realm of political philosophy and cannot be called scientific political theory. Unless statistical and mathematical techniques and models are employed, it is said, we cannot have political science".
14   Disponível em: <http://www.iacl-aidc.org/>.
15   Uma síntese dos principais clássicos poderá consultar-se, *v.g.*, em FERREIRA, Pinto. **Curso de Direito Constitucional**. 11. ed. São Paulo: Saraiva, 2001. p. 5 e ss. e das linhas evolutivas liberal e pós-liberal, BONAVIDES, Paulo. **Curso de Direito Constitucional**. 17. ed. São Paulo: Malheiros, 2005. Para o desenvolvimento das grandes linhas de evolução teórica, SALDANHA, Nelson. **Formação da Teoria Constitucional**, cit., passim.
16   No mesmo sentido, MIRANDA, Jorge. **Manual de Direito Constitucional**: Preliminares – o Estado e os Sistemas Constitucionais. 5. ed. Coimbra: Almedina, 1996. v. I. p. 23.

Barbosa, Pontes de Miranda, Pimenta Bueno e tantos outros ecoam ainda nos espíritos, e são ainda citados como autoridades. Ao saborear o legado de tantos e tão excelentes nomes de sábios (e a sabedoria é a *sapida scientia*: ciência saborosa, não insípida... Como as técnicas dela travestidas), que confessamos ter tentado sintetizar, projeto que abandonámos por serem demais...

E contudo, lembrando-nos dos chamados "gigantes de Weimar", esses altos nomes da ciência jusconstitucional alemã, como Rudolf Smend, Hermann Heller (podem incluir-se também grandes nomes como Hans Kelsen, de Viena, e o mais novo Konrad Hesse), não pudemos deixar de meditar sobre a pequena força da razão perante a razão da força, na História e na Vida. Os gigantes de Weimar não travaram o anão de Viena. E um deles, Carl Schmitt, acabaria por aplaudir o Führer, por exemplo no artigo em que defendeu, em 1934, as execuções arbitrárias e sem julgamento de membros das SA por Hitler, no conhecido artigo *Der Führer schützt das Recht*. Schmitt acaba por se tornar num liberal ao contrário[17].

Mas não se pode confundir a adesão política de Schmitt nos anos 30 com as suas obras anteriores (algumas de uma lucidez impressionante), nem com o seu talento, que se conta proverbialmente ser assim sintetizado por alguns juristas franceses, naturalmente possuídos de *mixed feelings* pela personagem: "*bête d'intelligence*".

Para não cairmos em idealismos, tão próprios dos intelectuais, seduzidos por suas Galateias teóricas, convém termos a consciência de que é muito bom ter a razão do nosso lado, mas também os meios práticos de a razão não ser apenas ideologia, ou utopia, e, pior ainda, simples ilusão ou quimera. O Direito Constitucional, e em especial o constitucionalismo do Estado Constitucional e cultural, tem muita força, mas precisa de ter também consciência dos seus limites[18], e de estar atento aos seus inimigos. Popper exagerou (e viria a reconhecê-lo, em parte) quando apontou os inimigos da sociedade aberta[19]. A Constituição aberta e pluralista[20] de hoje também terá, naturalmente, os seus: mas deve identificá-los bem

---

17 Cf., em sentido semelhante, KERVÉGAN, Jean-François. **Hegel, Carl Schmitt**: le politique entre spéculation et positivité. Paris: PUF, 1992. Tradução portuguesa de Carolina Huang. **Hegel, Carl Schmitt**: o Político entre a Especulação e a Positividade. Buaeri, São Paulo: Manole, 2006. p. 96 e ss. V. ainda McCORMICK, John P. **Carl Schmitt's Critique of Liberalism, against Politics as Technology**. Cambridge: Cambridge University Press, 1997.
18 Cf., *v.g.*, BOULOUIS, Jean. Les limites du droit constitutionnel. **Revue Internationale de Droit Comparé**, n. 2, 1986. p. 601 e ss. Outros horizontes sobre limites jurídicos: ALLOTT, Antony. **The Limits of Law**. London: Butterworths, 1980; MONTORO BALLESTEROS, Alberto. **Razones y Límites de la Legitimación Democrática del Derecho**. Murcia: Universidad de Murcia, 1979.
19 POPPER, Sir Karl R. **The Open Society and its Enemies** (1957, revista em 1973). Tradução portuguesa. **A Sociedade Aberta e seus Inimigos**. Belo Horizonte: Ed. da USP; Itatiaia, 1974. v. I.
20 HÄBERLE, Peter. **Verfassung als öffentlicher Prozeß**. 3. ed. Berlim: Duncker & Humblot, 1998; Idem. **Die Verfassung des Pluralismus**: Studien zur Verfassungstheorie der offenen Gesellschaft. Königstein; Ts: Athenäum, 1980 (cf. especialmente o ensaio de p. 79 e ss.); COELLO NUÑO, Ulises. **La Constitución Abierta como Categoría Dogmática**. Prólogo de Pablo Lucas Verdù. México: Editorial México; J. M. Bosch Editor, 2005.

Capítulo 6
O Direito Constitucional e outras Epistemai

O Direito Constitucional é, antes de mais, Direito. E é-o plenamente e de parte inteira. Como tal, é uma disciplina que comunga com o Direito em geral, e com as demais disciplinas jurídicas, de um ser e um modo de ser que as individualiza a todas e a cada uma no contexto dos saberes. Assim, o Direito Constitucional é uma *ciência*, uma *arte* e de uma *técnica*, como todo o Direito.

Considerando apenas o aspecto científico não numa perspectiva "cientista" (exagero de pretensa ciência, que leva a nesciência), dir-se-ia ainda que o Direito Constitucional, como o Direito em geral, é uma *episteme* ou "ciência" *hoc sensu* com várias dimensões: Social, Humanística, Hermenêutica e Normativa.

a] É uma **Ciência Social**, no que comunga com várias outras, como a Sociologia, ou a História, ou a Antropologia. É uma ciência do Homem com os outros Homens, em sociedade.
b] É uma das **Humanidades** (que podem não ser científicas, ou totalmente científicas), como a Filosofia ou como o estudo das Filologias. Preocupa-se com o Homem, o seu drama e a sua dignidade.
c] É uma disciplina **Hermenêutica** (de interpretação, que metodologicamente não vive sem interpretação), como as Filologias. Como elas, é uma disciplina de textos.
d] É uma Disciplina (ou "ciência", *hoc sensu*) **Normativa**, como a Ética. Avalia valores. Descreve mas sobretudo prescreve comportamentos.

No contexto do Direito, é pedagogicamente mais interessante o posicionamento de cada disciplina face ao Direito Constitucional, e não o contrário. O seu lugar preponderante no conspecto da Enciclopédia Jurídica, ou conjunto das disciplinas do Direito, está a obrigar, como dissemos, a uma **constitucionalização** de todo o Direito. O qual, inclusive, pode ter que rever muitos dos seus fundamentos. Foi o que aconteceu já com vários aspectos do Direito da Família, que teve que ser revisto (em sede de Código Civil, desde logo), por as concepções aí veiculadas (datando de 1966, e até de antes, porque o Código demorou muitos anos a elaborar) não corresponderem mais aos princípios constitucionais aprovados na Constituição de 1976[1]. Embora, como é natural, em geral correspondessem aos da Constituição do Estado Novo, de 1933.

Por vezes, porém, verifica-se um exagero de sinal contrário, reclamando-se harmonizações com a Constituição que nada têm que ver com a hierarquia normativa de superioridade constitucional ou com a compatibilização de conteúdos, por lateralidade ou outra não correspondência de objeto. Como quando alguns

---

1 Cf., *v.g.*, SÁ, Almeno de. A Revisão do Código Civil e a Constituição. **Revista de Direito e Economia**, ano III, n. 2, jul./dez. 1977. Uma visão crítica das transformações da legislação ulterior ao 25 de Abril de 1974 no Direito Civil pode colher-se em VARELA, Antunes. Direito Civil. In: **Polis**. Lisboa: Verbo, 1984. v. II. Col. 404 e ss.

viram inconstitucionalidade na norma do Código Civil que falava em "normas corporativas", só porque o regime deposto em 25 de Abril de 1974 se apresentava como "corporativo". Ora "normas corporativas" é apenas outro nome dado às normas das pessoas coletivas, ou "pessoas morais" (basicamente associações ou fundações), noutra designação. E sem estas normas, por exemplo, não se poderiam quiçá pagar quotas em clubes desportivos, ou outros. Os quais, aliás, temos dúvidas de que pudessem funcionar, porque todos os seus estatutos deixariam de ser normas, acolhidos pela ordem jurídica. A menos que se viessem a considerar, numa formulação de "imaginação jurídica", mas muito forçada, normas consuetudinárias escritas. Seria todo um setor enorme da normatividade que ficaria em causa... Obviamente ninguém terá querido essas consequências.

Pode ser-se perfeitamente antifascista e recusar o regime corporativo, e de pleno integrado na ordem constitucional democrática, e usar a expressão e a categoria normativa que dá pelo nome de "normas corporativas"... Mas também, é claro, para evitar confusões, talvez se lhes pudesse mudar o nome.

O lugar epistêmico do Direito Constitucional é no Direito Público[2]. Isto não o afasta, contudo, do Direito Privado, nem dos ramos híbridos. Há, por mero exemplo, todo um riquíssimo lugar à aplicação dos Direitos Fundamentais, uma das grandes divisões do Direito Constitucional, no campo do Direito Privado. Estudos que recuam, por exemplo, a Canaris[3], divulgados, desenvolvidos e promovidos de forma autónoma, no Brasil, por exemplo, por Ingo Wolfgang Sarlet[4]. E também já desbravados, em Portugal, por um corajoso e iluminador estudo do civilista Orlando de Carvalho[5], e que não deixam de ocupar a nossa mais recente doutrina constitucional[6]. Porém, as suas características e a história do seu enquadramento levam o Direito Constitucional a esse lugar em que as relações são sobretudo de entes estaduais e públicos e no exercício do poder de

---

2 Sobre a distinção, mais recentemente, TROPER, Michel. **Pour une théorie juridique de l'État.** Paris: PUF, 1994. p. 183 e ss.
3 CANARIS, Claus-Wilhelm. **Direitos Fundamentais e Direito Privado.** Tradução portuguesa de Ingo Wolfgang Sarlet e Paulo Mota Pinto. reimp. da ed. de 2003. Coimbra: Almedina, 2006.
4 SARLET, Ingo Wolfgang. Direitos Fundamentais e Direito Privado: algumas considerações em torno da vinculação dos particulares aos direitos fundamentais. In: SARLET, Ingo Wolfgang Sarlet (Org.). **A Constituição Concretizada**: Contruindo pontes com o público e o privado. Porto Alegre: Livraria do Advogado Editora, 2000. p. 107 e ss.; Idem (Org.). **Constituição, Direitos Fundamentais e Direito Privado.** 2. ed. rev. e ampl. Porto Alegre: Livraria do Advogado, 2006. E abarcando toda o diálogo entre o Direito Constitucional e o Direito Civil. Idem (Org.). **O Novo Código Civil e a Constituição.** Porto Alegre: Livraria do Advogado Editora, 2006.
5 CARVALHO, Orlando de. **Os Direitos do Homem no Direito Civil Português.** Coimbra: Textos Vértice, 1973. Ainda uma outra perspectiva é a de BILBAO UBILLOS, Juan Maria. **Los Derechos Fundamentales en la Frontera entre lo Público y lo Privado.** Madrid: McGraw-Hill, 1997.
6 Por todos, CANOTILHO, José Joaquim Gomes. Dogmática de Direitos Fundamentais e Direito Privado. In: **Estudos sobre Direitos Fundamentais.** Coimbra: Coimbra Editora, 2004. p. 191 e ss.

imperium. Apesar de toda a privatização do Estado e muitas das suas atividades que os novos tempos de tendência neoliberal trouxeram[7].

Como dissemos, os grandes princípios dos diversos ramos de Direito encontram-se constitucionalizados (além, como é óbvio, dos grandes princípios ou super-princípios especificamente constitucionais[8]). De algum modo, ao direito constitucional político e organizatório geral do Estado, e aos Direitos fundamentais em geral etc., junta-se uma espécie de garantia dos grandes princípios de cada ramo do Direito, que adquirem sede constitucional, e consonância e compatibilidade geral entre si, pelo fato de todos os principais ramos jurídicos se encontrarem estruturados na cúpula no mesmo diploma, a Constituição, com uma mesma lógica, e animados de um mesmo projeto jurídico-político.

Como do anteriormente dito já se terá depreendido, muito mais importante do que longas, abstratas e especiosas dissertações sobre o ser em si, ou os conceitos adversos e teorias conflituantes sobre a *perifilosofia*[9] jusconstitucional, interessa-nos conhecer o Direito Constitucional vendo-o em ação. As questões prévias, epistemológicas, e afins, só têm sentido para balizar grandes domínios e alguns limites. Mas todas as epistemomaquias são vãs, e até pueris. Por isso é que estas questões mais se enunciam (como para que se saiba que existem) que sequer se sumariam.

É costume ainda se debruçarem as partes introdutórias dos livros de estudo sobre as chamadas *disciplinas auxiliares* daquela de que se cura. De há muito[10], que defendemos uma outra conceção. A qualificação de disciplina auxiliar é muito relativa, e pode ser revertida. A Criminologia é auxiliar do Direito Penal, mas este é auxiliar daquela. Vista de cada um dos universos, a outra parece menor. Não é contudo assim. Na pureza do concílio dos saberes, na etérea República das Letras só há disciplinas complementares e mutuamente complementares. Na prática, por vezes há é disciplinas amigas e disciplinas de alguma forma concorrentes... Diz-se, por exemplo, que isso acontece por despique entre algumas áreas: entre Psiquiatria e Psicologia? Entre Arquitetura e Engenharia? Mas os espíritos elevados e os grandes investigadores de todas as disciplinas sabem bem que não se faz a fama de uma cadeira ou de um curso contra outro, apoucando-o ou tratando-o com sobranceria. Nem pescando nas águas que tradicionalmente

---

7   CANOTILHO, José Joaquim Gomes. Privatizações e Direitos, Liberdades e Garantias. In: *Ibidem*. p.161 e ss.; NUNES, António Avelãs et al. **Os Caminhos da Privatização da Administração Pública**. Coimbra: Faculdade de Direito; Coimbra Editora, 2001. Col. Stvdia Iviridica. n. 60; MOURA, Paulo Veiga e. **A Privatização da Função Pública**. Coimbra: Coimbra Editora, 2004.
8   Sobre estes últimos, especificamente, NOVAIS, Jorge Reis. **Os Princípios Constitucionais Estruturantes da República Portuguesa**. Coimbra: Coimbra Editora, 2004.
9   Sobre a *perifilosofia*, que compreende prolegômenos e zonas adjacentes (e por vezes distrações) da Filosofia *proprio sensu*, LANE, Gilles. **À quoi bon la Philosophie**. 3. ed. Québec: Bellarmin, 1997.
10 Desde, pelo menos, o nosso esgotado livro **Introdução à Teoria do Direito**. Porto: Rés, 1988.

lhe pertence. Há muita *terra ignota* nos vastos continentes dos saberes. Não há pois razão para acotovelamentos nem guerras de Alecrim e Manjerona.

Disciplinas que se intersecionam e dialogam com o Direito Constitucional são múltiplas: as de História, Sociologia e Filosofia, quer Políticas, quer do Direito, e a Ciência Política ou Politologia, nas suas variantes, mais sociológicas, mais filosóficas etc. E há disciplinas que ora se enquadram ora se autonomizam do Direito Constitucional. Na verdade, numa perspectiva de Direito Constitucional *lato sensu*, nele se incorporam; num Direito Constitucional encarado em sentido restrito, autonomizam-se. Tivesse o Direito Constitucional as cadeiras que deveria ter nos cursos jurídicos (como tem, por exemplo, o Direito Civil: uma para cada livro do Código Civil... pelo menos) e estas matérias tenderiam naturalmente a autonomizar-se.

A primeira de entre um vasto leque, é a Teoria Geral do Estado.

Outra, que normalmente acaba por acoplar-se (mas nem sempre) à Filosofia do Direito, é a Filosofia do Estado, que tem muitas atinências com a Filosofia Política, e pode até ser substituída por esta, se se pensar que o Estado é apenas uma das formas históricas da organização do poder.

Muito importantes, e entre nós raramente autonomizadas, são a História do Direito Constitucional (e a mais vasta História Constitucional – à maneira de Otto Bruenner) e o chamado "Direito Constitucional Comparado" (ou Geografia Constitucional – comparação de constituições no espaço, sincronicamente). Um nome talvez não desajustado à função e sentido dessa matéria, hoje, seria **Comparação de Culturas Constitucionais**. Porque não se trata apenas de comparar, de forma literal e mecânica, sem integração nas culturas, gerais e jurídicas, de textos deste e daquele ordenamento. Há caricaturas sobre os *false friends* comparatísticos muito reveladoras do que não se deve fazer neste âmbito[11].

Mais recente, e muito inserida no seio do Direito Constitucional clássico, é a Teoria da Constituição. Que em grande medida se pode aproximar se uma Filosofia da Constituição: nome porém não em uso.

Também os Direitos Fundamentais, embora já frequentemente contando com cadeira autônoma, continuam Direito Constitucional *tout court*.

Os Direitos Humanos têm uma dimensão interdisciplinar, mas não deixam de assentar muito num Direito Constitucional, em última análise de globalização, mas com muitas raízes nacionais também.

Divisões que não deixam a casa paterna por se desenvolverem por vezes em disciplinas autônomas, infelizmente raras, são o Direito Parlamentar e o Direito Eleitoral. Em boa verdade, há também a considerar, no Direito Constitucional, o Direito Honorífico e o Direito Constitucional das Religiões.

---

11   DAVID, Roné. **Les grands systèmes de droit contemporains**, 8. ed. Paris: Dalloz, 1982. p 341-342.

Em crescendo, no estrangeiro, estão os ramos híbridos: Direito Constitucional Penal, Direito Constitucional Civil, Direito Constitucional Fiscal ou Tributário, Direito Constitucional do Trabalho ou Laboral etc[12].

Mas não confundamos cadeira autónoma com autonomia epistémica: a Hermenêutica Constitucional[13], ou a Justiça Constitucional (defesa, garantia, procedimento constitucional...) podem ter disciplinas autónomas, assim como dissemos para os Direitos fundamentais. Não deixarão, por isso, de ser disciplinas do Direito Constitucional. Mas a última pode vir a transformar-se (e em certos casos estará já nesse processo) em Direito Constitucional Processual, ou Processo Constitucional. O Brasil, por exemplo, está muito avançado nessa senda[14].

Talvez um dia, com o normal crescimento destes estudos, venha a ser interessante fazer para o Direito Constitucional o que se está de novo a fazer para o Direito Penal. Aí, recupera-se a antiga ideia de uma **Ciência Penal Geral**, de conjunto, em que se inserem as demais, particulares: quer as substantivas (Direito Penal ou Criminal), quer as adjetivas (processuais), quer as normativas (estas duas últimas categorias), quer as humanísticas (como Filosofia Penal), sociais (como História Penal) e até biossociais (como a Criminologia).

Também em algumas Universidades estrangeiras há fusões ou associações de cátedras, e se pode, por exemplo, ser catedrático (sem acusação de se não ser especialista num caso ou noutro) de, por exemplo, Direito do Estado (englobando um Direito Constitucional *lato sensu*) e Filosofia do Direito. E até ainda outras matérias, e outras combinações...

Mas a ligação do Direito Constitucional com a Filosofia do Direito começa a ser apercebida e reconhecida. Desde os anos setenta (mas a receção das coisas positivas costuma ser lenta, ou nem chega) grandes autores (como Ernst Friesenhahn, ou Peter Häberle...) foram-se dando conta da importância de que nas

---

12 Cf., por últimos, ARONNE, Ricardo. **Direito Civil Constitucional e Teoria do Caos**. Porto Alegre: Livraria do Advogado Editora, 2006; PALMA, Maria Fernanda. **Direito Constitucional Penal**. 145 op. Coimbra: Almedina, 2006. E já também, a nosso ver, CUNHA, Maria da Conceição Ferreira da. **Constituição e Crime**: uma Perspectiva da Criminalização e Descriminalização. Porto: Ed. da Universidade Católica Portuguesa, 1995.

13 De entre múltiplos estudos, nesta área prolífica, *v.g.*, TAVARES, André Ramos. **Fronteiras da Hermenêutica Constitucional**, cit., BARROSO, Luís Roberto. **Interpretação e Aplicação da Constituição**. 6. ed. São Paulo: Saraiva, 2004; MAGALHÃES FILHO, Glauco Barreira. **Hermenêutica e Unidade Axiológica da Constituição**. 3. ed. Belo Horizonte: Mandamentos, 2004; BILHALVA, Jacqueline Michels. **A Aplicabilidade e a Concretização das Normas Constitucionais**. Porto Alegre: Livraria do Advogado, 2005; MAMARI FILHO, Luís Sérgio Soares. **A Comunidade Aberta de Intérpretes da Constituição**. Rio de Janeiro: Lumen Iuris, 2005. Cf. ainda o quase clássico MÜLLER, Friedrich. **Métodos de Trabalho do Direito Constitucional**. 3. ed. port. Rio de Janeiro; São Paulo; Recife: Renovar, 2005.

14 Cf., entre nós, especificamente, FONSECA, Guilherme da; DOMINGOS, Inês. **Breviário de Direito Processual Constitucional**. 2. ed. Coimbra: Coimbra Editora, 2002. Cf. ainda, ilustrativamente, GARCÍA BELAUNDE, Domingo. **De la Jurisdicción Constitucional al Derecho Procesal Constitucional**. Lima: Instituto Iberoamericano de Derecho Constitucional (Perú), 2000.

audições (*hearings*) a que são submetidos, pelo Senado dos EUA, os candidatos a Juízes do Supremo Tribunal (com funções constitucionais), lhes é perguntada pela sua *filosofia do direito*. Houve mesmo um caso interessantíssimo, o do Juiz Clarence Thomas, em que a partir daí se começou a discutir mais "Direito Natural", que ele reivindicara como sua *philosophy of law*[15].

Este livro trata, de forma muito sintética e perfunctória, do **Direito Constitucional Geral** – apesar de incursões noutros domínios do Direito Constitucional. Esta é uma classificação com foros clássicos (Santi Romano, Xifra Heras), mas que consideramos permanecer útil[16]. Ela parte de uma conceção multipartida (plural) do Direito Constitucional:

- **Direito Constitucional Geral**, como conjunto de "princípios, conceitos e instituições" comuns a todos ou a um grupo de direitos positivos concretos[17], ou seja, trata-se, segundo as várias visões, e não exclusoramente, de 1) uma Filosofia do Direito Constitucional, 2) da parte fundamental da Teoria Geral do Direito positivo, e 3) da Teoria Geral do Direito Constitucional (devendo-se esta última formulação a Santi Romano)[18].
- **Direito Constitucional Positivo**, referindo ao Direito Constitucional de uma única ordem jurídica; e
- **Direito Constitucional Comparado**, dedicando-se ao estudo teórico, com método comparatísticos, de várias ordens jurídicas.

Há quem considere este último como atinente também à comparação diacrónica. Mas cremos ser mais expressivo considerar uma quarta categoria, considerando a comparação histórica, numa

6.1 História do Direito Constitucional

Parece ainda conveniente separar as disciplinas mais teóricas, como a **Teoria do Estado** e a **Teoria da Constituição**, e as mais práticas, como a **Hermenêutica Constitucional** e a **Justiça Constitucional/Processo Constitucional**. Contudo, as três primeiras são ainda Direito Constitucional Geral, enquanto as três

---

15 BLACK, Virgínia. Natural Law, Constitutional Adjudication and Clarence Thomas. In: **Fides: Direito e Humanidades**. v. II. p. 41 e ss.
16 Cf. SOUSA, Marcelo Rebelo de. **Direito Constitucional**: I – Introdução à Teoria da Constituição. Braga: Livraria Cruz, 1979. p. 13-15.
17 O esquematismo das páginas consagradas a temas não específicos do domínio do Direito Constitucional Geral, tais como História Constitucional, Direito Constitucional Comparado, Teoria do Estado etc., justifica-se, precisamente, por esta razão epistêmica, nesta sede. Mas estão aqui presentes, porque o carácter precisamente generalista desta matéria não se compadece com a ignorância dos demais continentes do saber jusconstitucionais.
18 Para judiciosos desenvolvimentos, BONAVIDES, Paulo. **Curso de Direito Constitucional**, p. 41-43.

últimas ganham mais em ser incluídas no Direito Constitucional Particular de cada ordem jurídica, sem prejuízo de aportações comparatísticas.

Apesar das distinções, as intersecções internas dentro do Direito Constitucional são inúmeras, e é sempre necessário descer do Constitucional Geral ao Constitucional Positivo ou ao Comparado para uma ilustração, e subir destes àquele para distanciamento e teorização. Assim como o Direito Constitucional Comparado outra coisa não é que comparação de Direitos Positivos diferentes. E estes não se podem, hoje, sequer interpretar sem o recurso ao quinto elemento hermenêutico, a Comparação de Direitos[19].

---

19 No sentido da intersecção, *Ibidem*, p. 43.

Capítulo 7
Interdisciplinaridade e Cultura no Direito Constitucional

Os Constitucionalistas serão talvez, daqueles que mais imediatamente compreendem as pontes, os laços, as implicações interdisciplinares do seu saber. Não se nega que o crime é quase metade da trama ficcional, literária, dramática ou cinematográfica. Mas a outra metade será certamente política, e, nesta, não se foge ao constitucional, ainda que apenas em pano de fundo. Não se nega que o Direito Civil e o Comercial, seu filho, navegam pelos mil riachos e canais da vida social quotidiana: e daí ligarem-se com tudo... Mas o seu tecnicismo, que faz de resto a sua coroa de glória, talvez impeça por vezes uma atenção social e uma especulação teórica e até filosófica que quiçá lhe daria uma feição mais abrangente.

É curioso que, em si e por si, pelo menos os ramos mais vastos, ou tradicionalmente tidos como principais (numa polêmica bastante estéril, aliás), são todos próximos dos mil e um reptos do que transcende o Direito – sendo o direito serviço de vida, não é caso para se estranhar. Contudo – e aí está o nó da questão – apesar de algumas tentativas interdisciplinares, como a da Reforma do plano de estudos do curso de Direito de 1911, em Portugal (reforma frustrada, na realidade[1]), que fazia preceder cada matéria de direito positivo do estudo da respetiva análise sociológica – normalmente a maioria dos estudos não tem tempo a perder com muita história, muita comparação, muita sociologia, muita filosofia conexas com a sua própria matéria, atirando a matar no estudo dos códigos, se os houver, ou embrenhando-se pela selva da legislação avulsa, se for o caso.

Apesar da crescente tecnicidade e da expansão de domínios do Direito Constitucional, não podemos esquecer a sua clássica associação, em Portugal, à Ciência Política, a inclusão, no seu seio, da Teoria do Estado, a génese nas Faculdades de Direito quer da Economia, quer da Sociologia, a docência nas Faculdades de Letras de cadeiras de História pura por Professores de Direito, ainda no séc. XX, e a presença nos programas de Direito Constitucional de matérias Históricas e Comparatísticas de grande relevância formativa e cultural. Aliás, os constitucionalistas não esquecem *démarches* especificamente interdisciplinares, ou que chegam a alargar a *démarche* interdisciplinar: como é o caso da Teoria do Estado como ciência da cultura[2], ou, mais especificamente, "teoria da constituição como ciência cultural"[3].

---

1 Sobre a reforma, o nosso estudo introdutório in CARVALHO, Reinaldo de; CUNHA, Paulo Ferreira da. **História da Faculdade de Direito de Coimbra**. Porto: Rés, 1991. v. I. 5 vols.

2 Desde logo, com HELLER, Hermann. **Staatslehre**. Leide, 1934 (3. ed., 1963). Tradução em português do Prof. Lycurgo Gomes da Motta. **Teoria do Estado**. São Paulo: Mestre Jou, 1968. p. 54 e ss.; máx. p. 58-59.

3 Cf. HÄBERLE, Peter. **Verfassungslehre als Kulturwissenschaft**. Berlim: Duncker & Humblot, 1998; LUCAS VERDÚ, Pablo. **Teoría de la Constitución como Ciencia Cultural**. 2. ed. cor. e aum. Madrid: Dykinson, 1998.

Peter Häberle afirma, designadamente:

> O constitucionalismo é uma criação cultural por excelência. Resultou de textos dos clássicos – sobretudo de Aristóteles, passando por John Locke, Montesquieu e Rousseau até Jonas e John Rawls – mas também de grandes textos, nomeadamente os Federalist Papers, da criação dos Estados Unidos (1787), ((os textos)) de 1789 ou a Constituição Suíça (1848), e igualmente de simples projectos de Constituição (...) O constitucionalismo é (...) uma criação da Humanidade como um todo.[4]

E considerando o constitucionalismo "realização cultural" da Humanidade, especifica o constitucionalista de Bayreuth, grande capital da ópera wagneriana:

> Esta abordagem inicial, de natureza científico-cultural, parte da ideia de que a Constituição é, ela própria, "cultura", não se limitando a reger normativamente alguns domínios do tradicional "direito constitucional da cultura", como os objectivos da educação ou os direitos fundamentais culturais ou como a liberdade religiosa ou a liberdade científica e artística – entre os quais Goethe estabelece uma ligação profunda na frase: "Quem tem ciência e arte, tem religião; quem não tem nenhuma das duas, tenha religião".[5]

Acentuando depois que a compreensão científico-cultural da Constituição é obra de identidade/patrimônio e pluralidade, o que é adjuvante até do federalismo estadual e supraestadual, como um possível federalismo europeu.

A teoria apresenta-se-nos como compreensiva de teorias parciais, como a da Constituição como "estímulo e limite", de Rudolf Smend, como "norma e tarefa", de U. Scheuner, como "limitação do poder" e organização de um "processo vital de liberdade", de Horst Ehmke, e mesmo do vetor "força normativa da constituição", de Konrad Hesse. Rejeita, todavia, o decisionismo de Carl Schmitt[6]. Há assim, coroando esta perspectiva cultural, uma verdadeira (na verdade analógica, mas não menos verdadeira) **interdisciplinaridade interna** na teoria da Constituição.

É essa dimensão cultural (mas não apenas nos fundamentos e como que folclórica, como alguns parecem entendê-la, pervertendo-a) a chave da interdisciplinaridade. Uma dimensão cultural que fundamenta e explica o Direito Constitucional, que o poreja, e que se projeta, na Sociedade e na História, a partir dele. Uma compreensão tecnicista, isolacionista, não cultural e não interdisciplinar

---

4 HÄBERLE, Peter. **Novos Horizontes e Novos Desafios do Constitucionalismo, Conferência Internacional sobre a Constituição Portuguesa**. Lisboa: Fundação Calouste Gulbenkian, 26 de abril de 2006. Inédita, p. 6 da versão policóp.
5 Ibidem. p. 7.
6 Ibidem. p. 8.

do Direito Constitucional, uma compreensão da Constituição que renegasse em absoluto esta dimensão seria uma charada sem sentido, *a tale... told by an idiot*, não sabemos se cheia, se vazia do *Som e da fúria*, literários ou reais.

O Direito Constitucional exige, assim, dos seus cultores, ainda mais do que Shackle pedia dos economistas, naturalmente. Porque há dimensões humanísticas e até teológicas que talvez ao economista não façam falta, mas muito se requerem para a compreensão do fundo de alguns problemas jusconstitucionais. Relembremos, pois, a lição do avisado teorizador. Para ele, um economista não necessita somente de ser um matemático, mas também um filósofo, um psicólogo, um antropólogo, um historiador, um geógrafo e um estudioso da política; um mestre na exposição em prosa – não precisa, *hélas*, de ser poeta – e um homem do mundo com experiência de negócios e finanças práticas, compreendendo os problemas da administração, e dominando umas quatro ou cinco línguas estrangeiras[7].

Este reconhecimento de que o domínio constitucional está impregnado de cultura remete para um conceito de cultura aos mais diferentes níveis. Não apenas a cultura erudita, ou alta cultura, nem apenas a cultura popular. Elementos que alguns diriam de "contracultura" podem ser compreendidos nesta visão alargada. Se os Beatles já são alta cultura, num certo sentido, é irrecusável que o *Hip Hop* (e particularmente em língua portuguesa) tem interessantes e interpelantes letras, que podem dar muito que refletir ao constitucionalista e ao estudioso da política.

Por outro lado, *Cultura*, no sentido de ilustração e ponderação, é também esperança de moderação. Não apenas o progresso das ciências e das artes, como queriam Diderot e D'Alembert, são fatores de progresso espiritual. O progresso espiritual verdadeiro é fator de paz. Embora sempre nos tenhamos de lembrar da lição da *Antígona* de Jean Anouilh, em que o intelectual-rei, Creonte, opta pela injustiça com medo que o considerem fraco[8].

Atentemos ainda que, numa abrangência ainda maior, a ideia de Cultura opõe-se em bloco, como se sabe, à de Natureza. Entendendo-se aqui por "Natureza" uma *physis* desprovida de qualquer essência ou sequer tintura axiológica (ao invés do que se pressupõe, nomeadamente, quando se fala em Natureza Humana ou em Direito Natural[9]). Algumas teorizações políticas e constitucionais, sobretudo pessimistas (Hobbes, Carl Schmitt, Julien Freund, Raymond Aron) procuram uma lucidez sobre o ser do Homem, com repercussões políticas, de algum modo contaminada já por um pressuposto antropológico, que alguns consideraram ser até identificável com as ideologias de direita (enquanto as de

---

7 SHACKLE, G. L. S. **What makes an Economist?** The University Press of Liverpool, 1953. p. 1.
8 Cf. o nosso **Filosofia do Direito**. p. 229 e ss.
9 Cf., por todos, o nosso **O Ponto de Arquimedes**: Natureza Humana, Direito Natural, Direitos Humanos. p. 21 e ss. *et passim*.

esquerda – a começar com Rousseau –, e alguns liberais otimistas, seriam de esquerda). Mas não nos interessa aqui diretamente a questão ideológica[10]. Já os Gregos diziam oi *anthropoi kakoi eisin* – "os homens são maus". E lembremos Montesquieu, afirmando que o Homem tem tendência para abusar do poder. Porém, os mesmos Gregos afirmavam: *Paideia teleion ton nomon* – "a Educação (e a Cultura) é superior às Leis".

Pois é disso que se trata: desde logo, reconhecer-se que a Cultura é mais eficaz que as próprias leis, mas que é capaz de se dar leis impregnadas de cultura, sua *longa manus*, seu agente. A lei, e a Constituição, como agentes de cultura. E muito de cultura contra aquilo que de bárbaro, inóspito, inumano possui a natureza. Alguns entusiasmaram-se com Darwin e a sua seleção natural. Pois precisamente se trata, da nossa parte, de operar uma **seleção contra** a natureza bruta (não a natureza culturalizada de quem a axiologiza). Ao invés da seleção natural, na dominação e na destruição dos fracos, o Homem, a Humanidade e a Civilização engrandecem-se pela proteção dos fracos. E, recordando Calsamiglia, o Direito é afinal essa proteção dos fracos, das minorias, das oposições... frente aos fortes, às maiorias, aos poderes. E nisso tem um relevante papel o Direito Constitucional que, como ciência de cultura e encruzilhada interdisciplinar é, também, uma das trincheiras avançadas da *seleção cultural*[11].

---

10 Sobre ideologia, com abundante e plural bibliografia, *v.g.*, o nosso **Repensar a Política**: Ciência & Ideologia. p. 215 e ss.
11 Cf. O Preâmbulo da Constituição Suíça de 1999, citado no fim deste livro.

Capítulo 8

Direito Constitucional, entre Direito e Política: o exemplo da Justiça Constitucional

As ligações entre o Direito Constitucional e a Política são tão vastas e tão profundas, que não seria de muita valia tentar sequer enunciá-las aqui. Além disso, elas são autoevidentes.

Há, contudo, uma especificidade da questão que, essa sim, merecerá uma alusão, embora sumária: e tal especificidade, do maior interesse prático, é o domínio da Justiça Constitucional.

É que a presença política no Direito parece tão forte, que a própria Justiça Constitucional poderia perigar enquanto Justiça jurídica, *justiça particular*, no sentido da autonomia do jurídico[1]. Receio, contudo, adiantamos já, manifestamente exagerado.

Porém, é certo que vários autores e "atores" ou "operadores" jurídicos têm exprimido as suas apreensões e até angústias pelo fato de que o Direito Constitucional conviveria com a política a tal ponto que poderia tornar-se menos jurídico. Um dos mitos de alguma classe jurídica (que realmente acaba por não se verificar em muito boa medida) é o da politização dos tribunais constitucionais.

É certo que, como Peter Häberle, por várias vezes sublinhou, em alguns casos os juízes dos tribunais constitucionais (como o de Karlsruhe) são de quase única indicação partidária. Este autor recorda, como última exceção, a de seu mestre Konrad Hesse, 1975[2]. É também bem conhecido da nossa doutrina o estudo de Otto Bachof sobre a matéria[3].

Contudo, reconhece-se, em estudos sérios de sociologia do comportamento forense, que, em geral, os votos dos juízes constitucionais não são partidários[4], e o que falta, sobretudo, contribuindo para a difusão do mito, é a compreensão da importância, da autonomia e da preeminência das questões constitucionais, as quais muitas vezes não são bem entendidas por alguns profissionais do foro, designadamente pela escassa dimensão dos seus estudos na nossa graduação. Sobretudo se comparada com a vitalidade e importância prática da área, no momento atual – e sempre em crescendo. Há, todavia, países em que a cultura constitucional está arraigada, e em que os advogados generalistas não passam, pelo menos em certos casos mais agudos, sem irem eles mesmos consultar um constitucionalista, para poderem assim utilizar na sua causa também as armas de longo alcance do Direito Constitucional. Invocar, *a torto e a direito*, que tudo

---

[1] A questão, que recua teoricamente, pelo menos, a Aristóteles, continua a suscitar interesse doutrinal, alem de enorme relevância prática. Cf., *v.g.*, VALLET DE GOYTISOLO, Juan. Justicia Moral y Justicia Jurídica. **Verbo**, Madrid, Fundación Speiro, n. 443-444, mar./abr. 2006. p. 161 e ss.

[2] HÄBERLE, Peter. **Conversaciones Académicas com...**, máx. p. 121.

[3] BACHOF, Otto. Estado de Direito e Poder Político: os Tribunais Constitucionais entre o Direito e a Política. Tradução portuguesa de J. M. Cardoso da Costa, separata do v. LVI do **Boletim da Faculdade de Direito**, Coimbra, 1980.

[4] Cf., desde logo, o pioneiro estudo, entre nós, de ARAÚJO, António de. **O Tribunal Constitucional (1989-1996)**: um Estudo de Comportamento Judicial. Coimbra: Coimbra Editora, 1997.

é inconstitucional, e fere os princípios x, y e z, sem uma subsunção cabal, é, obviamente, empresa votada ao insucesso.

E talvez o mais interessante de tudo seja que o próprio poder judicial constitucional se pode queixar do poder político, que parece, por vezes, querer fazer da Constituição e dos juízes o seu álibi. Em Portugal, era costume criticar a Constituição (na sua versão original e mesmo depois das suas primeiras revisões) como bode expiatório de todos os males nacionais, e toda a incapacidade de ação dos governos. E ainda hoje há quem viva nesse ritual de crítica à Constituição. Na verdade, a Constituição é um ótimo símbolo para se criticar. Mas quem o faz fica de fora da Constituição, o que em alguns países, livres e democráticos, já foi até considerado muito grave...

Seja como for, trata-se de um problema muito generalizado. Na Alemanha, a Juíza Limbach afirmaria mesmo: "A política oculta-se gostosamente por detrás da Constituição federal alemã".

A matéria da Justiça Constitucional é suscetível de tratamento em várias sedes, embora dificilmente caiba no Direito Constitucional Geral *proprio sensu*, sobretudo nas suas especificidades técnicas e práticas. Prévia a ela está, antes de mais, a questão da Constitucionalidade e da Inconstitucionalidade[5]. Estamos ainda persuadido de que, depois de estudada esta última questão, a melhor introdução à matéria da garantia constitucional é histórico-comparatística. Só depois de compreendida a gênese do controlo da constitucionalidade e os diferentes sistemas, assim como o papel de grandes intervenientes nas polêmicas originárias (como Hans Kelsen e Carl Schmitt, por exemplo[6]) será possível entender esclarecidamente e com distanciamento e abrangência os regimes jurídicos de Direito Constitucional positivo de cada ordenamento jurídico – onde então o

---

5   Cf., *v.g.*, MIRANDA Jorge. **Teoria do Estado e da Constituição**, p. 685 e ss.; *Idem*. **Contributo para uma Teoria da Inconstitucionalidade**. Lisboa, 1968; CANOTILHO, J. J. Gomes. **Direito Constitucional e Teoria da Constituição**. máx. p. 946 e ss. Cf. ainda SOUSA, Marcelo Rebelo de. **O Valor Jurídico do Acto Inconstitucional**. Lisboa: Edição do Autor, 1988. E pelo interesse de um ponto especial, MIRANDA Jorge. Inconstitucionalidade por Omissão. In: **Estudos sobre a Constituição**. Lisboa: Livraria Petrony, 1977. v. I; GOUVEIA, Jorge Bacelar. **O Valor Positivo do Acto Inconstitucional**. reimp. Lisboa: AAFDL, 2000; ROTHENBURG, Walter Claudius. **Inconstitucionalidade por Omissão e Troca do Sujeito**. São Paulo: Revista dos Tribunais, 2005. Recentemente, LAMY, Marcelo. Generalização dos Efeitos da Decisão de Inconstitucionalidade. **Cadernos Interdisciplinares Luso-Brasileiros**, n. 1, 2006. p. 145 ss.

6   Por exemplo, se classificação (designação sobretudo) dicotômica entre os sistemas difuso e concentrado de controlo de constitucionalidade é de SCHMITT, Carl. **Der Hüeter der Verfassung**. Tradução castelhana de Manuel Sanchez Sarto, com Prólogo de Pedro de Vega. **La Defensa de la Constitución**. Madrid: Tecnos, 1998. n. 17. p. 52, o próprio sistema concentrado de controlo foi inspirado por KELSEN, Hans. **Jurisdição Constitucional**, cit. (por todos). Ou, para o caso dos EUA: A sentença do juiz Marshall em Marbury vs. Madison é clara: "the constitution is superior to any ordinary act of the legislature". E daí se concluiu que cada juiz poderia verificar da conformidade da lei com a Constituição (*judicial review*). Estas paternidades e as polêmicas entre os pais fundadores constituem memórias constitucionais que não podem ser sobrelevadas pela pressão tecnicista.

problema ganha toda a sua riqueza prática[7], desde o início dos procedimentos respetivos, até ao problema das eventuais invalidades de que os atos normativos se encontrem inquinados e suas consequências[8].

Em todo o caso, convocamos a questão neste livro, por ser um ponto crucial da encruzilhada dos caminhos do Direito Constitucional e da Política.

---

7 Para desenvolvimentos desta matéria, MIRANDA, Jorge. **Teoria do Estado e da Constituição**. p. 685 e ss.; Idem. Controlo da Constitucionalidade em Portugal. In: BELAUNDE, D. García; SEGADO, Fernandez (Coord.). **La Jurisdiccion Constitucional en Iberoamerica**. Madrid: Dykinson, 1997. p. 861 e ss.; CANOTILHO, J. J. Gomes. **Direito Constitucional e Teoria da Constituição**. p. 913 e ss. Numa perspetiva comparatística, por todos, apesar das evoluções desde então, FAVOUREU, Louis; JOLOWICZ, John-Anthony. **Le contrôle juridictionnel des lois:** Légitimité, effectivité et développements récents. Paris: Aix, 1986; CAPPELLETTI, Mauro. **La Justicia Constitucional (Estúdios de Derecho Comparado)**. México, 1987; FROMONT, Michel. **La Justice constitutionnelle dans le monde**. Paris: Dalloz, 1996. Com muito importantes contributos (e com vasta bibliografia, para que remetemos); TAVARES, André Ramos. **Teoria da Justiça Constitucional**. São Paulo: Saraiva, 2005. V. ainda a tese de STAMATO, Bianca. **Jurisdição Constitucional**. Rio de Janeiro: Lumen Iuris, 2005; HESSE, Konrad; HÄBERLE, Peter. **Estúdios sobre la Jurisdicción Constitucional (con especial referencia al Tribunal Constitucional Alemán)**. Tradução castelhana de Eduardo Ferrer Mac-Gregor. México: Editorial Porrúa; Instituto Mexicano de Derecho Procesal Constitucional, 2005. Em Portugal, desenvolvidamente, MORAIS, Carlos Blanco de. **Justiça Constitucional**. Coimbra: Almedina, 2002 e 2005, 2 vols. V. ainda COSTA, José Manuel Cardoso. **A Justiça Constitucional no Quadro das Funções do Estado vista à Luz das Espécies, Conteúdo e Efeitos das Decisões sobre a Constitucionalidade das Normas Jurídicas**. Lisboa: Procuradoria Geral da República, 1987; e o relatório da cadeira de CORREIA, Fernando Alves. **Direito Constitucional:** a Justiça Constitucional. Coimbra: Almedina, 2002. V. ainda o número da revista Sub Júdice, 20/21, e BRITO, José de Sousa et al. **Jurisdição Constitucional e Princípio Democrático (Colóquio no 10.º Aniversário do Tribunal Constitucional)**. Coimbra: Coimbra Editora, 1995.

8 MIRANDA, Jorge. **Manual de Direito Constitucional**. Coimbra: Coimbra Editora, vol. VI. **Inconstitucionalidade e Garantia da Constituição**. Coimbra: Coimbra Editora, 2001. p. 157. Sobre invalidades, em geral, entre nós, podem colher-se importantes lições na clássica obra de SOARES, Rogério Ehrhardt. **Interesse Público, Legalidade e Mérito**. Coimbra: Atlântida, 1959. p. 271 e ss. V. ainda SOUSA, Marcelo Rebelo de. **O Valor Jurídico do Acto Inconstitucional**, cit.

Título 2
Conceito, Ideia e Noção de Constituição e de Direito Constitucional

Sumário

Capítulo 1
Ideia de Direito Constitucional e Ideia de Direito   89

Capítulo 2
Conceito e noção de Direito Constitucional e Constituição   93

Capítulo 3
Conceito Histórico-universal de Constituição. Constituição Natural e Constituição Voluntária. Constitucionalismo Histórico e Constitucionalismo Moderno   97

Capítulo 1

Ideia de Direito Constitucional e Ideia de Direito[1]

A Ideia de Constituição, assim como a de Direito Constitucional, poderá parecer encontrar-se num plano altíssimo, nesse céu dos conceitos quase inatingível. A ideia de Constituição, no fundo, é a dimensão constitucional da própria Ideia de Direito. Ora, a Ideia de Direito não é senão a Justiça, como afirma, nomeadamente, Radbruch na sua *Rechtsphilosophie*.

Donde, a Ideia de Direito Constitucional, que deve nortear os constitucionalistas, todos os juristas, e todos os chamados a aplicar a Constituição (e somo-lo todos, na qualidade de cidadãos), pode dizer-se que é a de uma Justiça Constitucional. Não no sentido, também próprio e utilizável, de aplicação prática, processual, garantística e de controle da constitucionalidade, que é questão reservada aos órgãos para tal competentes, como é óbvio, mas no sentido de anelo de uma ordem justa no plano constitucional, um Direito Constitucional justo.

Mesmo num tempo, como o nosso, de *cretinismo tecnológico*, como lhe chamou o sociólogo francês Jean Duvignaud, ou de *barbárie civilizada*, nas palavras do pensador italiano Pier-Paolo Ottonello[2], não podemos esquecer a razão de ser da nossa presença num curso de Direito, e, mais tarde, na atuação jurídica: "Estamos aqui para que haja mais Justiça no Mundo!" – nas eloquentíssimas palavras de uma estudante de Luigi Lombardi Vallauri[3]. A essa função pelo menos nenhum jurista digno desse nome pode renunciar.

Porém, se a **constante e perpétua vontade** de uma ordem constitucional justa, não só nos textos, como na realidade constitucional, não deve nunca abandonar-nos, não é a Ideia de Direito Constitucional, por si só, apta a guiar os nossos passos técnico-jurídicos neste domínio. Vimos já que a tópica ontológica do Direito, que podemos descobrir no célebre brocardo de Ulpiano sobre a Justiça, também não tem grande utilidade na delimitação epistêmica do Direito Constitucional. E preferimos-lhe uma tópica fenomênica.

Devemos reconhecer que, embora na prática muitas questões de justiça se coloquem ao jurista que aplica o Direito Constitucional (muitas mesmo), e ao constitucionalista, naturalmente, é muito comum a alguns, mais tecnicistas, endossar os problemas da Justiça, de qualquer ramo do Direito para a Filosofia do Direito – não seriam do *quid juris*, mas do *quid jus*. Ora, a Filosofia do Direito não pode ser um álibi para a ignorância e o desprezo pela Justiça. A ela cumpre refletir sobre os grandes problemas da Justiça – é certo. Mas quem a deve fazer

---

1 Desenvolvendo matérias aludidas neste e nos capítulos seguintes (e outras conexas, pertinentes), MIRANDA, Jorge. **Teoria do Estado e da Constituição**. Coimbra: Coimbra Editora, 2002. p. 8 e ss.; CANOTILHO, Gomes. **Direito Constitucional e Teoria da Constituição**. p. 7, p. 51 e ss., p. 87 ss.; e o nosso **Teoria da Constituição**. v. I, p. 249-365. Já um clássico a este propósito é o livro de BASTID, Paul. **L'idée de constitution**. Paris: Economica, 1985.
2 DUVIGNAUD, Jean. **Sociologia**. Tradução portuguesa. Porto: Paisagem, 1971; OTTONELLO, Pier-Paolo. **La Barbarie Civilizzata**. Gênova: Edizioni dell'Arcipelago, 1993.
3 VALLAURI, Luigi Lombardi. **Corso di filosofia del diritto**. Cedam: Padova, 1978. (nova ed. 1981).

atuante nos casos concretos é o direito positivo, na sua aplicação prática, que, para tal, precisa de se não encontrar desamparado da doutrina das ciências jurídicas materiais, positivas, e, desde logo, do Direito Constitucional.

A Filosofia do Direito, diretamente e só por si, nunca conseguiu fazer Justiça. Precisa do direito positivo, e da prática jurídica, por ela inspirados.

Capítulo 2

Conceito e noção de Direito Constitucional e Constituição

Da Ideia se passa ao Conceito e à Noção. Os conceitos de Constituição e Direito Constitucional estão longe de ser consensuais[1]. Mesmo a doutrina portuguesa mais recente foi evoluindo[2]. Numa síntese das sínteses, dir-se-ia talvez que as definições ou descrições ou "noções" foram evoluindo de uma perspectiva mais estadualista e normativista (Constituição como conjunto de normas que regulam o Direito superior ou supremo do Estado) para uma concepção mais vasta, mais pluralista, mais dinâmica (podendo versar sobre outras sociedades políticas não estaduais – falando-se, por exemplo, em "comunidade" –, e sendo mais sensível a aspectos não exclusivamente subsumíveis no texto codificado da Constituição).

Não importa tanto chegar a uma "definição" pura, ou abrangente, de Constituição[3]. O objeto do Direito Constitucional, segundo o constitucionalista francês George Vedel (recordado entre nós por Gomes Canotilho) é *"Indéfinissable mais présent"*[4]. Outros autores de nomeada, como Burdeau, vão por caminhos semelhantes quanto à impossibilidade desta *episteme* ou do seu objeto[5]. Por isso, de que vale empreender mais um exercício de *ars combinatoria*? O sociólogo e jusfilósofo belga Jacques Leclercq ironizou de forma decisiva sobre esse procedimento tão pouco original que é o de cunhar uma décima primeira definição a partir dez anteriores[6]. E todavia, é uma permanente tentação de todo o professor, essa de ter a *sua* definição disto ou daquilo, cujas "palavrinhas", uma por uma, exige aos seus estudantes, de cor...

---

[1] *Fronti nulla fides*: por exemplo, uma das poucas obras que, em português, tem um título dentro desta área lexical, longe de ser didática, é um texto de grande polémica, e muito fruto do seu tempo. Cf. o aliás brilhante livro de BRANDÃO, António José. **Sobre o Conceito de Constituição Política**. Lisboa: S.e., 1944.

[2] Desenvolvimento no nosso **Teoria da Constituição**. v. I, p. 295 e ss., e uma síntese em Idem. **Política Mínima**. p. 98 e ss.

[3] Citando as interessantes e opostas posições de Freud e Stattschneiner a propósito da utilidade da definição e da sua flexibilidade ou rigidez, cf. MOREIRA, Adriano. Conceitos Operacionais. In: **Polis: Enciclopédia Verbo da Sociedade e do Estado**. Lisboa; São Paulo: 1983. Col. 1064. v. I.

[4] VEDEL, George. Indéfinissable mais present. **Pouvoirs – Revue française d'études constitutionnelles et politiques**. Paris: PUF, n. 11, p. 71, 1990. Cf. CANOTILHO, J. J. Gomes. **Direito Constitucional e Teoria da Constituição**. p. 27 e n. 28.

[5] BURDEAU, G. Une survivance: la notion de Constitution. In: **L'Evolution du Droit Public**: Études en honneur d'Achille Mestre. Paris, 1956. pp. 53 e ss. ; Idem. Sur un enseignement impossible. In: **Mélanges Trotabas**. Paris: LGDJ, 1970. p. 41 e ss. Durante algum tempo, às verificações da impossibilidade definitória ou pedagógica se juntaram observações em torno de um requiem pela Constituição. Dita "templo alegórico habitado por sombras", e brindado com metáforas do estilo. Pensando na crise, mas pensando já na reconstrução do Estado Constitucional, já a tese de KÄGI, Werner. **Die Verfassung als rechtliche**: Grundordnung des Staates. Tradução castelhana de Sergio Diaz Ricci. 1945. REYVEN, Juan José, com Estudo Preliminar de Francisco Fernando Segado, **La Constitución como Ordenamento Jurídico Fundamental del Estado**. Madrid: Dykinson, 2005. máx. p. 72 e ss. A chave do problema parece-nos ser o facto (na verdade, a interpretação) de que a reconstrução constitucional se está a fazer permanentemente: e é essa a diferença de paradigma – assumir a crise constante e a constante reconstrução, como Constituição-Prometeu.

[6] LECLERCQ, Jacques. **Do Direito Natural à Sociologia**. Tradução brasileira. São Paulo: Livraria Duas Cidades, S.d.

Cremos que se deve resistir a essa tentação, que não acrescenta mais que um exercício de compilação a qualquer disciplina. As diferentes noções que nos são dadas pelos vários autores devem bastar-nos. No fundo, todas elas são aproximações ao ser mais profundo da Constituição. E temos até a sensação que já são demasiadas.

A mais sintética fórmula para "Constituição", que terá sido cunhada na Alemanha, e introduzida entre nós por Castanheira Neves, e depois aplicada em Direito Constitucional por Gomes Canotilho e ulteriormente Marcelo Rebelo de Sousa, e outros: é a de considerá-la o "estatuto jurídico do político".

Poucas fórmulas terão tido tanta fortuna. Nela estão os dois elementos essenciais da Constituição: o tigre selvagem e livre da política, e o domador do Direito. E na relação adequada: trata-se de um estatuto jurídico (portanto, ela é mais Direito do que política) que versa sobre a política (que é o objeto desse estatuto jurídico).

Advertir-se-á que esta fórmula tem a vantagem ainda de recordar uma outra designação, que já teve bom curso entre nós, a de "Direito Político", praticamente sinônimo de Direito Constitucional. E recordar-se-á ainda que H. Triepel não deixava de sublinhar essa *politicidade*, essa característica do "Direito Constitucional" como "direito político", e Smend considera aquele "direito para o político" (a coisa política – *res politica*).

Das demais definições (ou outros tipos de aproximação) há muitos tópicos a reter. Mas normalmente são definições só válidas para constituições modernas, ou democráticas, ou até pós-modernas.

De entre as várias abordagens, são particularmente inspiradoras, em Portugal as clássicas visões de Rogério Ehrhardt Soares, Jorge Miranda e Gomes Canotilho e a evolução das suas perspectivas[7].

Nestas nossas áreas, a teoria é sempre prática, e a prática é sempre teoria; aliás, no direito em geral, dado o particular tipo de metodologia que é a nossa – feita de palavras e conceitos, como sublinhou Francisco Lucas Pires:

> De facto, ao contrário do que pretenderia uma radical metodologia liberal, a teoria não se opõe à técnica, sobretudo num domínio como o do Direito, em que mesmo aquilo que é técnica – técnica jurídica – é, em primeiro lugar, um conceito[8]

Apesar de tudo, há matérias mais práticas que outras. Só uma vez vislumbramos a utilidade prática de uma definição de Constituição, e ainda assim uma "prática" muito teórica ainda: sempre a teoria-prática, em Direito. Foi quando do primeiro grande debate sobre a Constituição Europeia. Porém, ainda aí, se

---

7 Para mais desenvolvimentos, o nosso **Teoria da Constituição**. v. I. p. 300 e ss.
8 PIRES, Francisco Lucas. **Teoria da Constituição de 1976**: a Transição dualista, Coimbra: S.e., 1988.

revelou a fraqueza desse instrumento teórico que dá pelos nomes de definição, conceito etc. Enquanto uns invocavam não poder haver Constituição europeia por não haver Estado europeu, porque, na sua concepção de Constituição, ela deve pressupor e dirigir-se a um Estado, a outros essa crítica não fez qualquer mossa, porque, no seu entendimento, uma Constituição não implica necessariamente um Estado. E ainda por cima, a Convenção Europeia teve a subtileza de chamar ao seu projeto um híbrido de tratado e constituição, apontando para uma salvação sempre possível pelo *tertium genus*.

Em suma, a noção mais abrangente e contudo rigorosa de Constituição parece ser o simples e sintético "estatuto jurídico do político". E o Direito Constitucional é a realidade jurídica em torno desse estatuto (sentido fenomênico, sociológico), e a disciplina epistemológica e acadêmica que estuda o mesmo.

Capítulo 3

Conceito Histórico-universal de Constituição. Constituição Natural e Constituição Voluntária. Constitucionalismo Histórico e Constitucionalismo Moderno

3.1 Conceito Histórico-Universal de Constituição

A relatividade da existência "infralunar", terrena, da Constituição conduz a um sem-número de experiências constitucionais, no tempo e no espaço. Um dos conceitos operatórios mais elementares e mais enriquecedores é precisamente o chamado conceito histórico-universal de Constituição, cuja formulação lapidar foi feita numa célebre conferência – *Über Verfassungswesen* (1862) – por Ferdinand Lassalle:

> "Todos os países possuem, e terão de possuí-la sempre, uma constituição real e efectiva. É errado pensarmos que a Constituição é uma prerrogativa dos tempos modernos."[1]

A partir deste conceito, que aliás se liga com o de "constituição real", a Constituição é um desafio necessário em qualquer sociedade política, no tempo e no espaço.

3.2 Constituição Natural e Constituição Voluntária: Constitucionalismo Histórico e Constitucionalismo Moderno[2]

Uma das divisões mais úteis e com mais profundo sentido no plano histórico, é aquela que divide as constituições em dois tempos, sucessivos (embora possa haver resíduos de épocas mais antigas em épocas novas, e, eventualmente, revivalismos, ou então antecipações):

---

1 LASSALE, Ferdinand. **O Que é uma Constituição Política?** Tradução portuguesa. Porto: Nova Crítica, 1976. máx. p. 36.
2 Sobre o tema, por todos, McILWAIN, Charles Howard. **Constitutionalism**: Ancient and Modern. rev. ed. Ithaca; New York: Cornell University Press, 1974; FIORAVANTI, Maurizio. **Stato e Costituzione**: Materiali per una Storia delle Dottrine Costituzionali. Turim: G. Giappichelli Ed., 1993. máx. p. 107 e ss.; Idem. **Costituzione**. Bolonha: Il Mulino, 1999 (considerando uma tripartição, porém: constitucionalismo antigo, medieval e moderno); MATTEUCCI, Nicola. **Organizzazione del Potere e Libertà**: Storia del Costituzionalismo moderno. UTET, 1988. Tradução castelhana de Francisco Javier Ansuátegui Roig; Manuel Martínez Neira. **Organización del Poder y Libertad**: Historia del Constitucionalismo Moderno, Apresentação de Bartolomè Clavero. Madrid: Trotta, 1998.

a] o tempo pré-revolucionário e pré-liberal das constituições que se dizem tradicionais, históricas ou naturais;
b] e o tempo pós-revolucionário e liberal e pós-liberal das constituições codificadas, que se dizem do constitucionalismo moderno, e voluntário (até "voluntarista").

Durante algum tempo, significativa doutrina não se ocupou muito do primeiro grupo de constituições, dando até a ideia de que o fenômeno constitucional seria apenas o moderno e voluntário. Estudos historiográficos e jusconstitucionais muito sérios terão recuperado, para a doutrina em geral, essa outra dimensão.

Durante a discussão da Constituição Europeia codificada, o problema naturalmente colocou-se. Mas essa mesma polêmica terá quiçá provado que as constituições são fruto do tempo, e que o interesse das Constituições tradicionais é sobretudo histórico. Sem recusar, evidentemente, à História o seu valor pedagógico e heurístico[3]...

Em síntese, a constituição natural, histórica, tradicional, é esparsa, não compilada em geral, fruto do fluir e do sedimentar dos tempos. A moderna, codificada, voluntarista, é sistemática, sintética, e pensada para ser um *corpus* autônomo.

Parece inegável que, pelo menos em alguns países ou áreas culturais, como, desde logo, na Península Ibérica, desde tempos muito remotos foi havendo uma preocupação com a proteção das pessoas[4]. E que o poder da monarquia portuguesa pré-absolutista seria um "poder conjugado"[5]. E também é evidente que, embora não codificado, o direito constitucional pré-constituição pairava fundamentalmente pelas Ordenações do Reino, em especial no seu livro II[6]. Tudo isso, porém, não chega para mudar o timbre do constitucionalismo histórico. Apenas com o Constitucionalismo moderno[7] teremos uma básica tríade mítica fundante que se analisa em:

1] Um texto *sagrado*, codificado (*sacred instrument* chamam os Americanos à sua Constituição);

---

3   Nos nossos livros *Teoria da Constituição*, v. I, e *Raízes da República* se consagra vasto espaço à questão, respetivamente no plano teórico geral e histórico, e em *Novo Direito Constitucional Europeu* não deixa de ser feita alusão à aplicação de tais paradigmas à polémica constitucional em causa.
4   V. CUNHA, Paulo Ferreira da; SILVA, Joana Aguiar; SOARES, António Lemos. **História do Direito**: do Direito Romano à Constituição Europeia. máx. p. 333 e ss.
5   BOTELHO, Afonso. Monarquia poder conjugado. **Nomos – Revista Portuguesa de Filosofia do Direito e do Estado**, Lisboa, n. 2, jul./dez. 1986. p. 38 e ss.
6   Como pode ver-se, com detença, no nosso **Raízes da República: Introdução Histórica ao Direito Constitucional**. p. 30 e ss., p. 93 e ss.
7   Cf. especialmente a síntese de COSTA, J. M. Cardoso da. Constitucionalismo. In: **Polis: Enciclopédia Verbo da Sociedade e do Estado**. Lisboa: Verbo, 1983. v. I. Col. 1151 e ss.

2] *Separação de poderes* (classicamente, conforme Montesquieu: o legislativo, o judicial e o executivo); e
3] *Direitos Humanos ou Fundamentais* com consagração constitucional expressa.

A estes três elementos poderemos acrescentar a importância crescente do sufrágio na escolha dos representantes, manifestação da *soberania popular*.

Tais traços caraterísticos do Constitucionalismo moderno encontram-se já, expressa ou tacitamente (apenas o primeiro é tácito) na primeira Declaração dos Direitos do Homem e do Cidadão francesa, no seu art. 16:

> "Toute société dans laquelle la garantie des droits n'est pas assurée, ni la séparation des pouvoirs déterminée, n'a point de constitution".

Almeida Garrett parece-nos ter sido um dos mais lúcidos intérpretes da mudança de paradigma, coisa notável, para um seu contemporâneo. Para ele, a grande vantagem das constituições modernas, codificadas, era sobretudo o serem capazes de firmar no papel (e assim assegurar na memória coletiva) os direitos dos povos, os quais, numa constituição sem suporte material perene, poderiam ser esquecidos pelos poderes, e por eles espezinhados. É também uma grande apologia do direito positivo. E, na verdade, os Preâmbulos da Constituição francesa de 1791, Espanhola de 1812 (de Cádiz), e Portuguesa de 1822, todos, de uma forma ou de outra, remetem para o mito de um tempo pré-absolutista (mito que pode ser também, de algum modo, realidade), e consideram que os males presentes advêm precisamente dessa falha das constituições tradicionais: o esquecimento ou o desprezo dos/pelos velhos direitos e liberdades.

Em conclusão: não podendo nós esquecer o legado e o exemplo do Constitucionalismo tradicional (até pelas suas falhas), ele é contudo matéria sobretudo de formação, cultural. Importantíssima, mas não técnico-jurídica atual, como é óbvio.

PARTE 2

FUNDAMENTO, SER E SENTIDO EM DIREITO CONSTITUCIONAL – LEGITIMIDADE, PODER CONSTITUINTE, CONSTITUIÇÃO MATERIAL, PIRÂMIDE NORMATIVA, VALORES CONSTITUCIONAIS, ÉTICA E CONSTITUIÇÃO, E OUTRAS RELAÇÕES E PARADIGMAS FUNDANTES

Sumário

Capítulo 1
Aparência e Essência, Ser e Sentido em Direito Constitucional 105

Capítulo 2
Fundamento e Fundamentação 109

Capítulo 3
Legitimidade e Legitimação 115

Capítulo 4
Poder Constituinte e Constituição Material 119

Capítulo 5
Pirâmide Normativa, Ética e Constituição 135

Capítulo 6
Valores Constitucionais 147

Capítulo 1

Aparência e Essência, Ser e Sentido em Direito Constitucional[1]

Poderia encarar-se a Constituição como um mero instrumento técnico de simples distribuição do poder por diversos dos seus pretendentes, e o Direito Constitucional como "o conjunto de normas" (sintagma este com conotação juspositivista já) dedicado à tutela dessa partilha. Uma Constituição assim, meramente distribuidora de poderes e organizatória, não deixaria de ter um sentido. Uma sociedade sem direitos e sem fins do Estado declarados, naturalmente teria muitos fins (e privilégios) escondidos. Mas, não tendo a especificação dos direitos (quiçá não tendo direitos mesmo...) não se poderia dizer que fosse uma verdadeira Constituição, desde logo segundo os requisitos do art. 16. da clássica *Declaração dos Direitos do Homem e do Cidadão* francesa – como vimos.

A Constituição da Indonésia, por exemplo, apresenta tantas remissões para a lei ordinária que temos dúvidas de que retenha em si o cerne do poder constituinte. Parece que o endossa para o legislador ordinário... O que significa uma própria conceção do poder e dos seus titulares.

Os exemplos poderiam multiplicar-se. O que queremos dizer é que há sempre um sentido político próprio em cada Constituição. Há sempre como que um código genético constitucional. Em Portugal, Gomes Canotilho e Vital Moreira, na sua *Constituição Anotada*[2], identificaram a nosso ver esse código genético, que capta o sentido mais profundo da Constituição portuguesa (apesar das revisões constitucionais), no Preâmbulo. Ele é o "bilhete de identidade" da mesma – afirmariam[3]. Com efeito, tem sido essa parte fundante e iluminadora, mítica e utópica, que faz a ponte entre o ontem, o hoje e o amanhã aquela que, apesar da presença de elementos não consensuais (como o "socialismo"[4]), tem resistido a todas as sucessivas revisões constitucionais. Talvez por displicência aparente de alguns, que ainda alinharão por velhas ideias de "não constitucionalidade" e

---

1   Desenvolvendo matérias aludidas neste e nos capítulos seguintes (e outras conexas, pertinentes), CANOTILHO, J. J. Gomes. **Direito Constitucional e Teoria da Constituição**. p. 65 e ss., p. 1139 e ss., p. 1147 e ss.; MIRANDA, Jorge. **Teoria do Estado e da Constituição**. p. 514 e ss.; e os nossos A Constituição Viva: Cidadania e Direitos Humanos. passim; e Filosofia do Direito. p. 653 ss.
2   CANOTILHO, J. J. Gomes;MOREIRA, Vital. **Constituição da República Portuguesa Anotada**. Coimbra: Coimbra Editora, 1978. p. 28, sublinham a importância do Preâmbulo como "título de legitimidade" da Constituição (entre outros aspectos).
3   CANOTILHO, J. J. Gomes; MOREIRA, Vital. **Constituição da República Portuguesa Anotada**. 2. ed. Coimbra: Coimbra Editora, 1984. p. 63.
4   E apesar de o "socialismo" não ser consensual, tampouco o foram e o são ainda as teorias hermenêuticas da Constituição: quer as que o apoiam, quer as que o atacam. Cf., v.g., MIRANDA, Jorge. A Interpretação da Constituição Econômica. **Separata do número especial do Boletim da Faculdade de Direito**. "Estudos em Homenagem ao Prof. Doutor Afonso Rodrigues Queirós", 1986. Coimbra, 1987.

"não juridicidade" do Preâmbulo. Mas o certo é que ele permanece, conformando o ser e revelando o sentido da Constituição[5].

Narrativas mais ou menos legitimadoras (e assim míticas) como os Preâmbulos (assim como as "exposições de motivos" das leis – como sublinharia José Calvo González) são excelentes lugares para procurar as fundamentações explícitas das Constituições, que podem, na dialética com a realidade constitucional e outros textos, levar-nos à senda das fundamentações implícitas, tácitas, não expressas. Em Direito em geral, e também em Direito Constitucional, uma coisa são os discursos legitimadores, outra coisa as determinações mais fundantes, mais essenciais. Umas vezes coincidem, outras vezes não. Não poucos estados autoritários se deram formalmente constituições. Umas de contornos mais democráticos que outras. Vivemos uma espécie de pan-constitucionalismo, sendo o "Estado constitucional" a forma normal aparente dos Estados, como sublinharia Freitas do Amaral[6]. Apenas o Reino Unido, o Canadá, a Nova Zelândia e Israel foram ou ainda são casos mais complexos no contexto global das constituições codificadas. Mas uma coisa é a forma, e outra o ser, e o sentido.

O constitucionalista não é um ingênuo leitor de constituições e das suas maravilhas. Tem de conhecer o sistema jurídico e o sistema político em que surgem. Tem de as conhecer na História e na vizinhança (comparatismo). E tem de fazer a devida arqueologia dos sentidos que lhe permita não apenas a compreensão do sentido das normas, mas o entendimento do espírito do sistema. Aliás, este "espírito" é reclamado ao próprio "julgador" comum, pelo art. 10.º do Código Civil português, no caso de preenchimento de lacunas das normas.

---

5   Sobre os mitos presentes no Preâmbulo, o nosso artigo "Mito e Ideologias: em torno do Preâmbulo da Constituição". **Vértice**, Lisboa, 2ª série, n. 7, out. 1988. p. 25 e ss., depois recolhido em **Pensar o Direito**. v. I. p. 341 ss.; cf. ainda, v.g., TAJADURA TEJADA, Javier. **El Preâmbulo Constitucional**. Granada: Comares, 1997.

6   Na sua clássica síntese sobre o Estado: AMARAL, Diogo Freitas do. Estado. In: **Pólis: Enciclopédia Verbo da Sociedade e do Estado**. Lisboa, 1984. v. II. Cols. 1126 e ss.

Capítulo 2
Fundamento e Fundamentação

As questões do fundamento e da fundamentação põem-se muito, e centralmente, basilarmente, em Direito Constitucional. Desde logo, pelo fato de ao próprio Direito Constitucional estar cometida uma função fundante no sistema jurídico, e em cada ordem jurídica em particular.

Mas se é fácil para o jurista positivista invocar a Constituição como fundamento do seu labor, e arrimo último das suas deduções normativas em cadeia (como na pirâmide do positivismo lógico de Kelsen), já uma maior exigência se coloca se quisermos ultrapassar a legitimação meramente formal de uma perspectiva lógica, ou legalista.

Contudo, não se trata de ir buscar receitas simples. O problema da legitimidade é dos mais complexos, e podemos dizer dos mais misteriosos, do Direito e da Política. Desaguando em problemas acrescidos neste que é o mais político dos Direitos, o Direito Constitucional. Mas, sendo, complexo, é dos que primeiramente e primacialmente se devem colocar a propósito de qualquer ordem jurídica, e de qualquer Constituição[1].

A questão, colocada radicalmente, leva-nos a perguntarmo-nos pela própria justificação do poder. Da razão pela qual uns mandam e outros obedecem, quer numa sociedade política geral, quer em qualquer micro-sociedade[2]. Não é questão pequena.

Obviamente que, tendo embora as suas atinências (estamos num domínio em que quase tudo "tem a ver" com quase tudo), os problemas da legitimidade e da legalidade de modo algum coincidem. O legal pode não ser legítimo; o legítimo pode não ser legal, embora seja desejável que se aproximem até se confundirem. E por vezes teremos de dar razão ao *sortir de la légalité pour entrer dans le droit*, não na sua versão napoleônica, mas como quem diz: *pelo código, mas para além do código*... (que é também um brocardo clássico).

Algumas das teorizações mais clássicas remetem-nos, sob diferentes formas, para uma mítica sociedade sem poder, um Estado de natureza, em que, conforme os autores, ora o homem seria o lobo do homem (Hobbes), ora o bom selvagem (Rousseau), ora apenas teria o inconveniente de exagerar na legítima defesa das afrontas e ofensas que lhe faziam, por ser juiz em causa própria (Locke). Logo, vemos três tipos de respostas ideológicas para a caracterização de uma idade do

---

1 COMPARATO, Fábio Konder. Sobre a Legitimidade das Constituições. In: de Paulo BONAVIDES, Paulo de (Coord.).; LIMA, Francisco Gérson Marques de; BEDÊ, Fayga Silveira. **Constituição e Democracia**: Estudos em Homenagem ao Professor J. J. Gomes Canotilho. São Paulo: Malheiros, 2006. p. 49 e ss.

2 Aqui entroncam mil e uma filosofias políticas e do Direito, que, em traços largos, procuramos ir retratando nos pequenos volumes da coleção "O Essencial sobre Filosofia Política", desde a Antiguidade Clássica, que foram editados pela Imprensa Nacional-Casa da Moeda, em Portugal. Uma revisão mais recente (ampliada) foi feita em Portugal no volume **Filosofia do Direito e do Estado**: História & Teorias. Coimbra: Almedina, 2020, e no Brasil no volume **Filosofia do Direito e do Estado**. 2. ed. Belo Horizonte: Forum, 2021.

ouro (de novo o mito) sem poder centralizado e monopólio jurídico da coação, que é o que faz o Direito nas sociedades políticas, "pós" Estado de natureza.

Por um também mítico "contrato social" se congeminou, nas teorias contratualistas (nas naturalistas, de Aristóteles, Tomás de Aquino, e outros, o homem sempre viveu em sociedade política), a passagem da liberdade natural sem poder à sociedade política (que muitos, por comodidade, mas com imprecisão, batizam logo como "Estado"[3]). De uma forma ou de outra (há muitas variantes, e ficcionam-se até vários pactos sucessivos e complementares), os povos transmitiriam o poder a uns tantos, primordialmente os monarcas. Que assim teriam ficado legitimados para o exercício do poder.

Contudo, essa transmissão foi sendo condicional, sobretudo nos autores menos monárquicos, ou menos autoritários. Os quais reservaram designadamente o direito de "arrependimento" aos povos, e de algum controlo sobre os soberanos.

E temos vários exemplos de míticos pactos condicionais. O brocardo clássico *rex eris si recte facies, si non facias non eris* é disso exemplo. Assim como a descrição contratual da monarquia portuguesa tradicional pelo poeta que foi advogado Teixeira de Pascoaes, na *Arte de ser português*, livro que almejava fosse adotado pelo ensino elementar, para educação dos jovens[4].

Temos, pois, antes de tudo, o mais profundo do fundamento do poder. Uns buscam-no no contrato social. Outros, numa particular apetência pessoal ou sintonia social (carisma, sabedoria, ou escolha pelo voto, por exemplo) etc. Outros ainda, numa certa unção divina (com ou sem mediação popular). Porque se uns dizem *omnis potestas a Deo*, outros ainda acrescentam: *per populum*. E o dramaturgo iconoclasta Bertolt Brecht, a propósito, perguntaria algo como isto: "todo o poder vem do Povo; mas então para onde vai?".

Os tipos de legitimidade de protagonistas respetivos do poder foram, por exemplo, bem retratados pelo sociólogo de formação jurídica Max Weber[5] – o líder carismático (um Napoleão Bonaparte: daí o falar-se em "bonapartismo"), o líder patriarcal (lembramo-nos sempre do Coronel Ramiro Bastos, representado por

---

3   Sobre as várias posições assumidas neste debate, cf. MIRANDA, Jorge. **Teoria do Estado e da Constituição**. p. 31 e ss.
4   PASCOAES, Teixeira de. **Arte de Ser Português**. Nova edição com prefácio de Miguel Esteves Cardoso. Lisboa: Assírio & Alvim, 1991.
5   WEBER, Max. **Wirtschaft und Gesellschaft**: Grundriß der verstehenden Soziologie. Tradução inglesa. **Economy and Society**. Berkeley: University of California Press, 1978. 2 vols. máx. v. I; p. 215 e ss.

Paulo Gracindo na telenovela *Gabriela*, baseada no romance de Jorge Amado[6]), ou racional-legal (qualquer dos governantes sem as duas outras dimensões escolhido por forma burocrática ou até eleitoral)[7].

Mas além desta dimensão, que sempre convoca elementos míticos ou psicológicos, há também, em muitos momentos da atividade do Estado, a questão da fundamentação. E, portanto, lembrando direta ou indiretamente o Direito Constitucional (mesmo quando se trata de, por exemplo, Direito Administrativo, Fiscal, Urbanístico, Ambiental... há a sombra fundamentadora e a *ultima ratio* do Direito Constitucional presente).

Os atos administrativos têm de ser fundamentados. As sentenças têm de ser motivadas. E mal vai o ato político que não seja bem explicado. O clima constitucional do Estado constitucional é, em boa medida, um clima de apelo à fundamentação. Tal faz parte da cultura de diálogo e legitimação pelo procedimento e pelo consenso (ou tentativa da sua obtenção) que impregna as nossas sociedades não só democráticas (no plano político) como pluralistas (no plano político, mas ainda nas dimensões cultural e social...).

Procurar o fundamento do poder e o sentido da Constituição e das Constituições é tarefa complexa, com necessário apelo a muita erudição e muita pós-disciplinaridade. É verdadeiro entrar nos arcanos mais profundos e esquivos dos nossos domínios, e, em parte, é já passar para a Filosofia Política e do Direito, e quiçá até ir mais além, em alguns casos. A magia do poder encontra-se em muito na sua radicação mítica e anímica.

Mas se a pergunta pelo Fundamento (tal como, de resto, pelo Ser) não podendo por nós ser ignorada, não depende das nossas forças teóricas, já a questão da fundamentação quotidiana é, como afloramos já, não apenas um imperativo constitucional, como um vetor que atravessa toda a ordem jurídica hodierna, aqui e agora, como aplicação necessária da nossa cultura constitucional, que é cultura de liberdade, de direitos, de audição, de participação.

---

6 Na telenovela, o coronel Ramiro Bastos apresenta-se-nos com todos os atributos do poder patriarcal. Apenas a cena final, em que o exportador Raimundo (Mundinho) Falcão é entronizado (Ramiro saíra de cena sem ser deposto, pois morre enquanto dorme: bela metáfora do poder imobilista) nos deixa entrever que o poder novo se pode vir a transformar num poder velho. Já no romance, vão aparecendo não só várias referências à tomada bonapartista do poder pelos Bastos, que, no seu tempo, houveram sido já o progresso, como ainda a certos tiques autoritários de Mundinho, ainda na oposição, com explícita comparação com o coronel Ramiro. Sobre estes pontos, cf., AMADO, Jorge. Gabriela, Cravo e Canela. 93. ed. Rio de Janeiro; São Paulo: Record, 2006, *v.g.*, para as questões aqui levantadas, p. 58 e ss., p. 67, p. 208 e ss., p. 269, p. 333, p. 338 e ss., *et passim*. Sobre a importância política, em Portugal, desta obra, na versão televisiva, *v.g.*, CUNHA, Isabel Ferin. **A Revolução da Gabriela**: o ano de 1977 em Portugal. Disponível em: <http://www.bocc.ubi.pt/pag/cunha-isabel-ferin-revolucaogabriela.pdf#search=%22gabriela%20site%3Awww.bocc.ubi.pt%22>. Acesso em: 6 maio 2022.

7 V. o nosso **Política Mínima**. p. 79 e ss., que desenvolve estas matérias.

A legitimidade e a legitimação andaram muito em causa durante a mais aguda fase da discussão do projeto de constitucionalização codificada para a União Europeia. É impossível deixar de apreciar as posições dos diversos atores políticos e jurídicos desse importante momento histórico à luz de dois vetores que interagiram entre si: por um lado, as suas conceções políticas mais profundas (designadamente quanto ao seu nacionalismo *vs.* europeísmo, e preocupação social *vs.* liberalismo econômico), e as suas adesões a teorias jurídicas (mais estadualistas *vs.* não estadualistas; internacionalistas/comunitaristas/constitucionalistas etc.). Tratou-se de uma importante manifestação histórica de que os conceitos estão a mudar de novo, e que as realidades já não cabem bem neles. Aliás, toda a realidade desse *novum* que é a União Europeia coloca grandes desafios jurídicos e constitucionais[8]. E mais ainda depois da guerra da Ucrânia, a partir de fevereiro de 2022, e das metamorfoses que se seguiram. Desde logo, com mais países do antigo "Leste" europeu (a começar pela pátria dos cossacos, retomando Voltaire) a pedir adesão ao grupo, que passou a ser designado mais correntemente, na Europa, por "bloco", o que não ocorria com muita frequência.

Guerras e catástrofes naturais de grande amplitude, mas quiçá sobretudo guerras, mostram bem o papel criativo e integrador do Direito: que não podendo deixar-se arrastar pela simples força normativa dos factos, e em especial dos fatos consumados, contudo não pode encerrar-se no adormecido castelo da princesa da Fábula[9]. O Direito não é um ator *a posteriori*, que venha apenas ulteriormente institucionalizar a política, e por vezes política muito injusta até. Por isso nos conflitos se invoca tanto, de uns lados e dos outros, o Direito (em regra, o Direito Internacional). Muitas vezes, é uma invocação meramente retórica, se não mesmo ou platônica ou cortina de fumaça de propaganda. Mas quando uma das partes tem mesmo o Direito do seu lado, além de uma invocação séria, pode ser um apelo veemente (e nem sempre escutado) para que "haja (alguma) justiça neste mundo".

---

8   MELO, António Barbosa de. Legitimidade Democrática e Legitimação Governamental na União Europeia. **Boletim da Faculdade de Direito**. "Estudos em Homenagem ao Prof. Doutor Rogério Ehrhardt Soares". Coimbra: Coimbra Editora; Faculdade de Direito, 2001. p. 103 e ss. V. ainda o nosso *Novo Direito Constitucional Europeu*, cit., *passim*.

9   Cf. SOARES, Rogério Ehrhardt. **Direito Público e Sociedade Técnica**. p. 5.

Capítulo 3
Legitimidade e Legitimação

Uma muito clássica divisão estabelece-se entre a legitimidade de título e a de exercício. Em Direito, a questão dos títulos é fundamental. Um título jurídico é aquela *ratio* que permite fundar as vicissitudes essenciais de uma relação jurídica[1].

Ora as relações jurídicas constituem-se, modificam-se e extinguem-se precisamente pela intervenção de títulos jurídicos.

Assim sendo, títulos como aquisição originária, contrato, testamento, lei etc., e, para alguns (no que fica envolvida toda uma problemática complexa, filosófica e social) a própria natureza humana ou qualidade de se ser uma Pessoa humana, são fundamento da legitimidade do ter de A e do ter de B. O seu de cada um (*suum cuique*) que o Direito deve atribuir depende de ele ser titular de um título jurídico. Tal é o que ocorre, naturalmente, também no Direito Constitucional, o qual, na verdade, distribui poderes e honras segundo os títulos.

A história político-constitucional em Portugal (com uma boa parte comum com o Brasil) pode servir-nos perfeitamente como exemplo para sublinhar alguns aspectos clássicos do problema da fundamentação do poder e também da legitimidade.

Comecemos numa época em que os destinos lusófonos ainda se encontravam politicamente unidos.

A Restauração da independência portuguesa, depois da união com Espanha de 1580 a 1640, colocou precisamente problemas de legitimidade da dinastia filipina[2]. Miticamente teria afirmado Filipe II de Espanha, I de Portugal, os seus títulos, em que fundamentava a sua legitimidade (de título) à Coroa portuguesa: "Portugal herdei-o, comprei-o e conquistei-o". Tudo formas clássicas de acesso ao poder: sucessão, aquisição, conquista. Resta saber se, em termos éticos, todas válidas.

Seja como for, mesmo que os Filipes tivessem tido *legitimidade de título* (quer parecer-nos que antes a tinha D. António, Prior do Crato), com a ruinosa governação de Portugal pelos Filipes, designadamente envolvendo-nos nas contendas castelhanas (caso da desastrosa "Invencível Armada"), e descurando os nossos

---

1 Matérias que normalmente se estudam nas disciplinas de Introdução ao Direito e Teoria Geral do Direito Civil. Em traços muito largos, dir-se-á, por agora, que relação jurídica é, em sentido lato, toda a relação da vida social tutelada pelo Direito, ou seja: tudo o que liga os homens a ponto de com isso o Direito se preocupar e consequentemente regular (e são muitas e várias as relações assim, estando a recuar a zona livre de Direito, essa em que ele se não intromete).
Já em sentido estrito a relação jurídica é uma especial forma de relação social, que envolve um direito subjetivo, de um lado da relação, e do outro lado um dever jurídico ou uma sujeição. Direito subjetivo é conceito também técnico: poder ou faculdade de exigir ou pretender de outrem um comportamento positivo (ação) ou negativo (omissão), ou de, por um ato livre da vontade, isolado, ou integrado por uma atuação de uma autoridade pública, produzir inafastáveis efeitos na esfera jurídica de outrem (este último caso configura a referida "sujeição" e não um "dever jurídico" do lado passivo; e este especial tipo de direito subjetivo é chamado direito potestativo). Para mais considerações sobre a relação jurídica, do nosso ponto de vista, o nosso esgotado livro **Princípios de Direito**. Porto: Rés, S.d. p. 493-541.
2 Sobre o tema, por todos, TORGAL, Luís Reis. **Ideologia Política e Teoria do Estado na Restauração**. Coimbra: Biblioteca Geral da Universidade, 1982.

interesses, mormente abandonando parte das nossas posições ultramarinas aos ataques estrangeiros (e mesmo à ocupação, como a invasão holandesa de Angola e de Pernambuco), haviam em 1640 perdido a legitimidade pelo errado e injusto exercício do poder. Não mais os cobria o manto da legitimidade de exercício.

A legitimidade de título é importante, naturalmente, mas mais o é ainda a de exercício. Os tiranos (em sentido etimológico, o primeiro sentido da expressão em grego), ascendendo ao poder por forma não constitucionalmente impecável, graças ao seu carisma, feitos, e não raro por meios revolucionários ou golpistas, podem tornar-se, pelos benefícios da sua governação, estadistas legítimos. A legitimidade de exercício convalida, a existir, a ilegitimidade de título. O que não significa que se deva correr o risco de situações dessas. Porque o normal é que quem começou por vias ínvias, para chegar ao poder, aí continue na mesma senda. Mesmo que o poder como que institucionalize os revolucionários: desde, por exemplo, Michael Collins na revolução pela independência irlandesa[3] a casos mais recentes, vemos que o poder tem uma tendência para moderar os mais radicais. E não só em políticos pessoas, como em grupos políticos. Veja-se a evolução do grupo Hamas.

Num curioso paradoxo, e guardadas as devidas distâncias, alguém disse que "um governo da Máfia não seria um governo mafioso". É a ideia das duas faces de Jano da política[4], recordada pelo constitucionalista e politólogo francês Maurice Duverger: todo o governo tem de ser também "administração", e tem de curar de coisas úteis, por mais ditatorial e autocrático que seja. Sempre tem de cuidar de coisas práticas, como um mínimo de assistência médica, de policiamento, de defesa nacional, ou a simples organização da recolha do lixo.

Se um perfeito acesso ao poder pelo título, ao menos, no plano formal, garante **legitimidade**, só um reto agir, uma vez no poder, confere **legitimação**. Um poder legítimo é assim o que tem sobretudo legitimação pelo seu reto agir. E tal sucede tanto mais quanto, nos nossos dias, muitos são, no nosso quadrante cultural, os governos eleitos de acordo com normas constitucionais. Legítimos no plano formal, precisam de confirmar a sua legitimidade pela sua prática: designadamente, desde logo, cumprindo as suas promessas eleitorais.

Mas o problema da legitimidade é mais complexo. Estando longe de se quedar por aqui. Se a democracia política formal, o ritual eleitoral, é um grande avanço cultural face a outras formas de designação dos titulares do poder, nem por isso a questão da sua legitimidade fica resolvida e podemos ficar tranquilos.

---

3   Muito visível no filme. Cf. JORDAN, Neil. **Michael Collins:** Film Diary & Screenplay. London: Vintage, 1996.
4   DUVERGER, Maurice. **Introduction à la politique.** Paris: Gallimard, 1963. Tradução portuguesa de Mário Delgado. **Introdução à Política.** Lisboa: Estúdios Cor, 1977; Idem. **Janus, les deux faces de l'Occident.** Paris: Gallimard, 1962.

A verdade é que a opinião pública e a formação da vontade eleitoral esbarram hoje com inúmeras refrangências e desvios, derivados de poderes fáticos que poderosamente as influenciam: desde logo os *media*, que podem ser controlados por diversas entidades, públicas e privadas, e o poder econômico (ou político) que, em última análise, os oriente, ou mesmo determine.

Apesar das pressões sobre o eleitorado e da sua maior ou menor informação e preparação, ainda se não encontrou outra forma de mais legitimamente fundamentar o poder que o voto popular, método de alcançar a sua representação.

O problema da representação é, em si mesmo, muito complexo. A confiança do eleitor no seu representante (que não é comissário ou núncio, mas tem um grau de liberdade maior) encontra-se muito abalada pelas desilusões de muitos eleitores, em muitos países, em muitas eleições. Contudo, também é a única forma conhecida de evitar a multitudinária audição de todos e o populismo negador da vera opinião em que muitas vezes redunda a dita "democracia direta", nomeadamente referendária.

Se o referendo aparentemente poderia parecer uma forma de mais cabalmente dar voz ao povo, a verdade é que o simplismo das decisões de "sim" ou "não" acaba por ser terreno úbere para o florescimento de demagogos, que jogando no simplismo e no descontentamento, e contando com a desinformação e falta de educação de grandes massas, acabam quase sempre por levar a melhor em referendos. Temos exemplo disso no referendo sobre porte de armas de fogo no Brasil, em que se glorificou o homem armado, e um pretenso "direito natural" ao armamento, numa reedição desajustada de uma mitologia do *far-west*.

Outro problema da democracia referendária é não distinguir as posições intermédias, e propiciar resultados artificiais, que não são mediados pelo diálogo e pelo compromisso. Acabando por favorecer coligações negativas, ou falsas maiorias positivas. Veja-se o caso dos referendos francês e holandês sobre a Constituição europeia, em que confluíram no "não" os mais conservadores nacionalistas, com medo da perda da soberania, e os mais revolucionários, com medo do liberalismo do tratado.

Se os representantes traem as aspirações dos eleitores, os referendos frequentemente propiciam um clima radicalizado, em que lucram os exageros, e não as soluções de compromisso e moderação[5].

---

5   Sobre o problema da representação e suas modalidades, v. o nosso **Política Mínima**. p. 198 ss. Para mais desenvolvimentos, sobretudo histórico-jurídicos, SOUSA, José Pedro Galvão de. **Da Representação Política**. São Paulo: Saraiva, 1971.

Capítulo 4

Poder Constituinte[1] e Constituição Material[2]

4.1 Origens do Poder Constituinte

O Poder Constituinte é um desses conceitos que têm historicidade, que têm mesmo data de nascimento, mas que nos acaba por parecer incrível como não tenham existido desde todo o sempre. Do conceito histórico-universal de Constituição, da verificação de que, na realidade, em todos os tempos e lugares sempre houve Constituição, pareceria que sempre teria de ter havido, concomitantemente, um poder constituinte. Um poder que, vindo do Povo, desse um impulso conducente à criação da Constituição: fosse, em tempos de constitucionalismo natural, um silencioso crescer ao longo de séculos, fosse, em tempos de constitucionalismo voluntarista, um ato proclamatório e solene, um "grito do Ipiranga" com repercussões imediatas.

Puro efeito de cronocentrismo (essa espécie de "etnocentrismo" temporal de que somos vítimas não raro[3]). Se nos detivermos um pouco mais, verificaremos que não tinha que ser assim, nem, na verdade, assim poderia ter sido.

---

1   Por todos, cf. especialmente, alem dos manuais e tratados dos clássicos, e sobretudo Carl Friedrich e Carl Schmitt: JELLINEK, Georg. **Reforma y Mutación de la Constitución**. Edição castelhana. Madrid: Centro de Estúdios Constitucionales, 1991; MÜLLER, Friedrich. **Fragment (über) Verfassunggebende Gewalt des Volkes**. Berlim: Duncker & Humblot, 1995. Tradução portuguesa de Peter Naumann. **Fragmento (sobre) o Poder Constituinte do Povo**. São Paulo: Revista dos Tribunais, 2004; FERREIRA FILHO, Manoel Gonçalves. **O Poder Constituinte**. 4. ed. São Paulo: Saraiva, 2005; PINTO, Luzia Marques da Silva Cabral. **Os Limites do Poder Constituinte e a Legitimidade Material da Constituição**. Coimbra: Coimbra Editora; Faculdade de Direito, 1994; BRITO, Miguel Nogueira de. **A Constituinte**: Ensaio sobre o Poder de Revisão da Constituição. Coimbra: Coimbra Editora, 2000; AMARAL, Maria Lúcia. Poder Constituinte e Revisão Constitucional. **Revista da Faculdade de Direito de Lisboa**, v. XXV, 1984; MARTINS, Afonso d'Oliveira. O Poder Constituinte na Génese do Constitucionalismo Moderno. **Estado & Direito**, n. 5-6, 1990; SANCHEZ VIAMONTE, Carlos. **El Poder Constituyente**. ed. arg. 1957; MORTATI, Costantino. **Studi sul Potere Costituente e sulla Riforma Costituzionale dello Stato**. Milão: Giuffrè, 1972; VEGA, Pedro. **La Reforma Constitucional y la Problemática del Poder Constituyente**. Madrid: Tecnos, 1985; TARANTINO, Antonio (Ed.). **Legittimità, Legalità e Mutamento Costituzionale**. Milão: Giuffrè, 1980; NEGRI, Antonio. **The Constituent Power**. Tradução castelhana de Clara de Marco. **El Poder Constituyente**: Ensayo sobre las alternativas de la modernidad. Madrid: Libertarias; Prodhufi, 1994; TROPER, Michel; JAUME, Lucien (Dir.). 1789 et l'invention de la constitution. **Actes du Colloque de Paris da Association française de science politique**, mar. 1989. Paris; Bruxelas: LGDJ, Bruylant, 1994; HÉRAUD, Guy. **L'ordre juridique et le pouvoir originaire**. Paris: Sirey, 1946; McWHINNEY, Edward. **Constitution-Making**: Principles, Process, Practice, Toronto, University of Toronto Press, 1981; BARNET, Anthony et al. (Eds.). **Debating the Constitution**: New perspetives in Constitutional Reform. Cambridge: Polity Press, 1993; KLEIN, Claude. **Théorie et pratique du pouvoir constituent**. Paris: PUF, 1996; BLAUSTEIN, Albert. The Making of Constitutions. **Jahrbuch des oeffentlichen Rechts der Gegenwart**, v. 35, 1986. p. 699 ss.; DUHAMEL, Olivier: Pouvoir constituent. In: DUHAMEL, Olivier; MENY, Yves (Dir.). **Dictionnaire constitutionnel**. Paris: PUF, 1992. p. 777-778; BERLIA, Georges. De la compétence des assemblées constituantes. **Revue du droit public**, 1945. p. 353-365. E a internacionalização, naturalmente, chega: por todos, CONI, Luís Cláudio. **A Internacionalização do Poder Constituinte**. Porto Alegre: Sérgio Fabris, 2006.
2   Por todos, cf. especialmente: MORTATI, Costantino. **La Costituzione in Senso Materiale**. Milão: Giuffrè, 1940. reed. 1998, com Prólogo de Gustavo Zagrebelsky; BARTOLE, Sergio. Costituzione Materiale e Ragionamento Giuridico. **Dirito e Società**, 1982. p. 605 e ss.
3   Sobre estas formas sociais de preconceito e erro, *v.g.*, o nosso **Filosofia do Direito**. p. 255 e ss.

Precisamente o constitucionalismo natural, histórico, tradicional, comportando naturalmente forças criadoras de vetores constitucionais, pelo seu caráter "orgânico", pelo não evidente protagonismo e autoria dos seus fautores, tende naturalmente para a mitificação do legislador primordial (quando o haja, ou a ele se faça recurso), como um deus, semideus ou herói, mas não nos lega uma assembleia constituinte. Depois, tudo é muito antigo e nebuloso. A narrativa do "em tempos que já lá vão" (ou *in illo tempore*) não se quadra com a categoria "poder constituinte".

É assim que temos de esperar até o século XVIII para começarmos a presenciar as primeiras formas explícitas de recorte do conceito. Era o Constitucionalismo moderno a despontar. Com efeito, é no Constitucionalismo moderno, com a sua dimensão claramente voluntária (e por vezes até voluntarista) que se encontram as condições para a criação da categoria "poder constituinte".

Já Alexander Hamilton, no *The Federalist*, n. 78, de 14 de junho de 1788, dedicado ao poder judicial, se havia aproximado da noção de poder constituinte, mas não ainda da expressão:

> There is no position which depends on clearer principles, than that every act of a delegated authority, contrary to the tenor of the commission under which it is exercised, is void. No legislative act, therefore, contrary to the Constitution, can be valid. To deny this, would be to affirm, that the deputy is greater than his principal; that the servant is above his master; that the representatives of the people are superior to the people themselves; that men acting by virtue of powers, may do not only what their powers do not authorize, but what they forbid.

Igualmente D'Holbach, no artigo *Représentants*, da *Enciclopédia* de Diderot e D'Alembert, se vai aproximando do conceito, posto que os constituintes de que fala sejam simplesmente os eleitores, e não seus representantes: "les représentants supposent des constituants de qui leur pouvoir est émané".

A ideia de representação pairava já nestes dois autores, mas apenas Sieyès a conforma como princípio dinâmico e esteio certo do constitucionalismo moderno[4]. Quando, no seu clássico, *Qu'est-ce que le Tiers État* (escrito em 1788 e publicado no ano seguinte), o abade de Sieyès avança a ideia de poder constituinte (que alguns puristas germânicos ainda hoje escrevem em francês – *pouvoir constituant*), não sabemos se tinha a consciência de que estava a cunhar um conceito básico do constitucionalismo moderno, ou se apenas tal expressão emergira da sua pena como argumento, no calor da luta política.

---

4   Sobre esta figura fulcral da Revolução Francesa e da teoria constitucional, BASTID, Paul. **Sieyès et sa pensée**. Nova edição. Paris: Hachette, 1970; BREDIN, Jean-Denis. **Sieyès**: La clé de la Révolution française. Paris: Fallois, 1988.

Sucede muitas vezes assim: não se pense que das maiores teorias surgem descarnadas do desenfado dos teóricos, que não sujariam as mãos no barro (e por vezes no sangue) da realidade política e da luta política do tempo em que lhes é dado viverem.

As palavras de Sieyès tornaram-se, de qualquer sorte, e ainda hoje são, o texto "sagrado" nesta sede:

> La nation existe avant tout, elle est l'origine de tout. Sa volonté est toujours légale, elle est la loi elle-même. Avant elle et au-dessus d'elle il n'y a que le droit *naturel*. Si nous voulons nous former une idée juste de la suite des lois *positives* qui ne peuvent émaner que de sa volonté, nous voyons en première ligne les lois *constitutionnelles*, qui se divisent en deux parties: les unes règlent l'organisation et les fonctions du corps *législatif*; les autres déterminent l'organisation et les fonctions des différents corps *actifs*. Ces lois sont dites *fondamentales*, non pas en ce sens qu'elles puissent devenir indépendantes de la volonté nationale, mais parce que les corps qui existent et agissent par elles ne peuvent point y toucher. Dans chaque partie, la constitution n'est pas l'ouvrage du pouvoir constitué, mais du pouvoir constituant. Aucune sorte de pouvoir délégué ne peut rien changer aux conditions de sa délégation. C'est en ce sens que les lois constitutionnelles sont *fondamentales*.[5]

Alguns puristas creem que o poder constituinte poderia ser um método inócuo e não revolucionário de fazer constituições. Hoje pode sê-lo, com democracias instituídas, quando é convocada, sem sobressalto, uma Assembleia Constituinte. Mas deveríamos lembrar-nos da história constitucional brasileira e portuguesa, em que o poder constituinte acaba sempre por desempenhar um papel revolucionário. Há sempre algo de violência e de sagrado[6] nesses momentos fundadores. Há quase sempre mácula e imperfeição "democrática" no nascimento de uma nova Constituição. Como, aliás, foi o que sucedeu nos primórdios dos trabalhos que pretendiam uma Constituição europeia codificada. Decerto, nessa primeira tentativa, foram em excesso os elementos de pouca democraticidade e procura de consenso. Em muitos casos, procedeu-se com um certo triunfalismo, eventualmente contando como legitimação de um projeto não votado os votos nos partidos que foram mandados pelos governos nacionais à Convenção europeia. O resultado foi que o projeto, *qua tale*, abortou. Tendo, porém, uma supervivência sem glória no Tratado de Lisboa. Teria sido muito mais afirmativo da Europa

---

5 SIEYÈS, Emmanuel. **Qu'est-ce que le Tiers Etat**? Edição crítica de Edme Champion. p. 68. Disponível em: <http://visualiseur.bnf.fr/Visualiseur?Destination=Gallica&O=NUMM-89685>. Acesso em: 9 maio 2022.
6 GIRARD, René. **Des choses cachées depuis la fondation du monde**. Paris: Grasset, 1978; Idem. **La violence et le sacré**. Paris: Grasset, 1972; Idem. **Le Bouc Emissaire**. Paris: Grasset, 1982.

ter perdido (ganho) mais tempo num processo constituinte mais representativo (por exemplo, implicando eleições constituintes para o Parlamento Europeu).

Voltemos à História. Maculado e imperfeito, é o poder constituinte da constituinte francesa, e por isso, como ela, carecendo de ulterior legitimação. Lembremos as palavras do próprio Sieyès:

> Les représentants de la nation française, réunis en Assemblée nationale, reconnaissent qu'ils ont par leurs mandats la charge spéciale de régénérer la Constitution de l'État.
>
> En conséquence ils vont, à ce titre, exercer le pouvoir constituant, et pourtant, comme la représentation actuelle n'est pas rigoureusement conforme à ce qu'exige une telle nature de pouvoir, ils déclarent que la Constitution qu'ils vont donner à la nation, quoique provisoirement obligatoire pour tous, ne sera définitive, qu'après qu'un nouveau pouvoir constituant, extraordinairement convoqué pour cet unique objet, lui aura donné un consentement que réclame la rigueur des príncipes.[7]

O mesmo Sieyès, em Qu'est-ce que le Tiers État?, provavelmente reconhecendo as imperfeições e refrações de representatividade de pelo menos algum poder constituinte originário, não deixa de dar à Nação (leia-se hoje: ao corpo político constituinte em última instância) uma grande latitude de intervenção *a posteriori*, ou seja, um grande poder de revisão constitucional:

> il serait ridicule de supposer la nation liée elle-même par la Constitution à laquelle elle a assujetti ses mandataires. Non seulement la nation n'est pas soumise à une Constitution, mais elle ne peut pas l'être, mais elle ne doit pas l'être, ce qui équivaut encore à dire qu'elle ne l'est pas.[8]

Podendo, naturalmente, concluir:

> la Constitution d'un peuple n'est et ne peut être que la Constitution de son gouvernement, et du pouvoir chargé de donner des lois, tant au peuple qu'au gouvernement.
>
> Une Constitution suppose avant tout un pouvoir constituent.[9]

---

7   SIEYÈS, Emmanuel. Reconnaissance et exposition raisonnée des droits de l'Homme et du Citoyen, 20 e 21 de julho de 1789. In: FURET, François; HALEVI, Ran (textos estabelecidos, anotados... por). **Orateurs de la Révolution française**: I – Les Constituants. Paris: Gallimard; La Pléiade, 1989. p. 1005.
8   SIEYÈS, Emmanuel. **Qu'est-ce que le Tiers Etat?** cit. p. 69.
9   SIEYÈS, Emmanuel. **Reconnaissance et exposition raisonnée des droits de l'Homme et du Citoyen**. cit. p. 1013.

E a Constituição acaba por seguir a doutrina. Também o art. 28, da Constituição de 24 de junho de 1793 afirmaria, em consonância com tais asserções: "un peuple a toujours le droit de revoir, de réformer et de changer sa Constitution. Une génération ne peut assujettir à ses lois les générations futures".

4.2 Poder Constituinte e Constituição Material

4.2.1 Formas do Poder Constituinte

4.2.1.1 Poder Constituinte Originário e Derivado

Importa, antes de mais desenvolvimentos, precisar os dois tipos de poder constituinte: o *poder constituinte originário*, que reside no Povo, nesse momento de viragem histórico-espiritual que é o tempo de feitura das constituições, e o *poder constituinte derivado*, que encarna nos representantes que, nesses momentos refundadores, são pelo povo escolhidos ou que, de algum modo, assumem a sua representação simbólica, ainda que sem mandato, sem mandato direto, ou extravasando o seu mandato. Mas importa precisar uma subtileza. O *poder constituinte derivado* (que é assumido, por via do poder constituinte originário, pelos deputados constituintes) é já existente e ativo no ato de criação de uma primeira versão constitucional. Contudo, também se chama *poder constituinte derivado* ao poder de revisão constitucional, assumido por uma assembleia com funções constituintes, nos termos da Constituição em vigor. Nestes termos, é certo dizer-se que a questão da rigidez ou flexibilidade constitucionais é um problema de poder constituinte derivado.

4.2.1.2 Diferentes Culturas Constituintes: Revelar, Dizer ou Criar

O que diversas culturas constitucionais entendem por Poder Constituinte, e, em geral, a representação que têm sobre o procedimento de fazer Constituição, é naturalmente diverso. Gomes Canotilho sintetizou, de forma lapidar, o que pretendem, respetivamente, ingleses, americanos e franceses com as suas revoluções constitucionais: *Revelar, Dizer, e Criar*[10]. Ousaremos acrescentar que

---

10 CANOTILHO, J. J. Gomes. **Direito Constitucional e Teoria da Constituição**. máx. p. 68 e ss.

todos os processos constituintes se reconduzem pelo menos a um destes projetos: *revelar* a Constituição existente, tradicional, típica forma britânica, apenas de algum modo transmutada no *dizer* norte-americano, até se chegar ao processo de rutura da Revolução Francesa, em que se trata de *criar* uma nova Constituição, ou, se a absolutizarmos de acordo com certos requisitos, modernos, *a* Constituição.

4.2.2 Da Constituição Material ao Poder Constituinte, e de volta à Constituição Material

De entre os inúmeros sentidos e teorias sobre o que seja e tenha sido a Constituição material, que se vão historicamente sedimentando, apenas poderemos selecionar muito poucos, pelos limites de concisão que nos impusemos. E nem sempre serão os mais comuns, embora julguemos que dos m   ais importantes para clareza de ideias a este propósito.

Apesar de a proclamação do conceito histórico-universal de Constituição pertencer miticamente a Lassalle, a verdade é que é antiga a consciência da existência, conatural a todos os grupos políticos, de um cerne juspolítico (chamemos-lhe assim, porque nem todas têm a consciência e a prática dessa divisão) ou de organização sobretudo da primeira função indo-europeia (fórmula que realça a síncrise). *Nomos, Constitutio, Leis fundamentais dos reinos* são algumas das fórmulas por que passou essa intuição[11]. Ora precisamente essa ordenação, que se opõe, à *Taxis*, à organização voluntária posta pelas sociedades[12], é que é a verdadeira constituição material, no seu sentido mais profundo[13].

Pode entender-se esta ordem das sociedades como algo que lhes é intrínseco e imanente, ou como algo que de fora (de mais alto, de sobrenatural, por exemplo) lhes é comunicado. Mas, seja qual for a perspectiva, a constituição material é, neste sentido inicial, algo que se impõe absoluta e naturalmente. Por isso, tanto se assemelha à ideia de um Direito Natural, pelo menos na sua versão política: um Direito Natural político ou "constitucional". A clássica comparação do *Nomos* com as *muralhas da Cidade*, da Pólis, fica assim cabalmente explicada.

E a inexistência de constituições escritas até que o voluntarismo dos Príncipes tivesse, primeiro, começado a construir a sua "obra de arte", o Estado, e, depois, de concentração em concentração de poder, se tivessem decidido pelo poder da

---

11 Sobre esta última e outras categorias conexas, FERREIRA FILHO, Manoel Gonçalves. **O Poder Constituinte**. p. 4 e ss. Para cotejo com outras realidades institucionais e teóricas, numa perspectiva historiográfica, MARTIN, François Olivier. **Histoire du Droit Français, des origines à la Révolution**. Paris: CNRS, 1990; *Idem*. **Les Lois du Roi**. reimp. Paris: Editions Loysel, 1988.
12 Como recorda, por exemplo, HAYEK, F. A. **Droit, législation et liberté**: I – Règles et ordre. Tradução francesa. Paris: PUF, 1973.
13 Para uma síntese, SOARES, Rogério Ehrhardt. Constituição: Política. **Polis**, v. I. Lisboa; São Paulo: Verbo, 1983. Col. 1164 c 00.

lei positiva, escrita e expedida e acatada universalmente. O esquecimento, pela lei positiva dos príncipes, das leis fundamentais (ou constituição material), recordemo-lo, é, para os primeiros constituintes, considerado a fonte de todos os males do seu presente. Mas os mesmos constituintes compreenderam que, uma vez feito o mal desse olvido pelo poder todo-poderoso da lei, pela lei teria que ser reformado. E, convertidos ao legalismo, os constituintes já não vão restaurar a Constituição material não escrita, ou esparsamente escrita, mas dotar os países (entretanto estadualizados) de Constituições formais. Que não são mais que leis de um valor muito reforçado (*hoc sensu*), acima do demais[14].

E a relação com o poder constituinte vem precisamente por aí. Como afirma Rogério Ehrhardt Soares:

> O aparecimento da Constituição formal põe um problema novo: o de encontrar uma fonte de legitimação constitucional, para que não tenha de conceder-se em que a Constituição seja o resultado de maior força fáctica existente no momento da sua publicação. É a questão do poder constituinte, que, a contragosto, apela ainda a um princípio de Constituição material: o princípio da soberania nacional (Constituições democráticas) ou o princípio monárquico (Constituições outorgadas) são ingredientes normativos anteriores à Constituição formal.[15]

Do mesmo modo, o vetor ideológico e normativo "Constituição material" viria a ter um sentido e um papel semelhante (mas mais eficaz e mais conhecido) ao do *Contrato Social* em que os povos alienam poder ao príncipe, mas mantêm a possibilidade de arrependimento. Pelo Poder Constituinte sempre a liberdade essencial e natural do Povo permanece nele, sendo o poder de quem governa, e mesmo das *leis que governam*, até as mais altas (constituições) poderes delegados. Suscetíveis de ser desalojados dos seus lugares e desapossados de suas prerrogativas.

Evidentemente que a mentalidade juspositivista legalista corrente (e muitos poderes, que, em geral, se convertem, na prática, ao legalismo, pois os serve sem discutir[16]) fez em grande medida esquecer estas questões. E sempre procura olvidar – e até caluniar como "metafísico" e sem "interesse prático" – tudo o que não seja a pura e simples exegese mecânica dos comandos. Chegando-se a este ponto (que parece até paradoxal):

> o domínio gradual dos prejuízos positivistas conduz, porém, a que os problemas constitucionais se concebam apenas como questões pós-constitucionais,

---

14 Ibidem. Col. 1166.
15 Ibidem. Col. 1166.
16 Por exemplo, as proclamações jusnaturalistas sobre a Constituição de 1933 e sobre o Código Civil de 1967 ficariam, como era de esperar, dado o caráter do regime, *mero flatus vocis*.

referidos a um texto concreto. A Constituição transforma-se numa promessa do detentor material do poder.[17]

E contudo, como o cisne de Goethe, também a Constituição material sempre está de volta. E os processos revolucionários e constituintes são os momentos propícios para que se volte a fazer ouvir. Não sendo uma simples construção teórica, mas apenas a expressão teórica de um pulsar dos povos, o poder constituinte sempre terá de apelar (pensando explicita ou implicitamente nela) para os seus limites e as suas surdas recomendações.

É que o poder constituinte não é ilimitado[18] (ao contrário do que tantas vezes se proclama), nem sem um sentido: esse sentido é-lhe dado pela constituição material. Para cuja concretização concorrem exatamente os mesmos problemas que surgem a propósito do Direito Natural.

Sempre visionários num e noutra pretenderão incluir quimeras, que não correspondem nem às possibilidades das naturezas das coisas e das pessoas, nem aos sentimentos atuais destes; sempre reacionários tentarão prender as asas do tempo, procurando reconduzir um e outra a fórmulas caducas, que tomam pela verdade acabada; sempre egotistas, de um ou de outro ou de outro gênero, procurarão fazer passar por um e por outra o que não é mais que as suas concepções pessoais sobre o assunto. E por tudo isso, o prudente investigador não pode, a nosso ver, fazer muito mais que pronunciar um *ignoramus*.

Contudo, sucederá aqui algo como com Santo Agostinho e o Tempo: se não nos perguntarem por ele, talvez saibamos o que seja – difusamente, sem requisitos ou elementos de um tipo-legal (*Tatbestand*). E mais: não ignoramos o que seja a Constituição material pela contraprova da sua violação grosseira. Há casos em que se sentem ruir as muralhas da Cidade. Há grandes consensos que são sinal disso. Quando Portugal inteiro deu as mãos e se vestiu de branco por Timor, não eram as muralhas da nossa pólis, mas as da cidade global que perigavam. Por quê? Porque era certamente o grito da Constituição material de Timor que clamava, e no mais lídimo dos seus propósitos: o de existir como Estado soberano. O mesmo se diga da indignação e solidariedade internacionais face à trágica situação na Ucrânia a partir de fevereiro de 2022. Desde logo, formalmente, veja-se a votação, esmagadora, no Parlamento Europeu e depois na Assembleia Geral das Nações Unidas.

Mas, tal como é muito delicado estabelecer um catálogo do Direito Natural puro, e sobretudo do imutável, também o é definir, mesmo que apenas "aqui e agora", a nossa Constituição material. Até pela sua polissemia (com

---

17 *Ibidem*. Col. 1167.
18 Cf., *v.g.*, SILVA, Paulo Thadeu Gomes da. **Poder Constituinte Originário e sua Limitação Material pelos Direitos Humanos**. Campo Grande; Mato Grosso do Sul, Solivros, 1999.

essencialmente duas dimensões). Em síntese, como afirma Gomes Canotilho, poder-se-ia dizer que a constituição material é:

> o conjunto de fins e valores constitutivos do princípio efetivo da unidade e permanência de um ordenamento jurídico (dimensão objectiva), e o conjunto de forças políticas e sociais (dimensão subjectiva) que exprimem esses fins ou valores, assegurando a estes a respetiva prossecução e concretização, algumas vezes para além da própria constituição escrita. (...) a constituição material não se reconduz a um simples 'poder de facto' ("relações de poder e influência", "facto político puro"), pois a constituição material tem também uma função ordenadora.[19]

E o autor estabelece outra relação importante entre conceitos fulcrais, desta feita entre Constituição material e força normativa da Constituição:

> A chamada *força normativa de constituição* (K. Hesse) pressupõe, a maior parte das vezes, a vontade de constituição (...), ou seja, a explicitação na constituição escrita ou formal do complexo de fins e valores agitados pelas constelações políticas e sociais a nível da constituição material.[20]

E esta dialética é que explica os contrastes, as divergências entre a realidade constitucional multímoda e a letra da lei (Constituição), e que comporta normas consuetudinárias e praxes constitucionais, a par de normas escritas inefetivas, transições constitucionais, desenvolvimentos constitucionais etc.

4.2.3 Constituição Material na Constituição Formal

Este tema tem, ao contrário do que possa dizer-se, um enorme interesse prático. Se bem virmos, os legisladores constituintes procuram determinar o que seja a Constituição material positivando-a de algum modo, e mesmo assim de formas sucessivas e tentativas. Fazem-no também estabelecendo cláusulas pétreas, os limites materiais da revisão constitucional[21]. Tais limites correspondem apenas a uma forma mínima, ao reduto da Constituição material, que (importa não esquecer) evoluiu no seu sentido.

Hoje, em termos correntes, perante a existência de Constituição formal, a Constituição material acaba por ser o que, no conjunto da Constituição formal,

---

19 CANOTILHO, J. J. Gomes. **Direito Constitucional e Teoria da Constituição**. p. 1139.
20 *Idem, Ibidem*.
21 Cf., *v.g.*, MIRANDA, Jorge. Sobre os Limites Materiais da Revisão Constitucional. **Revista Jurídica**, n. 13 e 14, 1990; RIGAUX, Marie-Françoise. **La théorie des limites matérielles à l'exercice de la fonction constituante**. Bruxelles: Larcier, 1985; MORTATI, Costantino. Concetto, Limiti, Procedimento della Revisione Costituzionale. **Rivista Trimestrale di Diritto Pubblico**, 1952.

é essencial, tem dignidade constitucional (admitindo-se que haverá matérias formalmente constitucionais mas, de algum modo, como que materialmente administrativas, ou qualquer outra coisa). E acresce a esta Constituição enxuta ainda o que, fora dela, pelo contrário se reconheceria, em boa teoria, nela dever incluir-se. Por exemplo, as fontes do Direito, que por tradição histórica (e quiçá cautela contra a muito mais rápida mudança constitucional), se encontram no Código Civil[22].

O sentido que ganha a expressão (e o próprio conceito operatório, paradigma) de Constituição material passa a ser nos tempos hodiernos diferente do clássico, porque diferente o contexto. Não pode haver dúvidas de que o problema da positivação está no cerne de tudo.

Sucedera já com o Código Civil alemão de 1900 (BGB – *Bürgerliches Gesetzbuch*), e sucede hoje com as Constituições e Declarações Universais de Direitos: muitos se entusiasmam com a positivação (veja-se a força do paradigma legal e como funciona como filosofia espontânea dos juristas, mesmo dos mais pluralistas) e creem que os seus mitos mais queridos (aqui funcionam como mitos) "Direito Romano", "Direito Natural" ou "Constituição material" encarnaram nos textos normativos respectivos. A verdade é que a Justiça (incluindo o "justo constitucional material") nunca se encontra plenamente encarnada, e o seu ideal tem de prosseguir, mesmo que os textos sejam excelentes. Porém, o que se passa com a positivação de grandes valores, princípios etc., com a consagração de belos institutos jurídicos etc., é que, de algum modo, o trabalho do jurista e do defensor da Justiça passou para um outro plano. Doravante, utiliza os textos para obter Justiça.

Perante a mentalidade moderna, positivista (ainda que sem o saber), por evidentes, profundos, belos, verdadeiros e justos que sejam os princípios ou as razões não escritas que se invoquem, pouco ou nulo vencimento de causa se obtém. Por isso, a positivação é essencial. Embora se não deva desistir de explicar, *pregando* normalmente *aos peixinhos* (como Santo Antônio) que o texto das normas não é todo o Direito, nem é o mais importante. Mas igualmente com o máximo cuidado para que esta ideia se não confunda com uma perspectiva de "direito livre", e para que a nobreza do Direito imaterial se não manche de interesses sob capa mais ou menos poética ou teorética.

4.2.4 Em Demanda da Constituição Material

Encontrar hoje a Constituição material não é tarefa fácil. Para o fazer, terá de recorrer-se aos tópicos da própria Constituição mais duráveis: na prática, o mais durável é o Preâmbulo. Embora não seja hoje consensual.

---

22 Cf., v.g., o nosso **Res Publica: Ensaios Constitucionais**. Coimbra: Almedina, 1998. p. 87 e ss.

Os limites materiais, do primitivo art. 290 (e hoje no art. 288), foram alterados na revisão constitucional de 1989, implicando uma dupla revisão[23], que sempre nos chocou, por subverter o sentido dos normativos, e assim fazer perder força normativa a toda a Constituição, por um princípio semelhante ao que nos diz que *a má moeda expulsa a boa*.

Sempre poderá argumentar-se que a Constituição material muda, e que os limites materiais, excecionalmente, podem ser mudados numa mesma Constituição, fazendo-se assim a economia de uma revolução.

A verdade é que o pluralismo intrínseco[24] dos nossos atuais Estados Constitucionais torna qualquer *démarche* transcendente ao texto (e portanto transpolítica) uma *crux* de dificuldades. Pela impossibilidade, desde logo, de consenso. E daqui não será fácil sair. Porque a alternativa para a procura do consenso (e um atingir dialético, tópico, retórico de consensos) seria uma indesejável e inadmissível mudança de paradigma político: para uma perspectiva autoritária ou totalitária, laica ou teocrática.

Ninguém pode afirmar que comunica diretamente com a Constituição material, ou com o Direito Natural. E mesmo os valores acabam por ter que ser densificados de elementos consensualmente obtidos. Estamos, pois, chegados a um momento aporético na Constituição material. Se, por um lado, inspirasse o poder constituinte, o limitasse na sua utopia e o conduzisse para o "Bem Comum" *hoc sensu*, a Constituição formal daí resultante teria garantia de força normativa e acolhimento popular. Porém, fazer apelo à Constituição material pode não ser senão um novo trunfo de quem se julgue detentor da verdade. E assim o impasse se instala. Como poderá o Poder constituinte, primeiro, e o aplicador da Constituição feita, depois, acreditar numa qualquer teoria sobre a Constituição material?

Nas matérias humanas, sociais, o núcleo de coisas que Aristóteles simbolicamente elegeu como indiscutíveis está a recuar. Afirmava o Estagirita que perguntar se se deve honrar os pais, ou se a neve é branca, estava fora de questão. Sabemos hoje que os esquimós dão vários nomes à neve, e que neve suja não será branca. Mas será ainda neve, e branca, apesar de suja? Há coisas que são indiscutíveis, é verdade. Mas ainda assim discutimos quais são, e discutimos sobre elas. Salazar não discutia e não queria que se discutissem questões muito importantes:

---

23 Cf. CANOTILHO, J. J. Gomes. O Problema da Dupla Revisão na Constituição Portuguesa, **Separata de "Revista Fronteira"**, dez. 1978.
24 Falamos aqui de pluralismo social, cultural, político. Sobre o pluralismo jurídico (ontofenomenológico), especificamente, o nosso Filosofia do Direito, p. 321 e ss. (v. ainda p. 303 e ss.).

Não discutimos Deus e a virtude. Não discutimos a pátria e a sua história. Não discutimos a autoridade e o seu prestígio. Não discutimos a família e a sua moral. Não discutimos a glória do trabalho e o seu dever.[25]

Enfim: por legítimo e prudente receio de que uma teoria da Constituição material possa pôr em perigo a democracia de consenso e o pluralismo em que vivemos, desviam muitos o nosso olhar das doutrinas transcendentes; mas ficamos com a sensação de que também o puro legalismo constitucional, ainda que inteligente, traz muitas vezes em si dureza e a opressão, na prática semelhantes às que se pretendia evitar. Porém, esta última situação parece mais controlável: primeiro, porque a opressão numa ordem de textual detalhismo democrático e pluralista é disfunção no sistema e objeto sobretudo de micropoderes ou efeitos perversos da máquina geral, que a informação livre sempre porá a público e assim se poderá corrigir; segundo, porque tendo-se massivamente recebido nos textos normativos os grandes ideais teóricos consensuais (como os Direito Humanos – linguagem atual do próprio Direito Natural, o qual pode ser concebido também como tópica e argumento[26]), ainda maior força adquirem, e, como dissemos, tanto maior ainda quanto a mentalidade de hoje se funda numa lógica documental e de escrita[27], não numa cultura de oralidade.

Tal não significa que se deva renunciar ao conceito de Constituição material nas suas duas vertentes hodiernas, e à inteligente recordação do sentido originário. Há é que ter um especial cuidado em lidar com ele. E como critérios adjuvantes nesse manejar com luvas e pinças operatórias um *quid* complexo e perigoso até, recordemos:

- Primeiro, o **critério negativo**, que desperta em nós a Constituição material, pelo choque de uma constituição ou disposição constitucional formal aparentemente em flagrante contradição com esse espírito constitucional imanente, essa Ideia de Justiça no terreno constitucional.
- Segundo, o **critério do consenso**, associado à tópica, à dialética e à retórica como formas pacíficas de construção de consensos. Só o consenso permite a prova real positiva. Admite-se, evidentemente, que a *vox populi* se equivoque, e muito. Sabemos que, por vezes, chegam ao poder por forma constitucional e até pelo sufrágio os coveiros das Constituições e da Liberdade (como

---

25 Apud NOGUEIRA, Franco. **Salazar**: estudo biográfico. Coimbra: Atlântida, 1977. p. 368.
26 Cf. os mais recentes marcos de evolução da obra de PUY, Francisco. **Tópica Jurídica**: I. Santiago de Compostela: Paredes 1984; *Idem*. **Derechos Humanos**. Santiago de Compostela: Paredes, 1985. 3 vols.; *Idem*. **Teoria Tópica del Derecho Natural**. Santiago do Chile: Universidad Santo Tomás, 2004.
27 GOODY, Jack. **The Logic of Writing and the Organisation of Society**. Cambridge University Press, 1986. Tradução portuguesa de Teresa Louro Pérez. **A Lógica da Escrita e a Organização da Sociedade**. Lisboa: Edições 70, 1987.

foi o caso de Hitler). Contudo, o consenso permitirá, conjuntamente com o sentimento de Justiça constitucional de que falámos, acrescentar mais um elemento de segurança na avaliação de uma Constituição, e sobretudo de um ponto constitucional concreto.

E depois, sempre se terá que ponderar segundo o critério do *mal menor*: se a invocação da Constituição material contra um ponto constitucional realmente leva água ao moinho da paz, da ordem, da segurança e sobretudo da Justiça (e com cuidado com o *fiat iustitia, pereat mundus*), e se a presença daquela norma que choca é, realmente, intolerável.

A questão passa imediatamente para um outro grande terreno teórico, que é o da possibilidade de existência de **normas constitucionais inconstitucionais**[28]. E remete, como em muitos outros casos, para a questão de se saber se há, de uma forma ou de outra, normas constitucionais **superiores**, eventualmente uma *Grundnorm* (a norma das normas, a norma fundamental kelseniana), ou até normas **supraconstitucionais**[29].

Neste capítulo, que ganha em ser tratado concretamente em sede de Direito Constitucional positivo, há vários casos a assinalar.

Antes de mais, há falsas questões, que teriam melhor colocação noutra sede. Por exemplo, casos de antinomias intra-constitucionais, resultantes porém muitas vezes de uma leitura parcelar (não holística) da Constituição, e, portanto, de uma hermenêutica defeituosa, por não contextual, não sistemática, não englobante.

Admite-se que alguns casos extremos possam ter sentido e provoquem mais alarme, e que a simples articulação hermenêutica não permita uma solução tranquilizadora. Nessa hipótese, parece-nos ganhar relevo a teoria da concordância prática, com o assegurar de um sentido nuclear mínimo de cada disposição – é, afinal, uma outra forma de consensualização.

Finalmente, os casos mais graves, de invencível oposição, esses sim, é que poderiam colocar-se na mira de uma categoria de normas constitucionais inconstitucionais. Mas não nos esqueçamos de que esta oposição tanto pode ser equacionada entre normas positivas, positivadas num mesmo texto constitucional, como – o que tem particular relevância para a questão ora em apreço – entre uma norma positivada e o pano de fundo geral da Constituição material.

---

28 Cf. o clássico BACHOF, Otto. **Normas Constitucionais Inconstitucionais?** Tradução portuguesa de J. M. Cardoso da Costa. Coimbra: Atlântida, 1977.
29 RIALS, Stéphane. Supraconstitutionnalité et systématicité du droit. **Archives de Philosophie du Droit**. t. XXXI. Paris: Sirey, 1986; ARNÉ, Serge. Existe-t-il des normes supra-constitutionnelles? Contribution à l'étude des droits fondamentaux et de la constitutionnalité. **Revue du droit public**, p. 459-512, 1993. Outra perspectiva do problema: VEDEL, Georges. Souveraineté et supraconstitutionnalité. **Pouvoirs**, n. 67, p. 79-97, 1993.

E afinal, em grande medida, todo o problema da inconstitucionalidade das normas acaba por convocar, se lhe dermos espaço, a questão da Constituição material. Pois a desconformidade de uma norma com a Constituição seria muito mais grave, como bem se compreende, se se dirigisse ao verdadeiro e mais profundo espírito das normas constitucionais, que à sua simples e concreta letra. Afinal, a Constituição material seria um autêntico "espírito das leis" constitucionais.

Compreende-se ainda melhor agora como o meter entre parêntesis destes problemas (constituição material, normas constitucionais inconstitucionais, poder constituinte até) pode ser considerado por alguns ainda a melhor maneira de lidar com a sua magnitude e transcendência. Invocar a Constituição material pode ser ato prometeico, ou pior, encanto de *aprendiz de feiticeiro* que conjura forças que é incapaz de dominar. De novo se impõe o paralelo com o Direito Natural, que Michel Villey, um dos seus mais esclarecidos cultores contemporâneos, desaconselhou aos juristas normais, para evitar males maiores[30].

---

30 Num artigo destinado inicialmente a uma enciclopédia de sociologia jurídica, Michel VILLEY. Jusnaturalisme, essai de definition. **Revue Interdisciplinaire d'Etudes Juridiques**, n. 17, 1986, critica impiedosamente, pela sátira, o jusnaturalismo (ou o seu abuso), apresentando-o sob a metáfora médica da afecção mental, hipertrofia dos órgãos do direito natural. Na sua obra póstuma vai mais longe: cf. Idem. **Réflexions sur la Philosophie et le Droit**: Les Carnets. Paris: PUP, 1995. p. 45: "Le droit naturel n'est pas la philosophie des juristes – seulement les meilleurs d'entre eux – (le droit naturel inclut du reste le positivisme – et il explique le succès du positivisme – car de notre point de vue mieux vaut élever le juge médiocre dans cet excès plus que dans l'autre qui serait contraire: l'arbitraire, la fantaisie, le rationalisme). Je ne recommande pas à tous le droit naturel, mais à ceux là seulement qui peuvent comprendre. Le droit naturel est ésotérique".

Capítulo 5
Pirâmide Normativa, Ética e Constituição

5.1 O Problema Hermenêutico, a Hierarquia das Fontes e o lugar da Ética na Constituição

Na escolha das fontes, o intérprete utiliza, mesmo que disso se não dê conta, diversos critérios, tópicos hermenêuticos que são vetores de interpretação em concreto[1].

Aquele que parece ser o primeiro é o da **vigência**. Não considera normas revogadas ou em desuso, enfim, normas que não se encontrem em vigor. Mas este estar em vigor depende de um outro critério, que é o da ordem jurídica em que se integra o intérprete. Uma norma (por exemplo, as Ordenações Filipinas, ou o Código Civil do Visconde de Seabra) pode estar "ainda" em vigor num território politicamente separado (no Brasil, e nas antigas possessões portuguesas na Índia, respectivamente, mantiveram-se em vigor, por bastante tempo ainda, aqueles dois monumentos legislativos) e contudo "já" não o estar na dita "metrópole" ou país "colonizador".

Assegurado destes dois critérios (vigência e **enquadramento** na ordem jurídica da questão *sub judice*), o intérprete tem que escolher fontes com **pertinência substancial**, temática, com o problema. E perante, por exemplo, fontes normativas e fontes consuetudinárias, ou entre diversas fontes normativas, deve escolher aplicar a de pertinência mais direta, como é óbvio, se só uma existir. E entre várias, tem de aplicar um critério de **hierarquia das fontes**. Se só existirem fontes normativas, é a hierarquia das normas, por vezes chamada, metaforicamente, "pirâmide normativa", que terá de aplicar. Não se esquecendo do "jogo" das normas gerais e especiais e excecionais etc. Conforme o tipo de situação, uma dialética se gera em que as várias normas funcionam numa tópica regulada pela técnica jurídica.

O assunto, em concreto, ficará para outros desenvolvimentos. Para já, importa salientar que a Constituição, como norma das normas (ainda que as fontes de Direito, em geral, se encontrem, por motivos históricos, no Código Civil não deixam de ser matéria materialmente, ainda que não formalmente, constitucional), ocupa o topo dessa pirâmide normativa. Mas, na verdade, que Constituição? O texto da Constituição codificada? Não nos parece. O que está nesse topo da pirâmide será, dentro da Constituição material, o que de mais elevado

---

1 Entre múltiplas, uma clássica forma de encarar o problema é enquadrá-lo no problema geral das antinomias, como faz BOBBIO, Norberto. **Teoria dell'ordinamento giuridico**. Tradução de Maria Celeste Cordeiro Leite dos Santos. **Teoria do Ordenamento Jurídico**. reimp. da 10. ed. (1999). Brasília: Ed. da UnB, 2006. máx. p. 81 e ss.

exista nela[2]. E parece que tal será o seu fundamento, que tem um conteúdo ético-jurídico-político. Ou, se preferirmos: toda a Constituição materialmente constitucional está no topo da pirâmide. Mas o vértice mais agudo é ocupado pelo mais essencial nessa mesma Constituição.

5.2 Ética Constitucional como Ética Republicana

Será, assim, a ética constitucional o mais relevante de tudo. No caso das nossas Constituições cidadãs, esse núcleo ético constitucional é uma Ética Republicana. A qual se analisará em valores, no plano objetivo, e em virtudes, no plano subjetivo.

Importa, pois, que nos detenhamos por um momento na questão da ética republicana. Há expressões cujo vero sentido não é realmente conhecido. Com o seu excessivo uso, passam a significar uma mescla de tudo-e-coisa-nenhuma, tornam-se bordões de linguagem.

Felizmente, tal não é, por enquanto, o caso da expressão "ética republicana", geralmente usada parcimoniosamente e por quem sabe o que ela é. Antes que venha a ser corrompida, importaria que se lhe fixasse o significado, ainda que em termos abertos, naturalmente.

Não se pode embarcar em recuperações cosméticas ou apropriações indevidas de conceitos com uma sedimentação semântica constituída. Embora (mas tal já é outra coisa), precisamente por ser uma ética de Constituição aberta e pluralista, a Ética republicana deva estar aberta às aportações mais recentes[3],

---

2   Cf. COSTA, J. M. Cardoso da. A Hierarquia das Normas Constitucionais e a sua Função de Proteção dos Direitos Fundamentais. **Boletim do Ministério da Justiça**, n. 396, Lisboa, 1990.
3   De entre inumeráveis, alguns sugestivos estudos, que podem contribuir para ponderar, matizar e fazer evoluir, desde que passados pelo crivo crítico e vistos à luz do espírito juspolítico: LADRIÈRE, Jean. **L'Éthique dans l'univers de la rationalité**. Québec: Artel; Fides, 1997; BAUMAN, Zygmunt. **Postmodern Ethics**. Oxford: Blackwell, 1993. Tradução portuguesa de João Rezende Costa. **Ética Pós-Moderna**. 2. ed. São Paulo: Paulus, 2003; RAZ, Joseph. **Value, Respect and Attachment**. Cambridge: Cambridge University Press, 2001; FRANKL, George. **Foundations of Morality**: an Investigation into the Origin and Purpose of Moral Concepts, 2001. Tradução portuguesa de Fernando Dias Antunes. **Os Fundamentos da Moralidade**: uma Investigação da Origem e Finalidade dos Conceitos Morais. Lisboa: Bizâncio, 2003; EAGLETON, Terry. **After Theory**. Tradução portuguesa de Maria Lúcia Oliveira. **Depois da Teoria**: um olhar sobre os Estudos Culturais e o Pós-Modernismo. Rio de Janeiro: Civilização Brasileira, 2005; DUSSEL, Enrique. **Ética Comunitária**. Tradução de Jaime Clasen. **Ética Comunitária**: Liberta o Pobre. Petrópolis: Vozes, 1986; Les nouvelles morales: Éthique et Philosophie. **Magazine Littéraire**, Paris, n. 361, janvier, 1998. Mais focalizados autoralmente, para só referir autores lusófonos, e apenas exemplarmente, OLIVEIRA, Manuel Alves de. **O Lugar da Ética na Contemporaneidade**: a Análise Crítica de Victoria Camps. Lisboa: Editorial Notícias, 2003; VERÍSSIMO, André. **A Intriga Ética**: Ensaio sobre a Antropologia e a Ética Levinasianas. Guimarães: Cidade Berço, 2001; CARVALHO, José Maurício de. **Caminhos da Moral Moderna**: a Experiência Luso-Brasileira. Belo Horizonte; Rio de Janeiro: Itatiaia, 1995.

para que se não deixe cristalizar num museu ético – e tal não seria sequer um museu moderno. Também a ética, disciplina normativa como o Direito, se faz de conceitos que se fazem vivências. E conceitos que se revelam por palavras. Ora, como afirma Mia Couto,

> As palavras e os conceitos são vivos, escapam escorregadios como peixes entre as mãos do pensamento. E como peixes movem-se ao longo do rio da História. Há quem pense que pode pescar e congelar conceitos. Essa pessoa será quanto muito um coleccionador de ideias mortas.[4]

Uma Constituição viva requer conceitos vivos.

Além disso, a ética republicana não pode, nem obviamente deve, ser entendida como um discurso antivalores (ou pretensamente avalorativo, alheio a valores, ou "para além do Bem e do mal"), ou sequer uma alternativa a uma moral corrente, sem dimensão imediatamente política, seja ela rigorista tradicionalista, seja laxista modernista. É uma ética pública, eminentemente política, atinente a valores[5] e comportamentos políticos, e não exclusivamente pessoais, ou mesmo de uma sociabilidade intersubjetiva "privada". Coisa diferente seria uma contradição com os próprios valores de contenção (não dizemos "neutralidade" absoluta) e de preservação da esfera privada do Estado de Direito Democrático.

Daqui decorre o fato de que a ética republicana tem de ser contida e não totalitária: ela é de algum modo minimalista até, no sentido de buscar o mínimo denominador comum axiológico. Este é perseguido não de forma estatística, mas por uma sociologia já axiologizada – que seria, aliás, a forma que os Romanos utilizaram na própria individualização do Direito (*ius redigere in artem*). A ela repugna todo o totalitarismo, a começar pelo totalitarismo em matéria moral, que, como bem se sabe, poderia transformar o Estado numa enorme prisão. Recorde-se apenas o exemplo do moralismo da Genebra de Calvino, retratado

---

4 COUTO, Mia. **Pensatempos**. p. 85.
5 Sobre os valores republicanos e o espírito republicano, por todos, *v.g.*, OVEJERO, Félix et al. (Org.). **Nuevas Ideas Republicanas**. Barcelona; Buenos Aires; México: Paidós, 2003; Philip PETIT. **Republicanism**: a Theory of Freedom and Government. Oxford: Oxford University Press, 1997; CANOTILHO, José Joaquim Gomes. O Círculo e a Linha: da "liberdade dos antigos" à "liberdade dos modernos" na teoria republicana dos direitos fundamentais (I parte). In: "O Sagrado e o Profano", Homenagem a J. S. da Silva Dias. **Revista de História das Ideias**. Coimbra, III, n. 9, 1987, p. 733 e ss., recolhido hoje em Idem. **Estudos sobre os Direitos Fundamentais**. Coimbra: Coimbra Editora, 2004; REIS, António (Coord.). **A República Ontem e Hoje**: II curso Livre de História Contemporânea. Lisboa: Colibri, 2002; ALAIN. La République est difficile. In: **Propos de...**, ed. Paris: Gallimard, 1956. Col. La Plêiade. I. p.1258; POCOCK, J. G. A. **The Machiavellian Moment**: Florentine Political Thought and the Atlantic Republican Tradition. Princeton; Londres: Princeton University Press, 1975; STEVENS, Richard G.; FRANCK, Matthew. J. (Eds.). **Sober as a Judge**: the Supreme Court and Republican Liberty. Lanham: Lexington Books, 1999; COMPARATO, Fábio Konder. Redescobrindo o Espírito Republicano. **Revista da Associação dos Juízes do Rio Grande do Sul**, ano XXXII, n. 100, Porto Alegre, 2005. p. 119 e ss.

excelentemente por Stefan Zweig[6]: é o de uma ética republicana ao contrário. Em que precisamente a "república" (e resta saber se o é em termos materiais, substantivos...) serve uma determinada moral, no caso de fundo religioso. Ora a ética republicana é autônoma face a essas determinações, embora, como é evidente, possa ter com todas momentos de interseção.

Contudo, não é uma ética meramente etiológica, indagadora do *ethos* (ética descritiva, ou fisiologista) mas comunga do *pathos* político, e só terá valor se se assumir com alguma normatividade (ética prescritiva ou normativa – que alguns assimilam a "moral").

Na ética republicana cuidamos deverem, desde logo, distinguir-se duas dimensões: ética individual e ética política.

A primeira dimensão da ética republicana é precisamente a dos valores políticos, que podem variar, a nosso ver, consoante o cunho próprio de uma Constituição, embora, dada a cultura democrática social generalizada de hoje, seja complicado, a nosso ver, prescindir por completo dos valores políticos liberais, democráticos e sociais. De todos eles.

Admitimos que alguns, menos socialistas que o projeto ainda subsistente (após muitas revisões constitucionais) na Constituição portuguesa de 1976, prefiram, por exemplo, a "equidade" à "igualdade", para se porem a salvo do espectro do igualitarismo nivelador. Mas a igualdade é já equidade, e a justiça mesma também o é já. A cautela é excessiva... e pode-se revelar perigosa, por poder criar desigualdades efetivas (sob a capa da equidade) por via hermenêutica.

Admite-se que outros prefiram a expressão *solidariedade* ou *fraternidade* – mas não se muda muito substancialmente o sentido dos valores constitucionais gerais.

Aliás, se a igualdade é considerada, por exemplo por Bernard Crick, o valor político específico dos socialistas democráticos (social-democratas e trabalhistas incluídos), a verdade é que ela está também presente na tríade de objetivos do pai dos liberais verdadeiros (não anarco capitalistas), Adam Smith, para não falar nas preocupações sociais de Thomas Hill Green[7]. O qual, para maior espanto ainda de alguns, considerava explicitamente a tríade valorativa política que identificamos na Constituição da República Portuguesa: Liberdade, Igualdade

---

6 ZWEIG, Stefan. **Erasmo de Roterdão**. 9. ed. Tradução portuguesa. Porto: Livraria Civilização, 1979; Idem. **Castélio Contra Calvino**. 7. ed. Tradução portuguesa. Porto: Livraria Civilização, 1977.
7 Cf., v.g., a síntese de GRAY, John. **Liberalism**. 1986. Tradução castelhana de Maria Teresa de Mucha. **Liberalism**. 1. reimp. Madrid: Alianza Editorial, 2002. máx. p. 9, p. 57 e ss., p. 113 e ss.

e Justiça. E que são também os três principais valores superiores explícitos da Constituição de Espanha[8].

O problema da escassa variedade de valores alternativos no domínio político-constitucional deriva do fato de os valores não poderem ser anti valores, por um lado, e, por outro, de que o próprio molde juspolítico "Constituição" implica um padrão de democraticidade, cidadania etc. que se não compatibilizaria com um texto que proclamasse, por exemplo, os "valores" da raça pura, da elite segregadora, ou do belicismo...

A segunda dimensão a considerar é a dimensão da ética republicana individual, que quase se diria "moral republicana", moral da República, pela qual as virtudes republicanas seriam exercidas. E elas são muitas: desde a prudência à coragem e à justiça como virtude.

Pressuposto óbvio desta "moral" é o conjunto de virtudes básicas de honestidade, as quais, em ambientes políticos de corrupção ou suspeita dela, acabam por ser elogiadas em alguns políticos mais rígidos ou menos sorridentes (como se afabilidade fosse sinal de menor inteireza ética), quando, em verdade, deveriam ser *conditio sine qua non* de todos, sem exceção – e jamais constituir motivo de espanto.

A única forma de defender e de reafirmar o valor das Democracias, hoje cada vez mais postas em causa com cinismo, hipocrisia, e sem-cerimônia (e já até pela violência), é de afirmar na prática a Ética Republicana[9].

Esta comporta, como se sabe, uma dimensão coletiva, social, e de imaginário a que as sociedades deveriam aderir (os valores). E neste domínio avultam os valores jurídicos superiores, como afirmou a Constituição espanhola – Liberdade, Igualdade e Justiça (esta última, espera-se, a caminho da nunca concretizada Fraternidade do ternário francês). Mas tem também uma dimensão pessoal, as virtudes.

As virtudes jurídico-políticas não andarão muito distante das chamadas *virtudes cardeais* (Prudência, Justiça, Fortaleza e Temperança), sendo que algumas das teologais, devidamente laicizadas e adaptadas às funções de cidadania, justiça, administração, ou governo (etc.), também poderão ajudar (Fé, Esperança

---

8   PECES-BARBA, Gregorio. **Los Valores Superiores**. 1. reimp. Madrid: Tecnos, 1986; Idem. Seguridad Jurídica y Solidaridad como Valores de la Constitución Española. In: **Funciones y Fines del Derecho**: Estudios en Honor del Profesor Mariano Hurtado Bautista. Múrcia: Universidade de Murica, 1992; SANTAMARÍA, Javier. **Los Valores Superiores en la Jurisprudencia del Tribunal Constitucional**: libertad, igualdad, justicia y pluralismo politico. Madrid: Dykinson; Universidad de Burgos, 1997; OTERO PARGA, Milagros. **Valores Constitucionales**: Introducción a la Filosofía del Derecho – axiologia jurídica. Santiago de Compostela: Universidade de Santiago de Compostela, 1999. Fora da cultura constitucional espanhola, *v.g.*, BASILE, Silvio. Valori Superiori, Principi Costituzionale Fondamentali ed Esigenze Primarie. **Giurisprudenza Costituzionale**, ano XXXVIII, n. 3, 1993.

9   Cf. o nosso **Para uma Ética Republicana**. Lisboa: Coisas de Ler, 2010.

e Caridade/ou Amor)[10]. Uma questão interessante se coloca desde mesmo essa figura máxima da Justiça que é a mítica Antígona[11]. Se, por um lado, muitos justamente consideram a moderação (*sophrosyne, sobrietas*) uma espécie de virtude moderadora, muito relevante pessoalmente mas também para a harmonia e equilíbrio da Pólis, parece ressaltar que a heroína do ciclo tebano não possui essas qualidades, tendo, na sua luta pela Justiça, decerto alguma desmesura. Se parece ser verdade que, na vida comum, e mesmo na normalidade do funcionamento da vida política, como escreveu Paul Valéry, "Le monde ne vaut que par les extrêmes et ne dure que par les moyens. Il ne vaut que par les ultras et ne dure que par les modérés", o certo é que em situações extremas, como dizia, Goethe, no seu *Das Sonett*:

> Wer Großes will, muß sich zusammenraffen;
>
> In der Beschränkung zeigt sich erst der Meister,
>
> Und das Gesetz nur kann uns Freiheit geben.

Se é verdade que só a lei nos pode dar Liberdade, e tal poderia remeter para a moderação como regra, o certo também é que vê-se antes de mais o Mestre (na verdade, a excecionalidade da pessoa) não apenas na limitação (isso poderia remeter para a necessidade desse constrangimento), mas na adversidade. Como Camões diz que na adversidade se aguça o engenho. Ou o brocardo *ad augusta per angusta* (ou *ad astra per aspera*).

Deve reconhecer-se como necessária, por vezes, a emergência não de salvadores providenciais, líderes populistas tirânicos, mas de personagens excecionais, que podem eventualmente romper as amarras da placidez. Porque não se negam os heróis (raros, e quantas vezes pessoalmente modestos), apenas os mitificados ídolos. E cada situação necessita de pessoas à altura (retomando sempre Ana de Castro Osório[12], melhor um escol de pessoas empenhadas e esclarecidas que um único "iluminado"). Aliás, é preciso não correr riscos (e o constitucionalismo é todo ele uma prova da luta contra esses riscos de abuso do poder): se todo o poder corrompe, o poder absoluto corrompe absolutamente. E não é apenas a corrupção de ceder a sereias de dinheiros sujos; é a própria corrupção do impoluto financeiramente, a corrupção na alma, que pode assumir múltiplas formas, e talvez até mais perversas se ele se considerar incorruptível e puro (como Robespierre na Revolução Francesa).

---

10 Cf. o nosso **O Tímpano das Virtudes**. Coimbra: Almedina, 2004.
11 Cf., desde logo, DREYFUS, Raphaël. Introdução a Antigone. In: SOPHOCLE; ESCHYLE. **Tragiques Grecs**: Eschyle, Sophocle. Tradução de Jean Grosjean. Fragmentos traduzidos, introduções e notas por Raphaël Dreyfus. Paris: Gallimard; Plêiade, 1967. máx. p. 555 e ss.
12 OSÓRIO, Ana de Castro. **A Minha Pátria**. Nova edição. 2008. p. 92.

Voltando a Antígona: a exemplo de Ajax, de Édipo (seu pai), de Electra, ela é uma personagem que não foge diante dum repto do destino, e que faz o que tem de ser feito. Sófocles não deixa de tomar o seu partido, mesmo se alguns consideram que na sua peça estariam em oposição duas formas de desmesura (*hybris*): a do governante Creonte e a sua. De modo algum se podem assemelhar as posições de ambos. Recordem-se as linhas de Brecht: "Do rio que tudo arrasta se diz que é violento. Mas ninguém diz violentas as margens que o comprimem/oprimem".

Há, portanto, no plano das virtudes cívicas, momentos em que à moderação, em geral a mais excelente, tem de prevalecer a coragem. Embora também se possa colocar a questão de outro modo, que cremos até preferível: ser moderado não é ser conformista, mas exige, conforme as circunstâncias, conciliação ou rutura. E nesse sentido a moderação continua a prevalecer – só que com respostas diferentes (mais ou menos vigorosas e determinadas) conforme o tipo e dimensão dos desafios. Ser moderado não é ser frouxo, mas não ser desmedido. A mesura é critério (mesura é medida) da moderação. Dito de outra forma: importa ter sempre presente a proporcionalidade, que no Direito adquire uma dimensão de princípio, aliás[13].

Sublinhe-se ainda que as virtudes políticas não podem ser apenas procuradas nos políticos. Elas são, na verdade, virtudes de cidadania. E, como tais, implicam todos os cidadãos. Se o escândalo entre os atores da ribalta política, de tão normal em certos países, já não causa sequer admiração (o que constitui uma forma de cauterização ética profunda, que produz insensibilidade e embota o são *direito à indignação*) a verdade é que cada um tem de pensar duas vezes antes de lançar a primeira pedra. Não, evidentemente, que o cidadão comum possa olhar-se no espelho da sua consciência como corrupto. A tanto se não chegou. Mas há uma difusa culpa (semelhante à clássica "culpa na formação da personalidade" em Direito Penal) de *deficit* geral de cidadania. Cada cidadão, criticando ou sofrendo apenas e não participando, se torna um pouco culpado. E deveria, de dever político e ético, participar: logo no bairro que é a sua *polis*, e não com voluntarismo acéfalo, ainda que generoso, mas com contributo sério e estudo e ponderação dos problemas da coisa pública. Não o fazendo, torna-se passivo cúmplice do *statu quo*. E temos de reconhecer que (com a atenuante embora de um cotidiano delirante de excesso de trabalho e burocracia, no qual o cidadão normal se esgota) a cidadania é pouco exercida. A ideia egoísta de que as coisas públicas devem ser deixadas "aos outros", de que a culpa é sempre "do Estado", ou "do governo", "dos políticos", ou simplesmente "deles", é cômoda, mas acaba por se virar contra quem dela usufrui.

---

13 Cf., recentemente, o nosso Em torno do "Princípio da Proporcionalidade". **Revista do Ministério Público**, n. 168, out./dez. 2021. p. 95-120.

Jamais os outros tratarão bem dos nossos problemas. Essa a grande justificação de um princípio antigo, da *autarkeia*, que é o princípio da proximidade das decisões, ou da subsidiariedade[14]. Melhor cuida das coisas aquele *a quem dói na fazenda...* ou na vida, honra, liberdade etc.

Mas evidentemente que o Estado deverá dar efetivas condições de participação, a todos os níveis.

E depois, os políticos trabalham com o material que têm, e são feitos, nas democracias, da mesma massa dos povos que os elegem. E até de uma massa nem excessivamente apurada em qualidades e habilitações, porque parcas ou nulas as exigências prévias para o seu labor. Assim colocava o problema Oliveira Martins:

> O político, esse engenheiro das sociedades, constrói com os materiais que encontra. Se não há nos cidadãos abnegação e sacrifício, vontade nem coragem, como se pretende que haja hombridade e virtude nos que mandam?[15]

E num outro artigo ataca o problema da competência técnica (e naturalmente humanística também) em política:

> Confunde-se hoje a soberania com o poder, a autoridade com o governo. Todo o cidadão é, sem dúvida, cabal, completa e igualmente, uma fonte de autoridade e um poço de soberania; mas que todo o cidadão seja também virtualmente um homem capaz de exercer os supremos cargos da república, eis aí um dos paradoxos que farão sem dúvida estalar de riso os nossos vindouros. Requerem-se montanhas de habilitações e atestados para o exercício da mais ridícula função: nada, absolutamente se requer, nem folha corrida, nem exame de instrução primária, para se ser deputado ou ministro.[16]

E contudo, a seleção natural também pode ter o seu efeito. Com aquelas linhas sábias, o autor de *Portugal e o Socialismo* excluiria do poder pessoas como Lula da Silva, Xanana Gusmão, e tantos outros.

---

14 Sobre este princípio, entre muitos, *v.g.*, MARTINS, Margarida Salema d'Oliveira. **O Princípio da Subsidiariedade em Perspectiva Jurídico-Política**. Coimbra: Coimbra Editora, 2003; QUADROS, Fausto de. **O Princípio da Subsidiariedade no Direito Comunitário após o Tratado da União Europeia**. Coimbra: Almedina, 1995; PIRES, Francisco Lucas. A Política Social Comunitária como exemplo do Princípio da Subsidiariedade. **Revista de Direito e de Estudos Sociais**, Coimbra, Almedina, jul./dez. 1991, ano XXXIII (VI da 2ª série), n. 3-4, p. 239-259; e o nosso *Novo Direito Constitucional Europeu*, *passim*. Em Direito Penal, por exemplo, e com alcance diverso, cf., por todos, sinteticamente, LIMA, Ronaldo Cunha; OLIVEIRA, Leonardo Cunha Lima de. **Princípios e Teorias Criminais (Verbetes)**. Rio de Janeiro: Forense, 2006, p. 18. No plano filosófico-social e político, cf., por todos, MONZEL, Nikolaus. **Katholische Soziallehre II**. Colónia: J. P. Bachem, 1967. Versão castelhana de Alejandro Estebán Lator Rós. **Doctrina Social**. Barcelona: Herder, 1972. p. 221 e ss.

15 MARTINS, Oliveira. Causas Económicas da Imoralidade Política. **Província**, Porto, 23-IX-1887, ano 3.

16 MARTINS, Oliveira. O Descrédito da Política. **O Repórter**, Lisboa, ano 1, n. 19, 19-I-1888.

Não sabemos, pois, qual a "crise" maior, e mais profunda: se a que na verdade se reconduz a uma indecisão e inquietação quanto a certos valores comuns que o não são, nem podem sê-lo (numa sociedade muito pluralista social e moralmente), se a efetiva crise das virtudes da cidadania – as quais, ao contrário das virtudes gerais, não sofrerão de particulares angústias... São basicamente as mesmas que Oliveira Martins reclamava, no século XIX. Para os políticos, e para o comum dos cidadãos.

Inversamente ao que ocorre com o lugar-comum da crise (e até "inversão"[17]) dos valores, a crise das virtudes não se encontra muito na moda[18]. Mas ela é, sem dúvida, o outro rosto da crise da nossa ética republicana, que no fundo (e para além da falta de imaginação e qualificação de muitos dos atores políticos, fruto da sua endogâmica e deficiente seleção) está na base da crise da Democracia, do Estado e do Direito, hoje[19]. Outro argumento próximo é o da decadência, civilizacional e/ou política[20]. Mais ainda, nos nossos dias, as próprias categorias da "decadência" e da "civilização" ficam, explicita ou implicitamente, em crise, sob o impacto de novas perspectivas, de cunho neo-anti-imperialista, decolonial, multiculturalista etc., aliás com imensas variantes e não concordes entre si. Contudo, por outro lado, é de salientar que há também uma reivindicação progressista de uma universalidade dos Direitos Humanos, e da prevalência ética de uma Civilização universal[21].

Obviamente que o lugar de supremacia que a nosso ver ocupa a Ética constitucional não lhe dá direito a uma aplicação subversora da Constituição formal. Pelo contrário: é para a preservação do projeto constitucional que devemos sublinhar a preeminência dessa legitimação e fundamentação que remete para a axiologia. Não devemos maravilhar-nos com este tipo de referências. Os temas éticos e morais voltaram à ordem do dia. E, como a Constituição e o Direito Constitucional são seres de inserção social e cultural, ei-los que voltam também a estes nossos terrenos.

---

17 Sendo certo que, como dizia JUNG, C. G. **Aion**: Beiträge zur Symbolik des Selbst. Walter, 1976. Tradução portuguesa do Padre Dom Mateus Ramalho Rocha, OSB. **Aion**: Estudos sobre o Simbolismo do Si-Mesmo. Petrópolis: Vozes, 1982. p. 27: "Cada 'abaissement du niveau mental' (queda do nível mental) provoca uma relativa inversão dos valores".
18 Aportações à evolução do uso da palavra e da sua compreensão in: POCOCK, John G. A. **Linguagens do Ideário Político**. p. 83 e ss., máx. p. 88 e ss.
19 Desenvolvendo, o nosso A Constituição Viva: Cidadania e Direitos Humanos, cit., passim.
20 Cf., por todos, SPENGLER, Oswald. **Der Untergang des Abendlandes**. Tradução castelhana de Manuel García Morente. **La Decadencia de Occidente**: Bosquejo de una Morfología de la Historia Universal. 14. ed. Madrid: Espasa-Calpe, 1989; FREUND, Julien. **La decadence**. Paris: Sirey, 1984; KVATERNIK, Eugenio. Decadência Politica. **Conceptos y Perspectivas**: una Comparación entre las Teorias de la Crisis Politica de Carl Schmitt, António Gramsci y Samuel Huntington. Buenos Aires, 1986.
21 Para esta última tendência, cf. BEN ACHOUR, Yadh; FERREIRA DA CUNHA, Paulo. **Pour une Cour Constitutionnelle Internationale**. Oeiras: A Causa das Regras, 2017. p. 22.

Claro que continuam válidos alguns dos mais depurados pressupostos sobre as relações entre Direito e Moral[22], e o primeiro de entre eles é mesmo o brocardo romano *non omne quod licet honestum est*. Nem tudo o que é permitido é honesto. O Direito é um mínimo denominador comum social e não uma moral (uma religião, ou uma política) armada. Como gosta de citar o penalista Jorge de Figueiredo Dias, qualquer pessoa tem todo o direito de escolher o seu caminho para o inferno, desde que vá sozinha, e não atropele ninguém pelo caminho.

Esse o princípio dos princípios. Da rigorosa aplicação dele se preveniriam muitos males de engenharia social e fundamentalismo com que, infelizmente, ao longo dos tempos, a juridicidade tem sido, *malgré soi-même*, confundida. Esta máxima simples remete para o *ius redigere in artem* e para o *Isolierung*[23], sem o que jamais se compreenderá a especificidade epistemológica e cultural/civilizacional desse mega paradigma a que chamamos *Direito*.

Mas a partir daqui muitas questões surgem, e a sua dilucidação está longe de ser líquida como é aquele primeiro princípio.

Mesmo os estilos, as palavras e os problemas colocados apontam para diversos entendimentos dos desafios, quando não para questões mesmo radicalmente diversas.

Uma coisa é, por exemplo, a presença da Moral nas Constituições, e Constituições, como a Brasileira de 1988, que explicitamente remete para a "moralidade" em matéria administrativa[24]. Outra coisa é a Ética republicana. Outra ainda a chamada Ética pública[25].

E outra questão ainda é a das virtudes em Direito. E outra mais é a dos valores.

Todas estas questões estão imbricadas. Todas se encontram no universo geral da Axiologia Jurídica. Mas são distintas. Como distintas as categorias que envolvem.

Há nestas temáticas óbvias preferências, que envolvem estilos e filiações, diferentes cosmovisões e filosofias. Nada de mais natural. Como dizia Fichte, traduzido por Cabral de Moncada:

> "A filosofia de cada um depende da espécie de homem que cada um é. Um sistema filosófico não é uma camisa de tirar e pôr, que possamos mudar à nossa vontade; é alguma coisa que pertence à alma do homem."[26]

---

22 Cf., *v.g.*, FULLER, L. **The Morality of Law**. Nova edição. Yale, 1969; GAUTHIER, David. **Morals by agreement**. reimp. Oxford: Clarendom Press, 1987; GREENAWALT, Kent. **Conflicts of Law and Morality**. New York; Oxford: Oxford University Press, 1989.

23 Cf., v.g., THOMAS, Yan. **Mommsen et 'l'Isolierung' du Droit (Rome, l'Allemagne et l'État)**. Paris: Diffusion de Boccard, 1984.

24 FIGUEIREDO, Marcelo. **O Controle da Moralidade na Constituição**. 1. ed. 2. tir. São Paulo: Malheiros, 2003.

25 MONTEJANO, Bernardino. **Ética Pública**. Buenos Aires: Ediciones del Cruzamante, 1996.

26 FICHTE, citado por Johannes HESSEN. **Filosofia dos Valores**. Tradução portuguesa de Luís Cabral de Moncada. Nova edição. Coimbra: Almedina, 2001. p. 88.

Capítulo 6
Valores Constitucionais

6.1 Delimitação do Objeto

Nas páginas seguintes concentrar-nos-emos na questão dos valores constitucionais, com a consciência das correlações existentes, mas procurando uma delimitação do objeto que permita ver mais claro num tema que parece confundido, talvez pelo caráter altissonante dos entes com que lida: os valores[1].

6.2 Da Demanda dos Valores em geral

As expressões "valor" e "valores" banalizaram-se. Quase se diria que se corromperam, tal a sem-cerimônia com que profanos e especialistas de muitas especialidades (não, certamente, os eticistas) as utilizam.

Não muitos saberão que a expressão tem os seus pergaminhos mais antigos ao que parece no domínio da Economia Política, pelo que não podem os cultores dos valores culturais ou espirituais sentir-se incomodados em demasia quando ouvem, com tanta frequência, nos nossos dias, falar em "bolsa de valores" e coisas do gênero.

Devemos ter a abertura de espírito suficiente para reconhecer que há, na verdade, duas grandes classes de valores: os materiais e os espirituais.

De entre os valores materiais, ou sensíveis, ou empíricos, poderemos considerar os atinentes à própria existência biológica e vital (ânimo ou vigor, força, saúde, dinamismo), a que poderemos chamar valores vitais, os concernentes aos prazeres, que se designam normalmente por hedônicos, e finalmente os valores de utilidade exterior mas com reflexo no sujeito, que se referem à sua propriedade e afins, a que naturalmente devemos chamar valores econômicos.

Já os valores espirituais têm toda uma outra dimensão. Referem-se eles ao que vale para o espírito, ao que se dirige a uma satisfação ou a um bem-estar do corpo ou relativa à matéria (como os primeiros), mas, como diz Hessen, "nos iluminam a alma, dando origem a um estado psíquico que interiormente nos enriquece e

---

1 No plano mais filosófico, mas de forma específica referente a filosofia jusconstitucional, deverá consultar-se o nosso **Filosofia do Direito**. máx. p. 709 e ss. No plano mais jurídico, v.g., LIMA, Francisco Meton Marques. As Implicações Recíprocas entre os Valores e o Direito. In: BONAVIDES, Paulo (Coord.); LIMA, Francisco Gérson Marques de; BEDÊ, Fayga Silveira. **Constituição e Democracia**: Estudos em Homenagem ao Professor J. J. Gomes Canotilho. São Paulo: Malheiros, 2006. p. 188 e ss. Um estudo de conjunto filosófico-jurídico conferindo uma particular atenção aos valores é o de MENDONÇA, Jacy de Souza. **Curso de Filosofia do Direito:** o Homem e o Direito. São Paulo: Quartier Latin, 2006. máx p. 225 e ss.

nos torna felizes"², ou seja, quando sentimos aquela "emoção desinteressada"³ que nos revela a contemplação do Belo, do Verdadeiro e do Bom.

Assim sendo, fácil é vermos quais as principais categorias dos valores espirituais: os que se referem à Verdade são os valores lógicos; aqueles que tangem o Belo, são os estéticos; os que se reportam ao Bem ou ao que é Bom, são os éticos. Os valores religiosos como que podem fundir todas estas dimensões. Máxima Verdade, ou "a" Verdade, máxima Beleza, ou "a" Beleza, e máxima Bondade, ou "a" Bondade, ou "o" Bem, são em muitos casos atributos indiscutíveis de muitas formas religiosas. E daí que na escala dos valores, ainda que apenas considerada num plano sociológico, quando se incluem os religiosos eles tenham, natural, logicamente, que ser considerados os valores mais altos. Na perspectiva, evidentemente, da crença dos respetivos agentes.

Apesar de termos já encetado uma divisão dos valores, a sua definição parece desaconselhável. Definir "valor", em geral, como aliás definir Ser, ou mesmo Direito, seria uma dessas tentativas racionalistas prometeicas, muito ao gosto didático e mecanicista, mas sem vera utilidade. E pior: com o risco de fazer prender a Ideia num conceito e o conceito numa prisão verbal delimitadora. Apenas podemos esclarecer ou mostrar os valores.

E nesse sentido, uma das formas de o ir fazendo é captar-lhes algumas características.

Com os demais seres ideais (nem sensíveis, nem suprassensíveis) eles têm *ser*, mas a sua existência é especial, diversa da tangível — por isso, alguns lhes chamam *irreais*. São, sem dúvida, intemporais, embora a sua vigência concreta esteja à prova da historicidade. Não esqueçamos o que, a propósito da História, considerava Heidegger. Ela não seria nada mais que "realização de valores". E os valores são ainda objetivos e absolutos, independentemente dos sujeitos, mas precisando dos sujeitos para poderem ser vividos. São assim transindividuais, e universais. Embora essa universalidade se encontre também à prova do desafio multicultural, nos nossos dias.

Os caracteres canônicos dos valores éticos de algum modo terão sido cunhados na teoria num tempo em que uma moral normativa, imperativa e prescritiva dominante e largamente consensual imperava. Não é por isso de estranhar que devamos hoje matizá-los, sem os negar. Porque recusar o seu peso de absoluto seria negá-los também.

Talvez devamos dizer que são absolutos *relativos*.

Assim, vejamos alguns dos seus traços característicos, esboçando como que tímidos e ainda não estruturados contrapontos.

---

2 Johannes HESSEN. **Filosofia dos Valores**. p. 44.
3 De que falava já KANT para a emoção estética, mas que HESSEN, Johannes. Op. cit. p. 55, estende à emoção ética.

Parece que podemos continuar a dizer que os valores éticos (nos quais latamente se integram os valores jurídicos) têm uma dimensão de pessoalidade, mas não de pura subjetividade.

Outra característica é a sua idealidade (a que alguns chamam "irrealidade", como afloramos já), mas com adesão a suportes reais. Não estão no "céu dos conceitos".

A sua imperatividade parece contracenar com a suscetibilidade de violação concreta, como é evidente. Se só fossem valores os inviolados, não haveria valores alguns.

E a absoluteidade (caráter absoluto) conviverá com o risco de etnocentrismo e cronocentrismo e outros *trompe-l'oeil* valorativos. Por exemplo, de índole grupal, corporativa etc., agindo e pensando sempre e só *pro domo*.

Há ainda universalidade, mas com confronto com as diferenças culturais.

E pode também falar-se (embora com precaução, para não se produzirem mal-entendidos ideológico-políticos) de totalitarismo (com comandos que não deixam de fora, se caso disso for, nenhum aspeto da vida). Traço este, contudo, ponderado com a importância das distinções de esferas de existência (pluralismos vários, fés dominicais *vs.* fés semanais, dicotomia público/privado, intimidade(s), reserva(s) mental(is) legítima(s) etc.) que podem ter também dimensão valorativa positiva – e estamos convicto de que muitas vezes a terão.

São muitos "ses", mas é essa a situação histórico-espiritual dos valores, hoje, e de nada adianta *tapar o sol com a peneira*.

E se a questão das características dos valores será hoje polémica, não menos o é o nosso acesso a eles. Ou seja, o problema da gnoseologia dos valores. Ou, noutros termos (mas os termos nunca são inócuos) da genealogia dos valores. Como compreendemos os valores? E como aparecem, ou nascem os valores?

E se há discussão sobre como nascem os valores e como podemos conhecê-los, é evidente também que há quem pretenda negá-los. Negar uns, outros, ou quiçá todos (o que é difícil). Seja como for, há dificuldade no acesso ao conhecimento dos valores, e há também casos de vera "cegueira aos valores".

Tudo matérias muito complexas, e que nem poderemos sequer abordar nos respetivos pórticos.

Contudo, para bem compreender estes aspectos, devemos por um lado encarar de frente a cegueira axiológica. Ela não desacredita os valores, como a cegueira biológica não nega a luz, a cor, ou a visão.

Por outro lado, afigura-se-nos que as várias perspectivas têm esgrimido muitas vezes de forma unilateral, e que melhor entenderemos o problema à luz polícroma de vários feixes de entendimento.

Assim, o valor não é apenas qualidade de algo, como quer o radical naturalismo, nem Ideia, coisificada, como um certo platonismo, nem pura vivência, como o psicologismo, nem simples *constructo* social, como defende o sociologismo, nem pura historicidade, como poderá querer um historicismo. Os valores são tudo isso, e tal não lhes retira nobreza, idealidade e espiritualidade, como temerão os mais idealistas, nem os desentranha da vida real e concreta, como se recearão os mais empíricos.

No entanto, apesar de se poder fazer sem dificuldade uma sociologia dos valores (e tal ter um valor heurístico muito interessante, mas obviamente não decisivo no plano propriamente axiológico, como não poderia deixar de ser), a verdade é que a compreensão dos valores (que é o vero conhecimento intelectual deles) passa pela sua vivência. A qual pode ser uma simples aventura espiritual, sem dimensão concreta imediata no mundo externo, mas que implica uma adesão do ser pessoal de quem vivencia o valor à sua presença. A experiência dos valores é, assim, algo de emocional e intuitivo que depois se pode racionalizar. Como, aliás, sucede com várias escolhas vivenciais, em que o espírito como que dá um salto por sobre a razão e as suas lentas rodas dentadas. E depois de chegado à conclusão, vem atrás, e deixa que essa tola mas arrumada governanta da Casa do Espírito limpe o pó do estrondo da iluminação, e encontre justificações lógicas e argumentos convincentes.

Nesta perspectiva contrariamos, como é óbvio, as concepções de intelectualismo radical, como, por exemplo, as de Honecker, para quem, na sua essência, o valorar é "um fato intelectual".

Mas esta posição sobre o caráter sobretudo emocional e intuitivo do acesso aos valores não lhe retira, como é óbvio, nem uma dimensão contextual (histórica e social), nem uma radicação ou pressuposto psicológico e biológico antes dele, nem, como aliás dissemos, uma ulterior racionalização valorativa, pelo menos quando pedidas contas da opção tomada.

Messer observou com muito acerto uma característica do juízo de valor que traz um argumento em favor do que acabamos de afirmar. Ninguém será capaz de demonstrar racionalmente, e a tratos de polé de silogismos, a bondade de um juízo de valor a outrem se esse outrem não tiver desde logo, num ápice, compreendido a radical distinção entre dois exemplos abissalmente contrapostos de valor e desvalor. Como o de um ser dissoluto, de um lado, e um exemplo moral, por outro. Quem tiver cegueira a esse contraponto não será suscetível de conversão (ou cura) por via meramente lógica ou discursiva.

Este caráter emocional-intuitivo dos valores opera ao nível individual, e para a apreensão sobretudo dos mais altos valores. Ao nível coletivo, o problema é diverso.

Se devemos recusar o mau uso da expressão e a consideração como valores de bens ou mesmo outras entidades sem valiosidade apreciável no plano espiritual ou cultural, o certo é que não será de excluir que uma sensação íntima de prazer axiológico possa resultar de uma encenação meramente contextual da peça da existência, num dado tempo e lugar. Quando se ouve a um *hippie* que o culminar da sua vida foi fumar a droga X ou Y, ou a um *iupi* que a sua mais profunda experiência estética foi um certo ganho na bolsa, quiçá depois de uma jogada de alto risco, compreende-se que a consciência pode estar embotada ou mesmo cauterizada, não reconhecendo os verdadeiros valores. Não só há casos de cegueira, mas também de daltonismo e outras doenças óticas.

Além da Ética, e das demais disciplinas filosóficas axiológicas óbvias nesta discussão, também a História das Ideias, a História das Mentalidades, a História da Cultura, a Sociologia, a Antropologia, e a Filosofia da Cultura, a Antropologia Cultural, a Filosofia do Conhecimento e tantas outras disciplinas, assim como correntes de entre elas, e desde logo a Fenomenologia, os Estudos Culturais, e certamente a Psicologia e outras ciências mais "duras", e outras ainda, têm à sua frente um enorme trabalho pós-disciplinar a fazer no sentido de nos ajudar a dilucidar a vida dos valores. A especulação isolada do filósofo, discutindo com os seus colegas e antecessores, poderá, como já sucedeu no passado, ter rasgos luminosos de intuição. Mas faltam-lhe os dados que permitam reavaliar a questão em toda a sua plenitude.

Um problema que obviamente se coloca em sede geral, e que depois terá grande importância no domínio especificamente jurídico, é o da hierarquia dos valores. Claro que ninguém põe em dúvida (pelo menos no nosso terreno, e alguns ainda que quiçá hipocritamente: mas isso não importa por agora) que os valores espirituais prevaleçam sobre os materiais. Mesmo não fará muita questão que os éticos prevaleçam sobre os estéticos, embora o esteticismo, e o esnobismo e a moda (seus substitutos plebeus) estejam muito em voga. Considerar a prevalência dos valores religiosos é complexo, numa sociedade dessacralizada. Mas, com o *Isolierung* desejável do Direito, também nesse domínio não haverá consequências de monta se colocarmos entre parênteses o problema.

Quiçá poderemos mesmo adotar também os cinco critérios de "altura" dos valores, de Max Scheler.

Valerá mais o mais durável. Contra a cultura da hora, do momento, do efêmero.

Valerá o mais inteiriço, o menos divisível. Contra a fragmentaridade pós-moderna?

Valerá o mais fundamental. Mas onde encontrar esse ponto de apoio de Arquimedes?

E, naturalmente, voltando ao próprio âmago do contato com o valor, será mais valioso aquele que mais profundamente nos der uma sensação de completude. Mas, e os exemplos do *hippie* e do *iupi*?

Finalmente, maior valor será o que for relativo a entidades maiores: como, desde logo, a Pessoa e a sua Humanidade. Mas o que é esta, e o que é aquela?

Como singelamente vimos, mesmo que déssemos de barato estes critérios de valor, eles esbarravam com muitos preconceitos, que não nos devem tolher, mas com algumas objeções mais profundas, que há que ponderar.

E depois há o complexo paralelogramo de forças, em concreto, a considerar. Um valor pode ser menos durável, mas mais fundamental. Ou menos indivisível, mas mais apto a *encher-nos as medidas*... Etc.

Em todo o caso, o grande problema que daqui parece poder exportar-se para o nível jurídico é mesmo o da fundamentalidade.

Mas temos dúvidas que seja muito conveniente pulverizar os valores em fundamentais e menos fundamentais. Ou mais e menos fundamentais.

Não menos consequências se podem retirar de uma perspectiva que isole ou autonomize a axiologia de uma outra que tenda a identificar *Ser, Bem* e *Belo*.

Aqueles para quem a Natureza já é justa podem, justissimamente, falar em Direito Natural como o grande paradigma digamos valorativo, porque a natureza (e a própria Pessoa – a sua natureza) já se encontram porejados de eticidade. Os valores são natureza.

Já os que separam o ser do dever-ser e o próprio dever-ser do valor (fazendo depender aquele deste, designadamente), não axiologizando a natureza, e portanto livres de qualquer falácia naturalística, não têm necessidade de explicar que uma coisa é a Pessoa concreta decaída, e outra a Pessoa-Ideia, uma coisa é a natureza humana e outra o seu estado presente ou histórico.

Não é aqui o momento nem o lugar para sequer discutir estes problemas mais profundamente, como, porém, em sede mais filosófica, merecem.

A verdade é que, quando falamos em *Direitos Humanos* ainda estamos a optar por uma conceção realista, sem o sabermos. Os Direitos Humanos só fazem sentido se assentes numa Ideia de Humanidade, de Pessoa, de Natureza Humana profundamente eticizada. Não é a Pessoa humilhada e ofendida, nua e suplicante, aquela de quem se fala nos Direitos Humanos. É a Pessoa sujeito, plena de dignidade, a que se chama também "humana". Pessoa *humana*, em várias acepções.

Contudo, este uso linguístico e pressuposto filosófico não adianta nem atrasa relativamente à polêmica. Os próprios Direitos Humanos são hoje uma linguagem dir-se-ia (de forma imprecisa e impressionista, quiçá) nominalista do realismo uno do Direito Natural. Mas a única linguagem capaz de ser escutada ainda no mundo atomizado e muito pouco filosófico dos nossos dias.

Pode ser que a perspectiva da autonomização ética seja uma forma também mais plástica ou mais eloquente de caminhar hoje na mesma senda de Justiça.

Mais que os especiosismos, e os exercícios ginásticos de filosofias puras, interessam ao jurista as inferências a partir das aplicadas.

6.3 Em Demanda dos Valores no Direito Constitucional positivo

Não é fácil encontrar certos entes jusfilosóficos, como os valores jurídicos, e especificamente os constitucionais[4]. Como seria natural, começaríamos, em Portugal, a procura dos valores na nossa própria Constituição nacional, a Constituição da República Portuguesa de 1976 (CRP). Debalde, porém. Ou aparentemente debalde.

A não utilização da expressão "valor" na CRP é, em si, positiva. Embora não facilite a vida dos mais legalistas. Isso significa que teremos que chegar aos valores através de uma interpretação de segundo grau.

Como é sabido, a Constituição espanhola, logo no seu art. 1º nos esclarece quais os valores superiores. Embora não seja perfeita nessa enunciação. Também o projeto de Constituição europeia, nos seus dois preâmbulos, explicita quais os valores, mas introduz mais confusão do que clarifica.

Por um lado, poderemos importar os valores espanhóis e europeus para uma tábua de valores "brasileiros" e "portugueses", com a vantagem de os podermos colocar em melhor ordem, e estarmos livres de recusar o que se nos não afigurarem com dignidade para de tal forma serem considerados (por falta daquele "encher as medidas" que é, como vimos, próprio de todo o valor em geral). Do mesmo modo, poderemos proceder se, em vez de valores constitucionais nacionais nos propusermos encontrar valores constitucionais gerais, ou universais. E tal parece, em tese geral ao menos, ainda mais adequado à universalidade própria dos valores mesmos.

Num como noutro dos casos, esses valores assim encontrados são apenas os valores mais altos. Não haverá infravalores?

Cremos mesmo que não. Os tais infravalores, valores não superiores, mais bem se chamarão *Princípios*[5]. E isso já lhes dá uma altíssima dignidade na escala dos entes jurídicos, e especificamente constitucionais. Embora a característica especificadora dos valores possa ser descoberta na estrutura interna da norma (que assim, em vez de os captar, quase os constituiria como tais). Ronald Dworkin e no Brasil André Ramos Tavares, por exemplo, inclinam-se para um critério estrutural, mais de generalidade que de "importância". Contudo, afigura-se-nos que um princípio tem que ter, independente da sua estrutura normativa, uma especial relação com o valor, o que significa que tem de preexistir à norma que o capta. E que uma norma generalizadora que assim formule como formalmente

---

4   Numa clave crítica desta categoria para a sede constitucional, MENAUT, Antonio-Carlos Pereira. Constitución, Principios, Valores. **Dereito**, v. 13, n. 1, p. 189-216, 2004.
5   E estes princípios poderão ser a própria constituição material, ou boa parte dela. Cf. LEAL, Mônia Clarissa Hennig. **A Constituição como Princípio**: os Limites da Jurisdição Constitucional Brasileira. Barueri, São Paulo: 2003. p. 49 e ss.

principiológica uma regra que o não seja no plano da concretização de valores, não criará, *ipso facto*, princípios.

Claro que, com a presente teorização (restritiva nos valores e axiológica nos princípios), a questão dos valores constitucionais se simplifica. Porém, poder-se-ia talvez observar, algo criticamente, que, perdendo este tema complexidade, decresceria em dignidade ou importância.

Concordamos que, não considerando como valores muitas entidades que são princípios, o setor de investigação ou o tema dos valores em Direito Constitucional perde muitas questões, teóricas e práticas. Mas nem por isso se desertifica, e muito menos se apouca. Pelo contrário. Perderia, isso sim, em consistência (além de, antes de mais, faltar à Verdade, tanto quanto a podemos vislumbrar), se aceitasse discutir o que é de outra sede: designadamente sede principial.

Valores Constitucionais devem ser considerados apenas aqueles valores políticos ou político-jurídicos com assento expresso ou tácito na Constituição. Claro que há outros valores na Constituição. Mas nem todos os valores com presença na Constituição são verdadeiros valores constitucionais. A Constituição, por exemplo, desde logo dá voz e tutela, de forma direta ou indireta, até a muitos valores sensíveis ou materiais: desde logo aos vitais (direito à saúde), e aos econômicos (direito de propriedade). Mas dizer que a saúde ou a propriedade são valores constitucionais parece-nos abrir a porta a que tudo se possa considerar valor constitucional. O que torna a divisão sem critério. O que significa que nada já será valor constitucional. E, no caso, até "valor" *tout court*.

Esta ausência de valores explícitos (e autonomamente classificados no próprio texto constitucional) na generalidade das constituições equivale, na verdade, a uma inespecificidade dos mesmos nos diferentes Estados constitucionais hodiernos. O que se pode falar hoje são de valores globalizados. E assim, a Constituição espanhola e a Constituição europeia acabam por ser excelentes inspiradores no (relativo) risco que assumiram de positivar os valores *qua tale*, com esse rótulo.

6.4 Construindo os Valores Globais do Estado Constitucional: Lições do Direito Comparado

6.4.1 A Lição Espanhola

Sublinhou, já nos finais dos anos 80 do século XX, o constitucionalista alemão Peter Häberle que o Direito Comparado era o quinto método de interpretação, a acrescentar aos que Savigny sintetizara, em 1840, e que continuam como um dos arsenais do passado mais repetidamente utilizados nos nossos dias[6]. Será a utilização desse vetor hermenêutico que iremos usar agora.

Da lição da Constituinte e da Constituição espanholas muito há a recolher. É até um legado mais estruturado e mais fecundo que o provindo da Convenção e do projeto de Constituição europeia.

Vale a pena determo-nos, em parênteses, sobre esta questão, por uns breves momentos, recapitulando e sintetizando.

O projeto de Constituição europeia da respectiva Convenção acaba por ser o de uma tentativa duplamente falhada (na qualidade tentativa concreta, não no projeto teórico em si de uma Constituição codificada para a Europa, que é um outro problema).

Falha, não apenas porque não conseguiu alcançar aprovação e vigência real, mas falha, mais ainda, e no plano puramente teórico sobretudo, porque a concretização que deu aos problemas em presença terá sido de algum modo improvisada, excessivamente política, sem ponderar suficientemente os problemas técnicos, de técnica normativa (dois preâmbulos, com lições contraditórias no plano classificatório, uma citação grega inicial de duvidosa consensualidade – para além do detalhismo "administrativista", também discutível), e de filosofia de base (por exemplo, na consideração do que são valores, princípios e outras entidades) etc.

A lição espanhola não é sem reparo, mas é mais significativa e a ela se pode aderir sem tantas reticências e prevenções.

Temos defendido que, ao irem beber na Constituição Portuguesa de 1976, os constituintes espanhóis de 1978 usufruíram dos *data*, do espírito de um moderno Estado Democrático e Social de Direito, e puderam melhor organizá-los[7]. Coisa que a acidentada feitura da contudo excelente Constituição portuguesa de 1976 não permitiria.

Porém, como ninguém foge à sua circunstância, também acabou a Constituinte espanhola por infletir a pureza conceitual em favor de alguma cautela política, sacrificando ao ritual constitucional do "depois de casa roubada, trancas à porta", pelo qual cada Constituição procura evitar o que considera serem erros, excessos, ou perversidades da realidade constitucional anterior (e sobretudo da imediatamente anterior). Donde, saídos do franquismo, os constituintes espanhóis elevaram o princípio do pluralismo político à categoria mais alta, mais fundante, mais *satisfatória das medidas* juspolíticas, de *valor superior*. Não *fosse*

---

6   HÄBERLE, Peter. **Conversaciones Académicas com...**, p. 10, 42, *passim*.
7   Cf., *v.g.*, o nosso **O Século de Antígona**. Coimbra: Almedina, 2003. p. 95 e ss.

o *diabo tecê-las*, até porque os espanhóis, não acreditando em bruxas, sabem que *las hay*[8]. E dizem-no.

Nada para admirar. Os portugueses, ameaçados de monopartidarismo ou regime de partido dominante já depois da revolução dos cravos, trataram de meter os partidos na Constituição logo que puderam (hoje, art. 10°, máx. n. 2, da CRP).

De qualquer modo, ficaram a coroar a Constituição espanhola três belíssimos, fundantíssimos valores: Liberdade, Igualdade e Justiça. Para além do pluralismo político, como se disse, que sendo muito importante, seria subsumível no valor da Liberdade.

São valores de que tem de reclamar-se qualquer estado constitucional dos nossos dias, em qualquer parte do Mundo – valha a verdade.

São valores absolutamente globalizados, e não privativos de nenhuma cultura específica, ou de qualquer partido ou ideologia. Embora possa haver incompreensão, em alguns setores, relativamente a alguns deles, ou quiçá a todos...

Noutros lugares desenvolvemos o nosso entendimento de Liberdade, Igualdade e de Justiça[9]. Cremos que não pode haver uma visão canônica do que cada um destes valores seja, precisamente para evitar que do canônico se passe ao dogmático. E, para além de um círculo mínimo de cada um (tal como no núcleo duro, irredutível e irrenunciável dos direitos fundamentais – "descoberta" e "conquista" que partiu da interpretação do art. 19/2 da *Grundgesetz*[10]), que se pode apurar quase com o senso comum, estamos em crer que o ideal é a abertura de cada um dos conceitos: de forma a permeabilizar a doutrina a novas ideias, novas vivificações dos mesmos – que, caso contrário, enquistariam em fórmulas feitas, tendendo a não ter sentido com a evolução.

Os valores podem não ser, em teoria, muito precisos. Mas é precisamente daí que pode surgir a sua enorme riqueza prática, porque mais plásticos assim a serem re-construídos e invocados como tópicos sempre renovados (e tópicos de grande alcance persuasivo) a partir de pleitos constitucionais concretos.

É necessária uma clara ideia sobre a posição relativa de valores e princípios na hierarquia dos entes constitucionais. Como disse Cabral de Moncada:

---

[8] No Congresso Ibero-Americano de Direito Constitucional, de 2006, em Campina Grande, no Brasil, o nosso colega constitucionalista compostelano António-Carlos Pereira Menaut observou-nos que o dito é de origem galega.
[9] Designadamente no nosso *Filosofia do Direito*, p. 711 e ss.
[10] V. a tese de HÄBERLE, Peter. **Die Wesensgehaltgarantie des Art. 19 Abs. 2 Grundgesetz**: Zugleich ein Beitrag zum institutionellen Verständnis der Grundrechte und zur Lehre vom Gesetzesvorbehalts. 3. ed. Heidelberg, 1983. Tradução castelhana de Joaquín Brage Camazano, com Apresentação e Estudo Preliminar de Francisco Fernández Segado. **La Garantía del Contenido Esencial de los Derechos Fundamentales en la Ley Fundamental de Bonn**. Madrid: Dykinson, 2003; DREWS, Claudia. **Die Wesensgehaltsgarantie des Artikels 19 II GG**. Baden-Baden: Nomos, 2005.

Se virmos bem, teremos de reconhecer que é e será sempre uma determinada interpretação desses valores positivados, valores espirituais projectados sobre a vida, na sua combinação com as exigências das mais fundamentais condições de vida das sociedades, que constitui a base dos *"princípios gerais"* do ordenamento jurídico dos Estados.[11]

É necessário ainda que estejamos preparados para algumas antinomias e dificuldades, que confundirão os espíritos mais primariamente lógicos. Como assinalou Max Scheler,

> Todos os imperativos e normas podem variar, reconhecendo os mesmos valores... Esta possibilidade de variação dos imperativos que contêm os mesmos valores acentua-se sob certas circunstâncias, de tal modo que podem basear-se nos mesmos valores os imperativos que exprimem "coisas opostas"[12]

Desde que não se contradigam a si mesmos, a ductilidade destes valores é muito grande, e apta precisamente a desempenhar um papel no trabalho de Sísifo da permanente *re*-construção teórica e simbólica dos fundamentos das nossas sociedades pluralistas. Conquanto tal labor seja feito com seriedade e animado precisamente pelo espírito fundamental desses valores: com ânimo de Liberdade e para a Liberdade, com aspiração à Igualdade na diferença, que parte já da essencial igualdade e irrepetibilidade de todas as Pessoas, e com constante e perpétua vontade de Justiça.

6.4.2 A Lição Europeia

A Convenção Europeia, que decidiu fazer um Projeto de tratado constitucional instituidor de uma Constituição para a União Europeia, nele integrou, na íntegra, a Carta de Direitos já anteriormente aprovada, que tinha já um Preâmbulo alusivo a valores, e não prescindiu de antepor um Preâmbulo geral para todo o texto. Daí que tivéssemos duas tábuas de valores não coincidentes, nesse texto constitucional.

O art. I – 2º do referido Projeto pretendia precisamente esclarecer a relação da União Europeia com os valores juspolíticos.

Na verdade, eram aí considerados valores fundantes da União Europeia entidades do mundo mental/cultural/espiritual que podem ser consideradas, em boa verdade, quer valores, quer princípios, quer ainda atitudes e cumprimento de deveres com fundamento nuns e noutros.

---

11 MONCADA, Luís Cabral de. **Filosofia do Direito e do Estado**. reimp. Coimbra: Coimbra Editora (a numeração mantida na edição compacta dos dois volumes, de 1995). v. II. p. 307.

12 Citado por NEVES, António Castanheira. **Introdução ao Estudo do Direito**. Nova versão. Coimbra: Policóp., S.d. p. 241.

Exemplo deste sincretismo classificatório era a consideração como valor do *respeito* pelos direitos, incluindo os das pessoas pertencentes a minorias. Sem dúvida que este último caso é deveras e crescentemente importante, e até reconhecido já na Constituição da Hungria de 1989 como concorrendo para a coesão constitucional. Com efeito, diz-se aí que as minorias são fatores de formação do Estado: uma visão realmente original e ao arrepio dos preconceitos hiperconcentracionários e unitaristas. Apesar de toda esta importância, a sua dimensão absoluta, valorativa, será quiçá a nosso ver ainda insuficiente, por excessivamente particular.

Nesta linha, indiscriminadamente se consideram valores a Liberdade e a Igualdade, que o são, mas também aspetos ou desenvolvimentos de uma e de outra (e também da Justiça, outro valor, que não é considerado expressamente como tal – ausência clamorosa, num texto jurídico – a fazer lembrar idêntica ausência no tímpano das virtudes de Rafael[13]): como a democracia, e o Estado de Direito (além do referido respeito pelas pessoas pertencentes a minorias).

A falta da Justiça como valor não tem explicação nem justificação. O valor da Justiça é fundamentalíssimo em Direito em geral. Além de ter nos nossos dias dimensões políticas importantes, como quando se fala em "Justiça política" e em "Justiça social"[14].

Recordemos dois clássicos apenas para aquilatar da lacuna. Se Otto von Gierke já nos recordava que

> A ideia de Direito é, como as ideias da Verdade, do Bem e do Belo, só comparável a si própria e tem em si mesma o seu valor. Por isso, se o fim superior de todas as normas jurídicas particulares é a realização da justiça, é o fim de si mesmo.[15]

Radbruch vai mais longe e é mais específico ao identificar o valor jurídico com a Ideia de Direito e a Justiça: "O Direito é a realidade que tem o sentido de servir o valor jurídico, a ideia do Direito. A ideia do Direito não pode ser outra senão a Justiça"[16].

Não são só, infelizmente, lacunas. São antinomias que o Projeto em apreço abrigava no seu seio. Há, por exemplo, uma contradição classificatória patente: se a democracia e o Estado de Direito se encontram no elenco muito vasto de

---

13 Cf. o nosso *O Tímpano das Virtudes*, cit.
14 Cf., por todos, HÖFFE, Otfried. **Politische Gerechtigkeit**: Grundlegung einer kritischen Philosophie von Recht und Staat, cit.; o nosso "As Duas Justiças – Justiça Moral e Política vs. Justiça Jurídica", in **O Século de Antígona**. p. 43 e ss.; AZEVEDO, Plauto Faraco de. **Direito, Justiça Social e Neoliberalismo**. 1. ed., 2. tir. São Paulo: Revista dos Tribunais, 2000. V. ainda, no plano sociológico, o sugestivo estudo de BOUDON, Raymond. Sentiments of Justice and Social Inequalities. **Social Justice Research**, v. 5, n. 2, jun. 1992. p. 122 e ss., recolhido in **Le juste et le vrai**. Paris: Fayard, 1995. Tradução portuguesa de Maria José Figueiredo. **O Justo e o Verdadeiro**: Estudos sobre a Objectividade dos Valores e do Conhecimento. Lisboa: Instituto Piaget, 1998. p. 275 e ss.
15 GIERKE, Otto von. **Deutsches Privatrecht**. Leipzig et al.: Duncker & Humblot, 1895. I. p. 15.
16 RADBRUCH, Gustav. **Rechtsphilosophie**, 123.

"valores" no art. I-2°, já no Preâmbulo da Carta dos Direitos Fundamentais da União, da Parte II, integrado de pleno direito e com total valor jurídico no projeto de Constituição (como vimos), com muito mais acerto se afirma que a democracia e o Estado de Direito são antes princípios. Embora ainda excessivamente "generoso", o Preâmbulo é mais comedido que o referido artigo I-2°, considerando "valores indivisíveis e universais" apenas a dignidade do ser humano, a liberdade, a igualdade e a solidariedade.

No articulado, acrescenta-se ainda a caracterização da sociedade resultante da aplicação dos valores, comuns aos Estados-membros. É a descrição abreviada da eutopia realizável pelo Projeto de Tratado Constitucional europeu: uma sociedade "caracterizada pelo pluralismo, a não discriminação, a tolerância, a justiça, a solidariedade e a igualdade entre mulheres e homens".

Todos estes são aspectos que desenvolvem, mas se poderiam reconduzir, afinal de contas, à tríade valorativa liberdade, igualdade e justiça. Todos os elementos invocados se subsumem nos três grandes valores. Talvez mais em uns do que em outros, mas, em geral, em pelo menos um dos três.

O que não pode aceitar-se é que se coloque agora a Justiça a par da tolerância, por exemplo, que, sendo algo de positivo, todavia é ainda uma forma "primitiva" e sempre algo preconceituosa de relação com "o outro".

A Justiça brilha no firmamento dos valores, sendo também virtude, e a mais alta. Tem esse caráter absoluto e mobilizador do âmago do nosso espírito quando se vê realizada. A tolerância (e estamos apenas a exemplificar) não tem essa dimensão absoluta. Tê-la-ia a Igualdade, aplicada nos casos também de não discriminação em que normalmente se invoca a tolerância. Porque da tolerância se disse já que se tolera o que se não pode proibir:

> on tolère ce que l'on n'a pas le courage de prohiber. Signe de faiblesse de l'autorité, la tolérance se définit ainsi comme dérogation par rapport à la loi. Une tolérance en ce sens se définit par différence d'avec le droit : ce qui est toléré n'est ni autorisé, ni interdit, ni obligatoire. [17]

6.5 Desfazendo Problemas: Antinomia, Hierarquia e Conflito de Valores

Problemas que ficam muito diminuídos na sua importância prática e mesmo teórica são os das antinomias entre os valores e os da hierarquia ou ordem de valores, e solução dos respetivos conflitos. Não queremos dizer que questões destas se não

---

17 FARAGO, France. **La Laïcité, tolérance voilée?** Nantes: Éditions Pleins Feux, 2005. p. 7 e ss.

possam eventualmente perfilar. A imaginação do real é sempre mais fértil que a dos juristas. Mas encontram-se muito facilitados tais casos, com uma rigorosa e parcimoniosa delimitação do que seja "valor" constitucional. Passarão, isso sim, a ter cabimento questões deste jaez, mas noutra sede, a dos princípios, contudo com a vantagem de o conflito e a hierarquia entre princípios (e a sua consequente ponderação[18]) ser muito, apesar de tudo, mais simples: pelo menos não esbarra com obstáculos de *absoluteidade* axiológica de cada entidade *a se*. Os princípios podem ser encarados como tópicos, e onde imperava a ontologia e a metafísica, passa agora a reinar a retórica (no melhor sentido, como é evidente). E os tópicos são poderosíssimos nas decisões quotidianas, e quase reflexas dos agentes jurídicos. Por exemplo: o Professor de Direito que, num exame acadêmico, está indeciso sobre se passa ou reprova um aluno, recorda como num reflexo condicionado o princípio *in dubio pro reo* e, embora o estudante não seja réu, ele é juiz: e aprova-o com a nota mínima.

Aliás, as mesmas entidades (o caso da Justiça é talvez o mais eloquente) entram em diversas categorias, consoante a perspectiva, a luz que sobre elas incida. A Justiça é valor, é virtude, e é princípio – e é, além do mais, o *alpha* e o *ômega* do Direito.

Ora, antinomias entre Liberdade, Igualdade e Justiça, poderão colocar-se. Mas cada um dos elementos da tríade como que se interseciona com cada um dos outros dois, de molde a que tirando a Liberdade por completo não poderá haver nem plena Igualdade nem autêntica Justiça, ignorando esta é impossível quedarem-se intocadas as outras duas, e desaparecendo a Igualdade, fraca Justiça e incipiente Liberdade se terá também. Donde, cada um dos três valores protege, de algum modo, o círculo mínimo, o reduto valorativo de cada um dos demais.

Quanto à hierarquia ou ordem de valores, embora possa haver a tentação de dar o primado à Justiça, por ser o valor mais específico do mundo jurídico, a verdade é que os outros dois têm uma força e tradição políticas muito fortes. E a Constituição é, precisamente, esse híbrido de Direito e Política que se sintetiza nessa fórmula feliz e com tanta fortuna que a considera "estatuto jurídico do político". Pois bem. Embora se reconheça a arbitragem da Justiça entre uma Liberdade libertina ou ultraliberal e uma Igualdade igualitarista ou só pretensamente igual (como a simples e meramente formal dita "igualdade perante a lei", que a tanta desigualdade material por vezes leva), o certo é que as perversões da interpretação dos valores não são questões de verdadeiros valores. E, por isso, a própria Liberdade deve prevalecer contra as suas errôneas interpretações, e

---

18 Cf. uma interessante síntese, com linguagem lógica, de MORESO, José Juan. Conflictos entre Principios Constitucionales. In: **Neoconstitucionalismo(s)**. Edição de Miguel Carbonell. Madrid: Trotta, 2003. p. 99 e ss.

a mesma Igualdade contra idênticas corruptelas. E identicamente se diga da Justiça.

Por isso, não se trata, nestes últimos casos, de uma verdadeira arbitragem entre veros valores.

O magno caráter dos três valores leva a uma paridade de princípio entre eles. E a uma preferência com base, sem dúvida num critério de Justiça, num sentido de Justiça, mas também de *prudentia*. Em que a Justiça é mais operador interpretativo e virtude que verdadeiro valor.

Contudo, os três são também tópicos interpretativos. E o uso do pensamento problemático haverá que convocá-los, em cada caso concreto, num paralelogramo de forças em que cada um pleiteie a sua causa, e a resultante será Justiça, Liberdade e Igualdade, sem descurar o *background* teórico, mas sempre tendo em atenção o caso concreto.

Quer a inflação de valores, quer a amarra do intérprete a cânones doutrinais muito fixistas (como seria uma tabela de valores rígida), só podem levar ao pensamento dogmático, e implicariam, inevitavelmente, injustiças no concreto. A hierarquia de valores que perfilhamos nada tem a ver com uma interpretação esotérica da Constituição, em que os valores poderiam funcionar sempre como uma espécie de trunfo, ou cartas marcadas ("arcanum" filosófico e interpretativo lhe chamaram Helmut Goerlich e Gomes Canotilho[19]). Concordamos assim com este último, quando afirma:

> o problema, hoje, já não é tanto o de revelar uma *ordem de valores* preexistente e apriorística, mas o de descobrir, mediante um processo de comunicação livre, os *valores fundamentais* de uma ordem constitucional democrática.[20]

Não se trata, pois, de uma ordem de valores contra a realidade constitucional, nem contra a constituição material, nem contra a constituição formal, nem em apoio, em última instância, de uma ideologia. Do mesmo modo que o programatismo constitucional não é necessariamente revolucionário (e especificamente coletivista), a ordem de valores não é obrigatoriamente conservadora – e não podem nem um nem outro quebrar um geral consenso social[21] (salvo talvez em caso de demência coletiva – mas como avaliá-la? Como ser imparcial e objetivo nesse julgamento?), que pode não ser o ótimo, mas é a expressão viva do pluralismo e da liberdade consubstanciais ao Estado Constitucional.

---

19   GOERLICH, Helmut. **Wertordnung und Grundgesetz:** Kritik einer Argumentationsfigur des Bundesverfassungsgerichts. Nomos, 1973; CANOTILHO, J. J. Gomes. **Brancos e Interconstitucionalidade:** Itinerários dos Discursos sobre a Historicidade Constitucional. Coimbra: Almedina, 2006. p. 68 e ss. Sobre o problema, cf. ainda ALEXY, Robert. **Theorie der Grundrechte.** Suhrkamp, 1986. Tradução castelhana de Ernesto Garzón Valdés. **Teoría de los Derechos Fundamentales.** 1. reimp. Madrid: Centro de Estudios Constitucionales, 1997. p. 152 e ss.
20   CANOTILHO, J. J. Gomes. **Brancos e Interconstitucionalidade:** Itinerários dos Discursos sobre a Historicidade Constitucional. p. 69.
21   VORLÄNDER, Hans. **Verfassung und Konsens.** Berlim: Duncker & Humblot, 1981.

Mesmo que se diga que a vida é o valor dos valores, e que todos se lhe devem subordinar, ter-se-á que objetar que nem isso vale como absoluto[22]. Por um lado, a vida não é um valor, mas um pressuposto, *conditio sine qua non* de todos os valores. Na verdade, é um Bem. Por outro lado, pode haver até valores éticos nem sempre e não atualmente muito falados, que se sobreponham à própria vida: a coerência, o heroísmo, o patriotismo, a abnegação, o altruísmo, a solidariedade, a honra, são tudo razões que podem passar à frente da vida, e mesmo justificar, por pessoal decisão, que a vida seja sacrificada por qualquer um deles. Mas se pensarmos não nas escolhas individuais, mas no social, ética e juridicamente exigível? Parece ser de direito natural a preservação da própria vida – como dizia, tudo indica que hipocritamente, mas em termos objetivos coberta de razão, uma heroína em geral considerada pouco simpática da nossa História comum (luso-brasileira), D. Carlota Joaquina, esposa de D. João VI (esse sim, injustiçado ainda[23]). Não cremos que, salvo em casos de defesa nacional, se possa exigir a alguém que sacrifique a sua vida.

Em suma, não se trata – mesmo para além do caso-limite da "vida" – do ponto de partida (e até ponto-morto, quiçá) de uma tabela hierárquica rígida, como um pétreo decálogo previamente ordenado, mas de um ponto de chegada, a partir da dialética do concreto. Os valores são também tópicos, numa perspectiva problemática do Direito[24].

6.6 Sistematicidade espanhola, Contextualização europeia, Abertura à Inovação Valorativa[25]

A viagem que empreendemos pelo projeto de Constituição Europeia foi, afinal, uma circum-navegação. Na sua generosidade, ela dá um tom aos valores jurídico-políticos imperantes. Explicita o tipo de sociedade em que, *hic et nunc*, eles

---

22 Outra falsa ideia é a de considerar Deus como "o valor mais alto". Os valores são específicos do Homem. Cf. HEIDEGGER, Martin. **Brief über den Humanismus**. Tradução castelhana de Helena Cortés; Arturo Leyte. **Carta sobre el Humanismo**. 2. reimp. Madrid: Alianza Editorial, 2001. p. 67; REALE, Miguel. Invariantes Axiológicas. In: **Paradigmas da Cultura Contemporânea**. 1. ed. 2. tir. São Paulo: 1999. p. 98 e ss.

23 Cf. o nosso artigo "As Liberdades tradicionais e o governo de D. João VI no Brasil". Ensaio Histórico-jurídico preliminar. **Quaderni Fiorentini per la storia del pensiero giurido moderno**, v. XXXII, 2003. p. 133 e ss.

24 Neste preciso sentido, já o nosso **Teoria da Constituição**. v. I. Direitos Humanos, Direitos Fundamentais. p. 278-282.

25 E antes destes três elementos talvez se pudesse acrescentar a "inspiração" constitucional portuguesa, marco importante em Direito Constitucional comparado. Pelo que recebe e pelo que lega.

são chamados a intervir. Mas não acrescenta, realmente, entidades à lista com verdadeiro recorte valorativo autónomo, nem os conforma de maneira especial.

Contudo, é um contributo importante, esse, de dar cor local aos valores. Importante, como é natural, para o seu uso no momento presente. Porque lhes dá estilo próprio, e sobretudo, pela sua contextualização cultural hodierna, proscreve imediatamente do horizonte de qualquer hermenêutica a possibilidade de uma sua interpretação contrária ao *Zeitgeist*, no que ele tem de valioso (não, como é óbvio, nas suas perversões: e aqui já fazemos juízo de valor – é inevitável). Trata-se, assim, de valores para um tempo de pluralismo, democracia, respeito pelos outros, paz etc. Qualquer concepção que se tenha dos valores, hoje, terá que se inserir nesta nossa sociedade que se quer aberta, desenvolvida, igualitária, esclarecida, solidária etc. E aqui mesmo, nesta enunciação breve, podemos aquilatar da dificuldade em recortar o tipo de sociedade em causa, sem ser pela acumulação de características, nem todas do mesmo nível ou importância.

Se a Constituição espanhola (tirando o último dos valores que considera, como vimos) foi um grande passo na organização dos valores e na sua síntese categorial, o frustrado projeto de Constituição europeia (mas, nesta parte, plenamente vigente já, apesar de tudo, por via da Carta dos Direitos e da sua aplicação jurisprudencial ao menos) teve a grande virtude de fornecer, ainda que de forma esparsa e não organizada, uma bateria de tópicos interpretativos de contextualização cultural desses mesmos valores.

Não se trata, pois, assim, no nosso global Estado Constitucional, de valores de Liberdade, Igualdade e Justiça pairando no *céu dos conceitos*, mas desses mesmos valores no contexto histórico-espiritual, cultural, das sociedades modernas.

O que não quer dizer, pelo contrário, que tenhamos atingido a consumação dos séculos, o fim da História[26]. A hermenêutica atuante dos valores, porque desta forma já contextualizada culturalmente, historicamente, está assim muito mais apta a uma abertura ao futuro, e a novos valores, ou ao aprofundamento dos que hoje entronizamos. O dogma da sabedoria do presente é ridículo. Vício de cronocentrismo. Ninguém nos garante que uma renovação de valores, no futuro, será necessariamente o advento de um perverso totalitarismo antiético.

É verdade que os ares no horizonte não são nada tranquilizadores. Mas pode ter-se ainda Esperança num futuro mais Justo, mais Livre, e mais Igualitário, ou, pelo menos, mais solidário e mais fraterno. Talvez deva mesmo ter-se essa Esperança, e deva lutar-se por ela.

Por isso, o catálogo trino de valores que singelamente propomos (e outros não descobrimos para já) é um catálogo aberto. E um apelo à imaginação e criatividade constitucionais.

---

26 Cf. O conhecido estudo de FUKUYAMA, Francis. **The End of History and the Last Man**. Tradução portuguesa de Maria Goes. **O Fim da História e o Último Homem**. Lisboa: Gradiva, 1992.

Paulo Bonavides insistia muito na importância da dimensão da Paz, nomeadamente em sede de dimensões de direitos. Talvez ocorra com ela algo de semelhante ao que sucede com a Vida. Do mesmo modo que esta é um pressuposto pessoal dos valores, e não é um valor em si, assim também, a Paz será um pressuposto social dos mesmos. Sem Paz não há Liberdade, nem Igualdade, nem Justiça, nem Solidariedade, nem Fraternidade... Porém, não se deve cair na tentação de elevar a Paz a valor dos valores. Porque ela tem de ser, também, obra da Justiça: *Opus Justitiae Pax*. É um tópico que vem já do profeta Isaías[27], retomado depois nomeadamente pelo Papa Pio XII.

Não repugna, *prima facie*, considerar a Paz um valor político superior, na condição de se compreender que é também um Bem, e decerto um Bem correspondente, no plano social, ao que, no plano pessoal, é a Vida. Mas deverão os eticistas, especialistas na matéria, ajudar-nos nesta inclusão ou não no catálogo.

Confessamos, porém, que seria interessante ver uma Constituição (por exemplo uma Constituição Europeia... mas não só), dizer algo como:

> A/O (nome comunidade política em concreto) fundamenta-se, no plano pessoal, no alto bem da Vida e do seu respeito, E no plano social, no alto bem da Paz, e assume como valores jurídicos superiores a Liberdade, a Igualdade, e a Fraternidade, para que caminha num constante e perpétuo espírito de Justiça.

É apenas um exemplo, que pode ser trabalhado, com maior ou menos estilo e eloquência...

6.7 A Lição Brasileira

Mais que a abertura do catálogo (que, para ser feita solidamente, talvez tenha ainda que esperar), uma muito fecunda criatividade constitucional pode ver-se logo no Preâmbulo da Constituição brasileira:

> Nós, representantes do povo brasileiro, reunidos em Assembléia Nacional Constituinte para instituir um Estado Democrático, destinado a assegurar o exercício dos direitos sociais e individuais, a liberdade, a segurança, o bem-estar, o desenvolvimento, a igualdade e a justiça como valores supremos de uma sociedade fraterna, pluralista e sem preconceitos, fundada na harmonia social e comprometida, na ordem internacional, com a solução pacífica das controvérsias, promulgamos, sob a proteção de Deus, a seguinte Constituição da República Federativa do Brasil.

---

27 Is. XXXII, 17.

Como sabemos, Liberdade, Igualdade e Justiça têm precisamente um contexto cultural. Eis que os valores clássicos estão todos individualizados no Preâmbulo da Constituição brasileira, mas como que mesclados criativamente (e com sentido histórico-cultural) com outros valores, enquadradores, que os sustentam e os modulam.

Assim, a Igualdade não é apenas interpretável como a velha "Igualdade perante a lei". Pois se ancora nos direitos sociais, no bem-estar e no desenvolvimento, além de nos outros dois valores clássicos. Uma igualdade com direitos sociais, com bem-estar geral e com desenvolvimento é uma Igualdade de um certo tipo. Ganha em sentido, ganha em determinação. É, numa palavra, mais cidadã e mais igual. Além de que a remissão para a utopia social de uma "sociedade fraterna, pluralista e sem preconceitos, fundada na harmonia social" igualmente robustece profundamente o valor da Igualdade.

De modo semelhante, a Liberdade é, neste mesmo contexto, totalmente descartada de qualquer ideia de *laissez faire*, com esta modulação paralela da Igualdade, e também a Justiça redobra em sentido quando assim enquadrada. E não esqueçamos que se fala quer de direitos sociais, quer de direitos individuais, acautelando as várias dimensões da Justiça.

Contudo, tal como depois sucederia no projeto de Constituição europeia, ainda aqui persiste algum sincretismo. Não cremos que sejam ao mesmo título, e em rigor, passíveis de consideração como "valores superiores", em pé de igualdade, todos os que são enunciados neste Preâmbulo. Desde logo, os direitos não podem ser considerados valores.

Em contrapartida, fica o desafio em pensar o desenvolvimento e o bem-estar como valores. Será que os poderemos integrar nos valores simplesmente sensíveis, ou compreender que eles têm uma dimensão cultural, e, por isso, poderiam ser incluídos nos espirituais? Grave desvio aos princípios?

A imaginação constitucional não pode petrificar-se perante desafios de heterodoxia, como também não pode ultrapassar barreiras levianamente, só pelo gosto de inovar, numa paixão da originalidade realmente sem sentido, e reprovável. Para já, manifestamos as nossas reticências à concreta abertura do catálogo, perante os presentes pretendentes. Mas a porta dos valores está aberta. E a criatividade valorativa, como a manifesta na Constituição brasileira, é certamente um passo decisivo para a imaginação axiológica. A qual, como tudo o que é humanamente contruído, é, e deve continuar a ser, serviço da Pessoa, e nunca o contrário. Apesar de a Pessoa ser protagonista de valores – fórmula que funcionalizando-o de forma muito especial, o engrandece – o certo é que não é títere de uma peça que não escreveu. Os valores da Pessoa são os *seus* valores. E por isso ela os encarna e faz atuantes.

PARTE 3

O DIREITO CONSTITUCIONAL NO MUNDO E NA SOCIEDADE: GEOGRAFIA E SOCIOLOGIA CONSTITUCIONAIS

Sumário

Título 1
Comparação de Culturas Constitucionais 171

Título 2
Realidade constitucional e "constituição real", constituição-balanço e constituição-programa, "constituição--mito" e "constituição-utopia" 183

Título 1
Comparação de Culturas Constitucionais

Sumário

Capítulo 1
Famílias de Direito e Famílias Constitucionais 173

Capítulo 2
Mapa de Culturas Constitucionais 177

Capítulo 1
Famílias de Direito e Famílias Constitucionais[1]

É natural que diferentes povos e culturas produzam direitos, ordens jurídicas, com colorações diversas. Tal como as culturas em geral, também esses diferentes climas jurídicos se podem agrupar em categorias, como manchas no *mapa-múndi*. Por áreas culturais jurídicas...

A teoria comparatística geral anda em fase de revisão, e necessita mesmo dela, sobretudo desde que foram desaparecendo, desde os finais da Segunda Guerra Mundial, os regimes fascistas e autoritários originais[2] (depois voltaram a aparecer situações de autoritarismo crescente, mas ainda não se terá chegado aos extremos anteriores, apesar de alguns movimentos terem já retóricas de grande agressividade e fanatismo); desde que os fundamentalismos agitaram as até então relativamente plácidas paragens dos chamados "direitos religiosos"; e desde que, 200 anos depois da Revolução Francesa, o bloco soviético se desmoronou, com a simbólica queda do Muro de Berlim (9 de Novembro de 1989), precedida e seguida de muitos outros eventos que pareciam imprevisíveis ainda poucos anos antes. A queda do bloco soviético, com o desmantelamento do COMECON e o desmembramento da URSS, com a atração democrático-ocidental de muitos países do antigo bloco do Leste (alguns passaram a integrar a União Europeia e até a NATO) levou a mudanças na antiga também estável família de direitos soviéticos, de inspiração de base marxista-leninista-estalinista. As transformações na China são também muito relevantes, não sendo possível que as grandes mudanças econômicas aí ocorridas não devam acarretar mudanças jurídicas, ainda que no contexto do sistema geral.

Porém, contrariamente a um arreigado credo neoliberal, não parece que liberdade econômica seja garantia segura de outras liberdades, e portanto de um direito democrático. O que, aliás, já teria sido, noutro contexto, de algum modo postulado por Hayek: "É possível a um ditador governar de modo liberal. Pessoalmente, eu prefiro um ditador liberal a um governo democrático a que falte liberalismo"[3].

Dado este pressuposto de *re*-construção (e moderando-se a teoria com ele), ainda é válida, em geral, uma perspectiva tripartida ou quadripartida dos direitos no Mundo, com respetivas subdivisões.

Por um lado, o Direito Ocidental, com os seus pressupostos gerais de liberdade, que precisamente radicam num fenômeno também constitucional: as grandes revoluções liberais. E por aqui se vê que na própria raiz da constituição dos

---

1 Sobre esta matéria e a dos capítulos seguintes, desenvolvidamente, MIRANDA, Jorge. **Teoria do Estado e da Constituição**. p. 87 e ss.; e o nosso "Ciência Jurídica, Geografia Jurídica, Comparação de Direitos, Direito e Comparação". In: **Princípios de Direito**. p. 183-210.
2 Cf. Uma síntese deste processo in *Ibidem*. p. 83.
3 **Porque é que os Liberais te perseguem?** S.l.: S.e., 2022 (folheto).

grupos ao macronível do comparatismo jurídico já se pressupõem afinidades constitucionais: ainda que raramente se coloque tal fato em relevo.

Esta unidade substancial do Direito Ocidental cede, no plano metodológico, a uma bipartição ou tripartição (se considerarmos casos mistos), em que de um lado sobressai a família ou sistema romanístico ou romano-germânico, com sede originária no direito europeu continental, e de outro lado a família da *Common Law*, que nasceu no Reino Unido e se expandiu para os diversos países de língua inglesa. Há estruturalmente e na mentalidade jurídica muitas divergências entre ambos os grupos: diferenças quanto a institutos, técnicas e métodos, hierarquia e uso das fontes do Direito, instituições, formas de ensino do Direito etc. O sistema anglo-saxônico assenta sobretudo nos casos judiciais, que constituem precedente (*rule of precedent*), em princípio obrigatório, desconhecendo a codificação, salvo em casos que podem considerar-se já mistos; o sistema continental repousa sobre a lei e exalta a codificação, e tem a doutrina como sua grande organizadora. Em todo o caso, o espírito final é, em grande medida, o mesmo. E a experiência judicial da União Europeia tem operado uma aproximação metodológica maior entre ambos os mundos.

Por outro lado, o "Direito Soviético" (que continua a ser nome possível, por razões "históricas", para o seu *quid*, mesmo depois da extinção da URSS – como é óbvio), que assenta na perspectiva do materialismo histórico e dialético, e que, apesar das suas concretizações práticas mais ou menos positivistas legalistas, com algum apelo à ideologia como conceito indeterminado, na pureza da teoria deveria caminhar para a abolição do Estado (ou seu perecimento como um fruto maduro) e para a extinção dos juristas[4]. Mas se a primeira meta nos não deve abalar nem escandalizar, pois, como, numa banda política totalmente contrária afirma um Miguel Ayuso, "Em sentido estrito, o Estado não existiu sempre e é possível que deixe de existir algum dia"[5], sabemos que a segunda é tique normal de autoritarismo e mesmo totalitarismo. Sem juristas não pode haver Justiça. É uma regra de ouro. E mesmo na Administração se vê, a todos os níveis, que onde faltam juristas falta normalmente respirabilidade. Falamos de juristas mesmo, que levam a sério a sua luta contra o arbítrio. Além de que a *forma mentis* do jurista (sem querer idealizá-lo) normalmente é de urbanidade, lisura, diálogo, e de alguma altura e lógica na consideração dos problemas, desde logo tudo resultando não em *dura lex sed lex* férrea, mas em tolerância e flexibilidade. O burocrata mesquinho e feroz faz a vida infernal ao cidadão. O jurista, quando convocado, é capaz de conciliar situações e agilizar processos.

---

4   Cf. o nosso livro **Geografia Constitucional**: Sistemas Juspolíticos e Globalização. Lisboa: Quid Juris, 2009. máx. p. 189 e ss.
5   AYUSO, Miguel. **Ocaso o Eclipse del Estado?** Las Transformaciones del Derecho Público en la Era de la Globalización. Madrid; Barcelona: Marcial Pons, 2005. p. 36.

Por outro lado ainda, estão os direitos religiosos, e, autonomizados por vezes, os direitos "antropologicamente" estudados: direitos de sociedades proto-históricas etc. Ambos os casos, apesar de muito diversos na forma e conteúdo dos respetivos direitos, são exemplos de síncrise normativa, em que, em rigor, não há verdadeiro Direito com recorte epistêmico autônomo. Um clássico francês sobre Direito Muçulmano é muito eloquente logo a abrir: "Le droit musulman n'existe pas". E não existe como Direito, autônomo, mas como síncrese de Religião, Moral, Costumes, e juridicidade...

Como seria de esperar, estes mundos, de diversas culturas jurídicas, correspondem a outros tantos universos constitucionais.

Capítulo 2
Mapa de Culturas Constitucionais

A partir do já exposto no capítulo anterior, as relações entre as famílias de Direito Constitucional e as gerais começam a tornar-se muito claras. E o critério da Cultura Constitucional será o fio condutor.

Pode dizer-se, em geral, que também as diferenças entre as Constituições do mundo anglo-saxônico e as da Europa continental (e aquelas comportam a versão não codificada britânica, e a codificada, embora sintética, dos EUA) não são, vistas as coisas com distanciamento, muito significativas. O modelo imperante é o mesmo, de um Estado constitucional. Porque, quer no caso americano (com a jurisprudência constitucional, precisamente), quer no britânico (*a fortiori*, pelo seu caráter histórico e orgânico), a Constituição está em contínuo constituir-se. E tal aproxima-a do padrão geral do nosso tempo, como é natural.

As Constituições do modelo soviético aí estão para atestar a diferença, proclamatórias em objetivos, e limitadoras na prática, apesar de algumas aberturas inevitáveis. Mas quantas resistem, hoje? São sobretudo históricas, do passado.

Num terceiro grupo, residual, poderiam agrupar-se as Constituições, codificadas ou não, das sociedades e comunidades que em rigor não chegaram ao *Isolierung*. Passe o contrassenso aparente, seriam as Constituições das sociedades sem Direito: desde as mais desenvolvidas sociedades muçulmanas, até a casos de comunidades sem escrita.

Como o que está na nossa vizinhança acaba sempre por nos importar mais, é sobretudo na focalização do primeiro ou do primeiro e segundo grupos que se centra a atenção da maioria dos nossos estudiosos. E assim pode considerar-se sem dificuldade que as famílias consideradas serão sobretudo estirpes dentro da grande família ocidental.

Desfazendo, até por razões de tradição histórica, a aglomeração constitucional cultural geral do sistema ocidental (em duas categorias: anglo-saxônica e romanística), passa então a considerar-se a existência de quatro grupos principais, que correspondem às evoluções ocorridas a partir das três revoluções constitucionais liberais clássicas, mais a revolução soviética. Assim, teríamos sobretudo constituições fixadas ou influenciadas pelos constitucionalismos inglês, norte-americano, francês e russo-soviético. Ficam de fora, precisamente por terem tido uma evolução histórica diversa (embora com interseções com o constitucionalismo francês, sobretudo) três sistemas: o Suíço, o Alemão e o Austríaco[1].

Esta divisão é cultural. Por exemplo, seria errôneo falar-se de uma família germânica de direitos constitucionais, porque a cultura jurídico-constitucional suíça por exemplo (dando de barato o multilinguismo deste país) é, com a sua tradição de democracia semidireta referendária, muito diversa da Alemã ou da Austríaca. E trata-se mesmo de cultura jurídica, e não outra. Porque, no plano das referências (por exemplo: clássicas, literárias etc.) a alta cultura britânica e a alta cultura dos EUA não se distinguirão muito. Contudo evoluíram diferentemente na cultura constitucional.

Pode também cogitar-se a existência de alguma originalidade no Constitucionalismo português, ou de alguma identidade no Constitucionalismo lusófono, precisamente com base numa afinidade de cultura constitucional. Mesmo que a nenhuma conclusão de ipseidade se viesse a chegar, seria de todo o modo imprescindível empreender esse estudo comparatístico. Mas é óbvio que algum traço constitucional terá ficado dessa comunidade de cultura e de afetos que (apesar de todas as vicissitudes coloniais e pós-coloniais – e agora *de-coloniais*) se foi caldeando de há mais de cinco séculos com o Brasil, os Países Africanos de Expressão Oficial Portuguesa, Timor Lorosae, e outros enclaves e memórias de lusofonia e cultura lusíada pelo Mundo. Importa muito estudar também este vetor de influências constitucionais, a partir dos seus fundamentos históricos. Por exemplo, ainda não se verificou completamente se a hipótese da expansão

---

[1] Impõe-se a consulta de estudos específicos, para desenvolvimento. Além dos citados, *v.g.*, em geral, AGOSTINI, Eric. **Droit Comparé**. Paris: PUF, 1988. Tradução portuguesa de Fernando Couto, com Prefácio (Elogio da Comparação de Direitos) de Paulo Ferreira da Cunha, Direito Comparado. Porto: Rés, S.d.; DAVID, René. **Os Grandes Sistemas do Direito Contemporâneo**. Tradução portuguesa. 4. ed. São Paulo: M. Fontes, 2002; CONSTANTINESCO, Leontin-Jean. **Tratado de Derecho Comparado**: I – Introducción al Derecho Comparado. Tradução castelhana de d'Eduardo Freitas da Costa. Tecnos, 1981; ARMINJON, P. et al. **Traité de droit compare**. Paris: LGDJ, 1950-1952; ALMEIDA, Carlos Ferreira de. **Introdução ao Direito Comparado**. Coimbra: Almedina, 1994. Uma brevíssima reflexão e síntese no nosso **Filosofia do Direito**, p. 260 e ss.; Idem. Direito Comparado. In: **Verbo. Enciclopédia Luso-Brasileira de Cultura. Edição séc. XXI**. v. IX, Lisboa; São Paulo: 1999. Col. 507 e ss. Em especial: VERGOTTINI, G. de. **Diritto Costituzionale Comparato**. Tradução castelhana com introdução de Pablo Lucas Verdù. **Derecho Constitucional Comparado**. Madrid: Espasa-Calpe, 1983; GARCÍA-PELAYO, Manuel. **Derecho Constitucional Comparado**. 4. ed. Madrid: Alianza Editorial, 1984; SÁNCHEZ AGESTA, Luis. **Curso de Derecho Constitucional Comparado**. Madrid: Universidade de Madrid, Facultad de Derecho, Secion de Publicaciones, 1980; CAETANO, Marcello. **Direito Constitucional**: v. I – Direito Comparado. Teoria Geral do Estado e da Constituição. As Constituições do Brasil. Rio de Janeiro: Forense, 1977; SARTORI, Giovanni. **Comparative Constitutional Enginnering**: an Inquiry into Structures, Incentives and Outcomes. Nova Iorque: New York University Press, 1994; DANTAS, Ivo. **Direito Constitucional Comparado**: Introdução – Teoria e Metodologia. Geografia dos Grandes Sistemas Jurídicos. 2. ed. Rio de Janeiro; São Paulo; Recife, 2006.

da cultura das liberdades históricas portuguesas era válida... E essa questão está na raiz[2].

Os Direitos Constitucionais dos países lusófonos já ganharam foros de cidade nos Manuais e grandes livros de estudo[3]. Mas importa agora procurar no terreno as raízes dessa comunidade constitucional que já existe in fieri.

---

2   Cf. uma primeira abordagem no nosso **Pensamento Jurídico Luso-Brasileiro**. p. 49 e ss.
3   Por exemplo, MIRANDA, Jorge. **Teoria do Estado e da Constituição**. p. 207 e ss.; GOUVEIA, Jorge Bacelar. **Manual de Direito Constitucional**. Coimbra: Almedina, 2005. v. I. p. 334 e ss.

Título 2

Realidade constitucional e "constituição real", constituição-balanço e constituição-programa, "constituição-mito" e "constituição-utopia"

Sumário

Capítulo 1
Conceitos sócio-jusconstitucionais:
Realidade Constitucional, Law in action,
força normativa, constituição real   185

Capítulo 2
Constituição-balanço e
constituição-programa   191

Capítulo 3
Constituição-mito e constituição-utopia   195

Capítulo 1

Conceitos sócio--jusconstitucionais: Realidade Constitucional, Law in action, força normativa, constituição real[1]

A primeira realidade a ter em conta no complexo de entes em presença no Direito Constitucional geral é a do fenômeno "Constituição", mais facilmente detetável de uma forma sociológica, enquanto *realidade constitucional*.

Mesmo a "realidade" *tout court* (a "realidade" *para nós*... não falamos das essências ou verdades puras) é (não o olvidemos) uma construção social e cultural. E não raro pode haver fenômenos de ilusão sobre ela, que devemos procurar desfazer, com um olhar científico, e não com as impressões e as opiniões do simples senso comum[2]. Sempre vulnerável a propagandas preconceitos. Curiosamente, por exemplo, é tendência muito generalizada identificar-se a Constituição com a constituição instrumental. Contudo, mais do que as representações populares e respectivas identificações, importa uma análise científica. E assim efetivamente o primeiro dado empírico que se apercebe não é o do livro "Constituição", nem sequer o das normas nele contidas. Mas sim, a experiência cotidiana da Constituição em ação. Por vezes, basta mesmo mudar de país, para nos apercebermos (se tiverem constituições com regime político muito diverso: por exemplo, uma democracia e um regime totalitário ou mesmo uma ditadura apenas) da "mudança de constituição", pela mudança de realidade constitucional. Sente-se o ar nas ruas... Na verdade, a realidade constitucional é apercebida no domínio de uma particular cultura, dentro de uma dada sociedade, como dissemos. E por isso ganha relevo um outro conceito, o de "cultura constitucional". A cultura constitucional é o ambiente e o meio por que se vive e aborda a realidade constitucional. Uma realidade constitucional é-nos acessível por uma "cultura constitucional": quer a de uma formação social, quer a cultura particular do observador. Pode, por exemplo, ser uma cultura constitucional letrada, como a dos constitucionalistas, ou uma cultura constitucional popular, a do comum dos cidadãos, os quais, porém, sabem mais da Constituição do que cuidam, muitas vezes[3].

---

1 Com desenvolvimentos atinentes a esta matéria e à dos capítulos seguintes no nosso *Teoria da Constituição*. v. I. p. 25-97.
2 Sobre o problema, *v.g.*, BERGER, Peter L.; LUCKMANN, Thomas. **The Social Construction of Reality**. Tradução portuguesa de Ernesto de Carvalho. **A Construção Social da Realidade**: um livro sobre a Sociologia do Conhecimento. 2. ed. Lisboa: Dinalivro, 2004; SEARLE, John R. **The Construction of Social Reality**. Londres: Allen Lane, 1995. E o conhecimento também é, evidentemente, datado, com historicidade, como é óbvio. Cf., v.g., BURKE, Peter. **A Social History of Knowledge (from Gutenberg to Diderot)**. Oxford: Polity Press; Blackwell, 2000. Tradução portuguesa de Plínio Dentzien. **Uma História Social do Conhecimento: de Gutenberg a Diderot**. Rio de Janeiro: Jorge Zahar, 2003. No plano mais específico dos valores, e com implicações jurídicas de vulto, *v.g.*, BOUDON, Raymond. **Le juste et le vrai**. Paris: Fayard, 1995. Tradução portuguesa de Maria José Figueiredo. **O Justo e o Verdadeiro**: Estudos sobre a Objetividade dos Valores e do Conhecimento. Lisboa: Instituto Piaget, 1998.
3 Um estudo importante é o da aplicação à Constituição das investigações KOL (*knowledge and opinion about law*) e outros afins. Os constitucionalistas e os constituintes teriam muito a ganhar sabendo do que pensam e do quanto aprovam e creem na Constituição os seus concidadãos. Algumas sugestões in CONCHA, Hugo A. et al. **Cultura de la Constitución en México**: una Encuesta Nacional de Actitudes, Percepciones y Valores. México: UNAM – TEPJF – Cofemer, 2004.

A realidade constitucional (indissociável da cultura constitucional) é, assim, a vida da constituição, o funcionamento das instituições e a vigência concreta do programa normativo da constituição, no fundo, também do seu "mito" (a sua narrativa fundadora, dadora de sentido ao poder e até à própria comunidade em causa) e da sua "utopia" (o seu sonho, os seus objetivos ou fins).

Quando, por exemplo, Peter Häberle concebe a Constituição como "ordem legítima do Estado e da Sociedade", por um lado remete-nos, desde logo, evidentemente, para a ideia de Cultura. Mas, por outro lado, é impossível deixar de pensar, assim, numa Constituição impregnada de "realidade constitucional": não só estadual, mas também social geral.

Por vezes, a realidade constitucional pouco tem a ver com a constituição formal. E aí temos uma constituição meramente nominal ou semântica, e não normativa, para retomar a classificação de Karl Loewenstein[4]. Foi o caso da Constituição portuguesa de 1933.

A realidade constitucional relaciona-se com o conceito, sobretudo caro à hodierna cultura jurídica anglo-saxónica, de *law in action* (que aí se opõe ao *law in books*[5], que corresponderia, no nosso caso, *grosso modo*, à constituição formal)[6]. Mas também se relaciona com a noção de força normativa. Assim coloca, classicamente o problema Konrad Hesse:

> A concretização plena da força normativa constitui meta a ser almejada pela Ciência do Direito Constitucional. Ela cumpre seu mister de forma adequada não quando procura demonstrar que as questões constitucionais são questões do poder, mas quando envida esforços para evitar que elas se convertam em questões de poder. Em outros termos, o Direito Constitucional deve explicitar as condições sob as quais as normas constitucionais podem adquirir a maior eficácia possível (...) Portanto, compete ao Direito Constitucional realçar, despertar e preservar a vontade de Constituição (...) que, indubitavelmente, constitui a maior garantia de sua força normativa.[7]

A força normativa de uma Constituição pode aquilatar-se pela sua capacidade de beber suficientemente nas raízes da constituição material (ou em algo que lhe

---

4 LOEWENSTEIN, Karl. **Teoría de la Constitución**. 3. reimp. Tradução castelhana de Alfredo Gallego Anabitarte. Barcelona, 1983.
5 Com raízes em Holmes, a filosofia jurídica dos EUA tem desenvolvido essa dicotomia. Designadamente a partir de POUND, Roscoe. Law in Books and Law in Action. **American Law Review**. v. XLIV, 1910.
6 Cf., *v.g.*, por versão de realidade portuguesa, THOMASHAUSEN, André. Constituição e Realidade Constitucional. **Revista da Ordem dos Advogados**. Lisboa, ano 37, 1977. p. 471 e ss. V. ainda, numa perspectiva geral, LEIBHOLZ, Gerhard. Constitutional law and Constitutional reality. In: **Festschrift für Karl Loewenstein, J. C. B. Mohr (Paul Siebeck)**. Tübingen, 1971.
7 HESSE, Konrad. **A Força Normativa da Constituição**. Porto Alegre: Sérgio Antônio Fabris Editor, 1991. p. 27.

presida...) ao ponto de o seu texto (constituição formal) ter uma capacidade de vigência prática efetiva e realmente ao mesmo tempo (parece) conformada com e conformadora da sociedade.

Evidentemente, trata-se de conceitos sujeitos a discussão. A versão original da Constituição portuguesa vigente, de 1976, foi em geral considerada por observadores mais à direita do espectro político como carecendo de força normativa (com estas ou, frequentemente, com outras palavras), enquanto, pelo contrário, observadores mais à esquerda consideravam corresponder "às aspirações do país", como afirma, aliás, o Preâmbulo da Constituição. Mas (e mais ainda na versão que saiu da primeira revisão constitucional, depurando-a de algumas instituições e fraseologia revolucionárias) é impossível negar que esta lei fundamental seja, sobretudo, compromissória. Longe de ser um "dinossauro vermelho" como já foi apodada, portanto ao mesmo tempo comunista e irremediavelmente fadada à extinção, a Constituição de 1976 é realmente fruto de uma conciliação de contrários, significativamente só tendo tido, na sua votação final, 15 (quinze) votos contra. Até o anterior chefe do governo, Prof. Marcello Caetano, considerou, no exílio, que ela não era marxista, ao contrário do que se disse, e ainda se diz e certamente dirá muito ainda – usando a expressão de forma conotativa, como sinônimo de coisa muito má, e sem qualquer propriedade técnica no plano ideológico. Aliás, cada vez menos pessoas sabem o que tal seja... Fruto não só da crise profunda dos partidos que se reivindicam dessa ideologia, mas também da generalizada apatia e despolitização[8], que talvez só tenha acordado um pouco com a crise ucraniana em fevereiro de 2022 (mas ainda se verá...).

Como se vê, há sempre uma relação entre o fenômeno constitucional social e especificamente político e a Constituição escrita e codificada. Ao ponto de o conceito de "constituição material" de algum modo se encontrar a cavalo de uma e outra dimensão. Não se compreendendo nem se podendo sondar (talvez não seja possível captar completamente, senão a partir de casos concretos) senão pelo conhecimento da sua positivação (constituição formal) e da sua latência social.

Um outro conceito, nem sempre usado, mas útil, nesta sede, é o de "constituição real". No âmbito das constituições nominais ou semânticas, é mais comum o seu uso. Para precisamente sublinhar a distância que vai da constituição formal à realidade vivida da constituição: ao tipo de comportamento das instituições, à forma de relação do Estado com os particulares etc.

A "constituição real" foi definida por Lassale, na sua célebre conferência *Über Verfassungswesen*, como o conjunto (na verdade, o paralelogramo) das forças reais em presença num dado tempo e lugar, numa dada situação constitucional. E precisamente chamou à Constituição escrita "folha de papel", pelo fato de a

---

8 Cf. os nossos livros **Lições de Desumanidade: Entre Paz e Guerra**. João Pessoa-PB: Editora Porta, 2022, e **Fármaco & outras Ficções**. João Pessoa-PB: Editora Porta, 2022.

Constituição real na verdade se sobrepor, no plano da realidade, da concretização, ao que essa folha (ou muitas folhas) possa(m) proclamar[9].

Se a *constituição real* é uma ordem das coisas (ou desordem, em casos de anomia), é o clima constitucional que se vive num dado tempo e lugar, já *a prática constitucional* se restringe mais à atividade concreta dos atores primariamente protagonistas do drama constitucional: titulares de órgãos de soberania, desde logo, e aqueles que, não o sendo, criam praxes, usos, e uma certa forma de aplicar a constituição (desde logo, a Administração pública, a Polícia etc.). A constituição real é feita no quotidiano, é o resultado, da prática constitucional[10].

---

9 Uma afloração dessa ideia, entre nós, dessa fugacidade da Constituição formal/instrumental, no título de BELO, Maria. Notas sobre Constituição ou "palavras leva-as o vento". **Vértice**, Lisboa, II série, out. 1988. p. 35-36.

10 Com outras interessantes aportações, SANTIAGO NINO, Carlos. **Fundamentos de Derecho Constitucional**: Análisis Filosófico, Jurídico y Politológico de la Prática Constitucional. Buenos Aires: Astrea, 2000.

Capítulo 2
Constituição-balanço e constituição-programa

Recuando a memória da dicotomia constituição-balanço/constituição-programa ao constitucionalismo soviético, ela viria a ter uma receção generalizada numa dada época. Hoje, fala-se menos deste problema, mas ainda é muito importante *sub specie* de programatismo constitucional, de que a tese de Gomes Canotilho sobre a Constituição dirigente[1] é um marco a não olvidar[2].

Não é este o lugar para falar da "constituição programática" em geral, nem da questão aplicada ao caso português ou ao brasileiro. Apenas se deve agora assinalar, em termos muito gerais e "impressionistas", o que está fundamentalmente em questão: a Constituição ora é encarada como balanço, ora como programa, embora haja constituições que claramente assumem mais um ou mais outro dos papéis.

O entendimento da Constituição como balanço encara-a como repositório do ser do Estado, pelo menos num dado tempo e lugar, ou seja, como cristalização da sua forma, considerando-se positiva e com força normativa a Constituição que melhor (mais fielmente) espelhe o que uma sociedade-Estado é, num certo *hic et nunc*. É uma posição prudente, mas conservadora.

Já a perspectiva da Constituição como programa, sem enjeitar, naturalmente, muitos dados tidos como seguros, indiscutíveis (no fundo, alguns mitos e rituais constitucionais de uma constituição-balanço), e sem deixar de querer manter uma ligação direta com as aspirações e a tradição do povo ou povos a que se destina (uma constituição programática que assim não agisse passaria a ser uma completa utopia – e distopia), tem os olhos mais postos no futuro que no passado, mais no Estado a construir do que no Estado já dado. Nesse sentido, podemos dizer que é animada pelo "princípio esperança", de que fala Ernst Bloch[3], ou "utopismo", que é um sopro de renovação, com ideal mas com os pés assentes no solo[4].

Apesar das declarações e das autognoses, não se nos afigura que haja, realmente, apenas defensores de uma ou de outra modalidades das Constituições, mesmo se se matizar, como fizemos, o entendimento da constituição-programa. Sempre haverá ocasiões em que o conservador terá de reformar, e sempre o

---

[1] CANOTILHO, José Joaquim Gomes. **Constituição Dirigente e Vinculação do Legislador:** Contributo para a Compreensão das Normas Constitucionais Programáticas. Coimbra: Coimbra Editora, 1982.

[2] Assim como as suas novas aportações ao tema, designadamente no citado volume "Brancosos" e Interconstitucionalidade, e ainda CANOTILHO, José Joaquim Gomes. **Rever ou Romper com a Constituição Dirigente?** Defesa de um Constitucionalismo Moralmente Reflexivo. São Paulo: Instituto Brasileiro de Direito Constitucional, 1996.

[3] BLOCH, Ernst. **Das Prinzip Hoffnung**. Tradução castelhana de Felipe González Vicén. **El Principio Esperanza**. Madrid: Aguilar, 1979. 3 vols.

[4] V. a nossa tese coimbrã Constituição, Direito e Utopia. Do Jurídico-Constitucional nas Utopias Políticas, Coimbra, "Studia Iuridica". **Boletim da Faculdade de Direito**, Universidade de Coimbra; Coimbra Editora, 1996. máx. p. 447-449.

reformador terá que conservar. Só um dogmatismo rigificador ou uma utopia fechada e nefelibata poderiam enquistar-se completamente numa ou noutra posição. E contudo, pelo caráter sempre mais ou menos inovador das constituições, e até, muitas vezes, revolucionário (ainda que instituidor de revoluções imediatamente anteriores), parece que uma perspectiva matizada e moderada de Constituição como programa de um Estado ou de uma Comunidade Política é um figurino mais adequado às funções (até simbólicas) que tem de desempenhar.

Outro nome, mais moderno e mais na moda, para espelhar boa parte das preocupações desta dicotomia, é o de "constituição-quadro" ou "constituição-moldura", que tem com a constituição-balanço (ou melhor: com a constituição não programática) bom número de interseções. A questão é especialmente importante no pensamento de Robert Alexy.

O problema está, com toda a sua carga política, ideológica, em aberto. Embora seja também uma questão como que de "ontologia" constitucional. No Brasil, por exemplo, floresceu a discussão[5].

---

[5] Por todos, v. BERCOVICI, Gilberto. A Problemática da Constituição Dirigente: algumas Considerações sobre o Caso Brasileiro. **Revista de Informação Legislativa**. Brasília, Senado Federal, n. 142, abr./jun. 1999; COUTINHO, Jacinto Nelson de Miranda (Org.). **Canotilho e a Constituição Dirigente**. Rio de Janeiro: Renovar, 2003.

Capítulo 3
Constituição-mito e constituição-utopia

No domínio simbólico da Constituição, avulta, basilarmente, o problema do mito. O qual tem um desenvolvimento natural no chamado "mito da cidade ideal" (como lhe chamou Roger Mucchielli[1]), ou seja, a utopia.

A ligação desta dimensão com o Direito, e especificamente com o Direito Constitucional, tem vindo a aprofundar-se, à medida que ganham relevo as abordagens culturais e interdisciplinares do Direito Constitucional, que o arrancam do positivismo exegético[2].

O mito apela normalmente para a lenda, para o passado, para a tradição. A utopia, por seu turno, para o futuro (na verdade para a ucronia...), implicando sempre uma certa "engenharia social". Entre os dois, o "utopismo", ou "princípio esperança", liga-se à renovação utópica sem olvidar por completo os dados anteriores, designadamente aqueles a que alguns chamam (a questão é também controversa) "Natureza Humana", e "natureza das coisas" (*natura rerum*).

O mito, e especificamente o mito político, como é o que tem presença no Direito Constitucional (pela natureza deste), tem várias modalidades, cumulativas ou alternativas: pode ser narrativa das origens, mito primordial legitimador (como, *grosso modo*, podem ser os Preâmbulos de muitas constituições); pode ser ideia-força, mobilizadora, *leitmotiv* (como os grandes Direitos presentes nas Constituições mais programáticas e sociais); e pode ser ilusão, discurso simplesmente legitimador (como para todo o Direito refere João Baptista Machado[3]).

Ao contrário do que alguns, menos afeitos à interdisciplinaridade/pós- disciplinaridade e ao uso efetivo de paradigmas de origem não jurídica no Direito podem pensar, a dimensão mítica do constitucional é apenas um instrumento de trabalho analítico, e não comporta qualquer juízo de valor (designadamente negativo) sobre a realidade em causa. Apelidar um aspecto constitucional de *mito* ou *utopia* é apenas surpreender uma sua dimensão objetiva, e jamais caluniar ou rebaixar a dignidade constitucional. Quase se poderia até dizer que, pelo contrário, na medida em que os aspetos míticos são dos mais elevados na Cultura, em geral.

---

1 MUCCHIELLI, Roger. **Le Mythe de la cité idéale**. Brionne: Gérard Monfort, 1960 (reimp. Paris: PUF, 1980).

2 Começamo-la, pela nossa parte, em 1988, com Mito e Constitucionalismo: Perspetiva Conceitual e Histórica (esgotado), e em 1992, com Mythe et Constitutionnalisme au Portugal (em publicação o 4º volume). Nessa linha prosseguem os nossos Teoria da Constituição I (2002), e, no plano historiográfico, sobretudo o início de Raízes da República (2006), para que remetemos. Esta área e tem tido desenvolvimentos, designadamente pelos brasileiros NEVES, Marcelo. **A Constitucionalização Simbólica**. São Paulo: Acadêmica, 1994, e NADAL, Fábio. **A Constituição como Mito**: o Mito como Discurso Legitimador da Constituição. Apresentação de Dimitri Dimoulis. Prefácio de André Ramos Tavares. São Paulo: Método, 2006. Já Santi Romano falava de mitologia jurídica. ROMANO, Santi. **Frammenti di un Dizionario giuridico**. Milão: Giuffrè, 1947. Em geral, GROSSI, Paolo. **Mitologie Giuridiche della Modernità**. Milão: Giuffrè, 2003.

3 MACHADO, João Baptista. **Introdução ao Direito e ao Discurso Legitimador**. reimp. Almedina: Coimbra, 1985.

Vastas são as analogias e as sugestões de uma análise simbólica, mítica, utópica e também ritual do Direito. O mito é, afinal, um "texto ritual", como afirma a antropóloga Katherine Spencer. A ideia de legitimação pelo procedimento (*legitimation durch Verfahren*), por exemplo, cara ao sociólogo do Direito alemão Niklas Luhmann[4] e muito divulgada pelas teorias consensualistas da legitimação do poder e dos seus atos, remete-nos inevitavelmente para uma "verdade formal", formada a partir de um procedimento formalizado, ou seja, um ritual. Tal é advertido, noutra clave, pela teoria totêmica do direito, do argentino Raúl Guillermo Cichello[5].

Em resumo: uma constituição-mito polariza em seu torno as lembranças, as memórias, procurando sobretudo encarnar simbolicamente uma certa ideia, normalmente histórica e tradicionalista, de Constituição. Mas a Constituição pode, ao invés, encontrar-se impregnada de um mito mais moderno. Quando a modernidade desse mito atinge o futuro, e sobretudo o sem-tempo e o sem-lugar, se projeta para um algures e um mais-além de caraterísticas muito inovadoras (mesmo que não sejam irrealizáveis ou quiméricas), nesse caso, a Constituição será mais utopia.

As (contudo apócrifas) Atas das Cortes de Lamego funcionaram como constituição-mito, remetendo para regras da sucessão ao trono de Portugal que, não tendo embora nunca sido aprovadas historicamente, espelhavam todavia o sentir nacional – proscrevendo reis estrangeiros.

Para alguns, o projeto de Constituição europeia ("Projeto de Tratado que institui uma Constituição para a Europa"), afastada do horizonte (e mais tarde substituída, *grosso modo*, pelo Tratado de Lisboa), depois da reprovação nos referendos francês e holandês, pelo seu voluntarismo, pelo seu programatismo, pela sua forma não suficientemente participada de elaboração, pelo risco de criar um "mega-Estado" europeu, seria uma "constituição-utopia"[6]. Já supra exprimimos outros argumentos sobre esse projeto: no fundo, confluíram para a sua reprovação várias perspetivas. Não conseguiu agradar nem a Gregos, nem a Troianos. Vários Gregos e vários Troianos, na verdade.

Mas de utopia foi também apelidada a Constituição portuguesa vigente, de 1976. E alguns continuam a assim considerá-la.

Para alguns, toda a Constituição que não seja "balanço", ou, mais ainda, "mito" tradicionalista, é "utopia".

---

4   LUHMANN, Niklas. **Legitimation durch Verfahren**. 2. ed. Neuwid, 1975. Tradução portuguesa. **Legitimação pelo procedimento**. Brasília: Ed. da UnB, 1980.
5   GUILLERMO CICHELLO, Raúl. **Teoría Totémica del Derecho**. Buenos Aires: Circulo Argentino de Iusfilosofia Intensiva, 1986.
6   Mais desenvolvidamente, o nosso Novo Direito Constitucional Europeu.

Contudo, mais ainda do que considerar-se uma constituição, em bloco, mito ou utopia, devemos pensar nos aspectos míticos ou utópicos (ou "utopistas") de cada uma das constituições[7].

Independentemente das opiniões para casos concretos – e sobretudo sobre casos muito recentes, e, por isso, polémicos – estes dois paradigmas são importantes como marcos de orientação. E não podem deixar de ligar-se a outros dois: constituição histórica, natural, tradicional (o mito) e constituição moderna, voluntarista, codificada (a utopia).

---

7   Por exemplo, sobre o problema apenas no Preâmbulo da Constituição de 76, como vimos, o nosso *Mito e Ideologias. Em torno do Preâmbulo da Constituição.* **Vértice**. Lisboa, II série, n. 7, out. 1988, p. 25 e ss., depois recolhido em *Pensar o Direito*, v. I, p. 341 e ss.

LIVRO 2

HISTÓRIA CONSTITUCIONAL E TEORIA DO ESTADO

Sumário

PARTE 4
HISTÓRIA CONSTITUCIONAL   203

PARTE 5
**TEORIA DO ESTADO
E CONSTITUIÇÃO   225**

PARTE 4
HISTÓRIA CONSTITUCIONAL

Sumário

Capítulo 1
Raízes do Constitucionalismo   205

Capítulo 2
As Grandes Revoluções
Constitucionais   209

Capítulo 3
Do Direito Político nas Ordenações
às Constituições Atuais   211

Capítulo 1
Raízes do Constitucionalismo[1]

A expressão Constitucionalismo designa sobretudo os movimentos constitucionais modernos (da Modernidade), como a sua gênese mais longínqua na Revolução Inglesa do séc. XVII (ou as várias revoluções desse período), a qual, partindo decerto da memória das velhas liberdades que tiveram como marcos a *Magna Charta* ou o *Habeas Corpus*, atualizou a consciência da dignidade e dos direitos, começando com a recusa simbólica de um imposto relativo a embarcações (*ship money*). A palavra de ordem era a favor da ideia que o imposto implicava consentimento popular prévio.

De forma muito semelhante (sempre com base última, ou causa próxima, em questões de constitucionalidade tributária) se vão passar as coisas com a Independência dos Estados Unidos da América (onde avulta, como mito inicial, a *Boston tea party* – originado por um problema de impostos sobre o chá) e com a Revolução Francesa, desencadeada depois de o rei Luís XVI, sem meios financeiros, se decidir a convocar os Estados Gerais (de há muito esquecidos pelo poder), com a finalidade de que consentissem em mais impostos.

Além destes três momentos, cabe assinalar a importância inspiradora (ainda que de inspiração sobretudo mítica) das velhas liberdades ibéricas, as quais podem considerar-se um dos modelos de constitucionalismo histórico, tradicional, ou natural[2]. O grande texto sobre essas liberdades ainda é um conhecido passo de Teixeira de Pascoaes:

> É certo que a nossa jurisprudência deriva das leis godas e romanas, e a dos últimos tempos não é mais que uma cópia inferioríssima das leis estrangeiras que desnaturaram por completo o corpo jurídico do Estado.
>
> Mas há leis na nossa antiga legislação (...)
>
> Temos ainda os forais e os princípios de direito político estabelecidos nas antigas cortes, revelando o espírito de independência e liberdade que animou sempre a alma popular. Intervinha no governo do País, na sucessão do trono, em todos os actos de interesse geral que o Rei praticasse: a guerra e a paz, lançamento de impostos, etc. E exercia ainda uma esperta vigilância sobre o procedimento dos homens de Estado, alguns dos quais foram acusados e condenados!

---

[1] Desenvolvendo a temática do presente capítulo, o nosso **Teoria da Constituição**. v. I. p. 101-154.
[2] Em Portugal, cf. BANOND, Isabel. Fundamentação Jusfilosófico-histórica de um pensamento actuante na Europa e no Portugal Medievo: os Direitos Individuais. In: **Estudos em Homenagem a Marcello Caetano, no Centenário do seu Nascimento**. Coimbra: Coimbra Editora; Faculdade de Direito da Universidade de Lisboa, 2006. p. 455 e ss.; *Idem*. A Ideia de Liberdade e as suas plúrimas formas de Teorização moderna e contemporânea em ordem à História da Ideia Política de Liberdade. In: **Estudos em Homenagem ao Prof. Doutor Ruy de Albuquerque**. Coimbra: Coimbra Editora, Faculdade de Direito da Universidade de Lisboa, 2006. p. 453 e ss.

> Em plena Idade Média, enquanto outros Povos gemiam sob o peso do poder absoluto, impúnhamos à nossa Monarquia a forma condicional: o Rei governará se for digno de governar, e governará de acordo com a nossa vontade, expressa em cortes gerais reunidas anualmente. Temos ainda várias leis antigas emanadas do Costume, as quais receberam dele uma nuance original que também caracteriza o génio português.[3]

Com cálculo ou generosidade, não importa muito, estas velhas liberdades seriam invocadas pelos liberais do séc. XIX para reclamar a liberdade nova, e as Cortes velhas traziam no ventre as novas, como observou, nas suas memórias, o liberal José Liberato Freire de Carvalho:

> eu não tinha escrito ao acaso, havia feito um plano, e sobre ele é que dirigi sempre a minha pena. Pedi sempre a restituição das nossas antigas Cortes, porque via, que era o que eu só podia pedir sem passar pelo labéu de revolucionário, e porque não queria assustar o governo que me podia logo desde o princípio impedir a minha marcha; e porque enfim sabia muito bem, que as Cortes velhas traziam no ventre as Cortes novas. Aparecendo as primeiras, não havia muito que não aparecessem as segundas, porque esta era a marcha do espírito humano e a opinião do século.[4]

A distinção entre Constitucionalismo natural e Constitucionalismo moderno encontrou-se, como se sabe, em alguns meios como que esquecida; pareceu ser durante algum tempo aparentemente consensual, embora de um lado e de outro se posicionassem, afinal, os investigadores. Hoje, tal como ocorre com os conceitos epocais (como que estilísticos e periodológicos) de Direito Natural clássico e de Jusracionalismo, encontra-se em curso uma análise da sua sedimentação e validade teórica. Talvez não estejam tais categorias, tão cômodas para o estudo, totalmente em questão. Mas textos como o de José Liberato, assim como figuras

---

3   PASCOAES, Teixeira de. **Arte de ser Português**. p. 78-79.
4   CARVALHO, José Liberato Freire de. **Memórias da Vida de...** 2. ed. Lisboa: Assírio e Alvim, 1982 [1. ed., 1855]. p. 120.

de transição como António Ribeiro dos Santos[5] ou Silvestre Pinheiro Ferreira[6] colocam em causa as certezas absolutas particulares sobre os momentos de ruptura e os de continuidade. E fazem suspeitar de relações, de laços, aparentemente impensáveis pela sua heterodoxia. Por exemplo: a continuidade liberal de um certo tradicionalismo. Ou os *mixed feelings* de liberais face a outra figura complexa, como o Marquês de Pombal.

---

5 Sobre o autor e a sua obra, em geral, PEREIRA, José Esteves. **O Pensamento Político em Portugal no Século XVIII**: António Ribeiro dos Santos. Lisboa: Imprensa Nacional; Casa da Moeda, 1983. Especialmente sobre a polêmica com Melo Freire, o nosso **Temas e Perfis da Filosofia do Direito Luso-Brasileira**. Lisboa: Imprensa Nacional-Casa da Moeda, 2000. pp. 87-207; **Raízes da República**: Introdução Histórica ao Direito Constitucional. p. 117 e ss.; *Idem*. **Pensamento Jurídico Luso-Brasileiro**. p. 21 e ss.; p. 29 e ss.; *Idem*. **Mythe et Constitutionnalisme au Portugal (1778-1826) Originalité ou influence française?** Paris: Univ. Paris II, 1992, policóp. (ed. em Portugal: Lisboa, *Revista Cultura*, Centro de História da Cultura – Universidade Nova de Lisboa, em publicação – 3 vols. editados, 1 vol. no prelo, outros em "edição").

6 Sobre o autor, *v.g.*, COELHO, Maria Luisa Cardoso Rangel de Sousa. **A Filosofia de Silvestre Pinheiro Ferreira**. Braga, 1958; PEREIRA, José Esteves. **Silvestre Pinheiro Ferreira**: o seu pensamento político. Coimbra: Universidade de Coimbra, Faculdade de Letras, Seminário de Cultura Portuguesa, 1974; SILVA, Maria Beatriz Nizza da. **Silvestre Pinheiro Ferreira**: Ideologia e Teoria. Lisboa: Sá da Costa, 1975; GOMES, Pinharanda (Introd. e sel.). **Silvestre Pinheiro Ferreira**. Lisboa: Guimarães Editores, 1977; SILVA, Nady Moreira Domingues da. **O Sistema Filosófico de Silvestre Pinheiro Ferreira**. Lisboa: Biblioteca Breve, Instituto de Cultura e Língua Portuguesa, 1990. E uma brevíssima síntese no nosso **Pensamento Jurídico Luso-Brasileiro**: Ensaios de Filosofia e História do Direito. Lisboa: Imprensa Nacional – Casa da Moeda, 2006. p. 361 e ss.

# Capítulo 2

As Grandes Revoluções Constitucionais[1]

As revoluções constitucionais fundantes foram, como dissemos, a inglesa, no séc. XVII (ainda, em certo sentido, para alguns, uma espécie de prolegómenos constitucionalistas), a independência das colónias inglesas na América do Norte, ou Revolução Americana, e a Revolução Francesa, que se repercutiu, em ondas, por todo o Ocidente, e foi, assim, apenas o início daquilo a que alguns chamam "grande revolução ocidental"[2].

A lição destas revoluções liberais (ou protoliberais, no caso da Inglesa) fundadoras é insubstituível (e todas elas obviamente veteroliberais, jamais neoliberais). Elas romperam tanto com uma cosmovisão, com uma perspetiva do Mundo sobre o poder e a política, e o próprio lugar da Pessoa, que hoje dificilmente temos dificuldade em ajuizar de como se pensava realmente antes delas. Se nos lembrarmos que a tradição quer que o regradíssimo filósofo alemão Immanuel Kant apenas teria alterado os seus horários de regresso a casa duas vezes na vida (uma para comprar o *Contrato Social*, de Rousseau, e outra para saber novidades da Revolução Francesa), e se nos lembrarmos que esse mesmo filósofo foi quem de forma definitiva definiu o Iluminismo como o momento de emancipação da Humanidade da sua menoridade, apontando doravante o lema do *sapere aude*, compreenderemos melhor que o Constitucionalismo foi o culminar de uma profunda revolução cultural, parte constituinte dela e não uma mera superficialidade política ou legalista superestrutural.

Outro legado essencial que nos deixaram os movimentos constitucionais revolucionários foi a luta político-constitucional, em trabalhos constituintes que viriam depois a ser citados e re-citados, pelo seu caráter originário, fundador, e mítico.

Os mitos da evolução constitucional nestes três países são também insubstituível manancial de ensinamentos[3].

Por tudo isto, é imprescindível um contacto o mais "direto" possível com esses tempos de amplo e fervilhante laboratório constitucional, pelo estudo paciente (mas fascinante) da História Constitucional.

---

1 Desenvolvendo a temática do presente capítulo, o nosso **Teoria da Constituição**. v. I. p. 155-248.
2 Sobre a expansão revolucionária francesa, *v.g.*, GODECHOT, Jacques. **La Grande Nation**: L'expansion révolutionnaire de la France dans le monde de 1789 à 1799. Paris: Aubier, 1957. 2 vols.
3 POITRINEAU, Abel. **Les Mythologies révolutionnaires**. Paris: PUF, 1987; HARTH, Dietrich; ASSMANN, Jan (Org.). **Revolution und Mythos**. Frankfurt am Main: Fischer, 1992; Yves CHALAS (Org.). **Mythe et Révolutions**. Grenoble: Presses Universitaires de Grenoble, 1990; a nossa tese em Paris Constitution, Mythes et Utopie, in AA. VV. – 1791. **La Première Constitution Française**. Paris: Economica, 1993, p. 129 e ss. E ainda, também para mitos mais modernos, RESZLER, André. **Mythes politiques modernes**. Paris: PUF, 1981.

Capítulo 3

Do Direito Político nas Ordenações às Constituições Atuais

3.1 Constitucionalismo Português[1]

3.1.1 Os Primórdios

Não existindo Constituição codificada durante muitos séculos em Portugal, não podemos deixar de reconhecer que no Livro II das Ordenações, sobretudo, se encontram muitos materiais desta índole.

E não somente atinentes a relações dos monarcas com os súditos em geral, como também de alguns "direitos". Designadamente, nas Ordenações Afonsinas (o problema depois deixará de se colocar) ressaltam "direitos" que diríamos hoje "multiculturalistas", regulando numa espécie de *apartheid* as questões jurídicas de judeus e mouros, que foram deixados em grande medida com seus foros próprios.

Matéria abundantemente objeto de observação historiográfica[2] tem sido a das fontes de Direito, nomeadamente do direito subsidiário, que é evidente matéria constitucional e nesse aludido Livro II teve a sua sede, salvo nas Ordenações Filipinas, em que (algo incompreensivelmente) seria mudada para o Livro III.

As Ordenações não parece terem espelhado bem, ou espelharam de forma muito formal (e por isso dificilmente detetável), a evolução jurídico-política, desde a monarquia tradicional mais "republicana", segundo a tradição, até formas de centralização do poder. E sucede que as Ordenações Filipinas, apesar das promessas de D. João IV, vão manter-se até à Constituição de 23 de setembro de 1822, e aos primeiros códigos. No Brasil, duram ainda mais, depois da independência (precisamente a 7 de Setembro de 1822).

3.1.2 Da questão do "Novo Código" à Revolução de 1820

Após a queda do Marquês de Pombal, houve um momento do maior interesse constitucional: a tentativa, por ordem da rainha, de se reverem as Ordenações, que redundou na "Formidável Sabatina" (como lhe chamou Tello de Magalhães Collaço), ou "questão do Novo Código".

Nessa polêmica, cuja documentação felizmente chegou em abundância até nós, debateram-se dois gigantes das nossas letras jurídicas: o autor do projeto do Novo Código de Direito Público (que deveria substituir precisamente o Livro II das Ordenações; e autor também de um projeto de Código Criminal), Pascoal José de Melo Freire dos Reis, e o censor do projeto, seu colega da Universidade

---

1   Desenvolvidamente, o nosso **Raízes da República: Introdução Histórica ao Direito Constitucional**. Coimbra: Almedina, 2006.
2   Cf. *Ibidem*, p. 19 e ss. e fontes aí citadas.

de Coimbra, mas da Faculdade de Cânones, António Ribeiro dos Santos. Freire sonha com um pombalismo sem Pombal, e elabora um código utópico, de férrea mão despótica iluminada. Santos vai demolir na sua crítica tradicionalista/liberal *avant la lettre* (a qualificação é matéria de polêmica, precisamente), e, sobrevindo entretanto a Revolução Francesa, acaba por não se levar avante o Código.

Esperar-se-á pela Revolução de 1820, que inaugura, com a convocação das Cortes Constituintes, o Constitucionalismo moderno em Portugal.

3.1.3 O Constitucionalismo Liberal

Distinguimos duas fases nesse Constitucionalismo codificado português: a primeira fase, de Constitucionalismo Liberal, e a segunda, a fase do Constitucionalismo pós-liberal, desde a Constituição Republicana de 1911 até hoje.

A pureza dos ideais do Constitucionalismo moderno típico (com a sua tríade mítica e a soberania popular – e sobretudo esta) praticamente limitou-se à Constituição de 1822 (de efêmera vigência, aliás), sendo impossível vê-los na restauração breve do absolutismo, com D. Miguel, ou sequer na Carta Constitucional, que não deriva da soberania popular, mas da outorga por um monarca, embora um monarca liberal: o Rei D. Pedro IV de Portugal (Imperador D. Pedro I do Brasil). Contudo, desde a Constituição de 1822 à última vigência da Carta, que termina com a implantação da República, em 5 de Outubro de 1910, estamos em tempo de Constitucionalismo Liberal. Com altos e baixos de democratismo...

O grande símbolo do liberalismo constitucional português acabará por ser precisamente a Carta Constitucional, grande síntese por habituação, que teve uma vigência ainda hoje insuperada (72 anos, durante três períodos) por qualquer outro texto constitucional, e sofreu sucessivos atos adicionais, consoante os ventos políticos dominantes. Porém, não tantos assim, se compararmos com outros casos: apenas quatro. E sobrevivendo sempre.

3.1.4 A Constituição Republicana de 1911

Não deixando de ser liberal em muitos aspectos da constituição política e econômica, a República integrar-se-á, assim como o seu constitucionalismo, já numa nova categoria, inaugurando uma diferente fase.

Errado seria qualificar este período, que se inicia em 1910, como "Constitucionalismo republicano". Na medida em que, além de breves interregnos ditatoriais (com Pimenta de Castro e Sidónio Pais) durante a "I República" – e ditadura é adversa a "República" –, toda a fase que começa na revolta de 28 de Maio de 1926, que inaugura a chamada "ditadura nacional" e depois se apelidará "Estado Novo", embora mantenha a forma republicana exterior, não pode ser considerada *República*, por ausência de prática dos valores republicanos.

Também seria excessivo e inadequado chamar-lhe "Constitucionalismo social", na medida em que, apesar de alguns esforços generosos de alguns republicanos, a I República portuguesa acabaria por ser muito pouco social. E, na verdade, o sentido do social no Estado Novo e na democracia após 1974 são profundamente diferentes.

O constitucionalismo monárquico liberal e o constitucionalismo da I República são essencialmente partidários e parlamentares. Nesse ponto, a República foi mais uma continuidade que uma rutura. Onde esta pode sobretudo observar-se é no simbólico, na mística, no anelo, e nos valores republicanos – que são totalmente diversos.

3.1.5 A Constituição de 1933. O "Estado Novo"

A Constituição de 1933, cheia de ambiguidades, em geral desejou vagamente recuperar uma ideia medievalista de "corporativismo", que seria do agrado de alguns monárquicos, tradicionalistas, integralistas e afins, mas não conseguiu prescindir nem da forma formal do Chefe de Estado não coroado, nem de algum "fumus" parlamentar, embora o sistema fosse presidencialista – de presidencialismo bicéfalo do presidente da República e do presidente do conselho de Ministros, segundo alguns.

Em Portugal, o presidencialismo tem essa conotação de sistema musculado e autoritarismo político. Veja-se, desde logo, o exemplo de Sidónio Pais, presidente-rei como lhe chamou Fernando Pessoa.

Sem dúvida, porém, que o Estado Novo pacificou aquilo que seus próceres chamariam "balbúrdia parlamentar", asfixiando o Parlamento, e o País. O lema era "viver habitualmente".

3.1.6 A Constituição do Estado democrático e social de Direito, de 1976

O 25 de Abril de 1974 abriu caminho para uma nova síntese tranquila. Uma Constituição democrática, social, com grande lugar ao Parlamento, embora moderando-o com poderes reforçados (mas não exagerados) para o Presidente (face aos clássicos de um parlamentarismo puro).

Como quer que se qualifique esta forma mista[3] (e propendemos para as que o qualificam como *parlamentarista* ou, explicitando, *parlamentar-presidencial*),

---

3   Cf., *v.g.*, PEREIRA, André Gonçalves. **O Semipresidencialismo em Portugal**. Lisboa: Ática, 1984; SOUSA, Marcelo Rebelo de. O Sistema de Governo Português. In: MIRANDA, Jorge de. (Org.). **Estudos sobre a Constituição**. Lisboa: Livraria Petrony, 1979. v. III; *Idem*. **O Sistema de Governo Antes e Depois da Revisão Constitucional**. Lisboa, 1983. Sublinhando, *inter alia*, o equívoco da designação "semipresidencial" para o caso português, QUEIROZ, Cristina. **O Sistema de Governo Português**: Separata de Homenagem ao Prof. Doutor André Gonçalves Pereira. Coimbra: Coimbra Editora; Faculdade de Direito da Universidade de Lisboa, 2006.

ela tem funcionado eficientemente, e representa um equilíbrio, hoje ainda mais parlamentar que presidencialista, o que tem reforçado a democraticidade do regime, o qual tem permitido a sucessão pacífica de vários governos, de diverso matiz: desde governos monocolores do Partido Socialista e do Partido Social Democrata, a coligações de um e de outro com o Centro Democrático Social, a soluções de bloco central do PS e do PSD, e mais recentemente a experiência da chamada "geringonça", governo do PS com apoio do PCP e do BE etc.[4]

3.2 Constitucionalismo Brasileiro[5]

3.2.1 Do Grito do Ipiranga à Constituição imperial de 1824

A história constitucional portuguesa imbrica-se de algum modo na brasileira, desde logo porque o grande legislador constitucional é D. Pedro, em ambos os países. É certo que antes da sua Carta Constitucional portuguesa houvera já a Constituição de 1822. Mas seria de curta duração, e será realmente o seu documento, escrito sobre a Constituição brasileira, a perdurar em Portugal. O diálogo entre ambos os constitucionalismos é constante[6].

É a partir do "Grito do Ipiranga" que o Brasil tem Constituição. O momento matinal do seu ser constitucional está nessa travessia do Rubicão. Ou até talvez antes. Esse é, porém, aos olhos do Mundo, o momento simbólico.

Enquanto regente, D. Pedro, por Ato de 3 de junho de 1822, convocaria uma Assembleia Constituinte. Porém, a sua instalação só viria a ocorrer em 3 de maio de 1823, após a independência, portanto.

Não chegaria a constituinte a levar a bom termo os seus trabalhos. A 11 de novembro desse mesmo ano, o já Imperador D. Pedro dissolve a Assembleia, prometendo um projeto constitucional "duplamente mais liberal" e uma nova

---

4   Para mais desenvolvimentos, *v.g.*, CANOTILHO, J. J. Gomes. **Direito Constitucional e Teoria da Constituição**. p. 573 e ss., máx. p. 591 e ss. Cf. sobre alguns destes problemas na história e sociologia constitucionais contemporâneas, os ensaios de LUCENA, Manuel de. **Contradanças**: Política e Arredores – 2004-2005. Lisboa: Instituto de Ciências Sociais, 2006. máx. p. 15 e ss. Sobre o parlamentarismo, em geral, continua um clássico a revisitar o estudo de KELSEN, Hans. Das Problem des Parlamentarismus. In: **Soziologie und Sozialphilosophie**: Schriften der Soziologischen Gesellschaft in Wien. Viena; Leipzig, 1925. v. III. Tradução castelhana de Manuel Atienza in Idem. **Escritos sobre la Democracia y el Socialismo**. Madrid: Debate, 1988.
5   Cf., para mais desenvolvimentos, e apenas para referir alguns manuais de Direito Constitucional brasileiros, *v.g.*, FERREIRA, Pinto. **Curso de Direito Constitucional**. p. 47-67; ZIMMERMANN, Augusto. **Curso de Direito Constitucional**. 4. ed. Rio de Janeiro: Lumen Iuris, 2006. p. 191-218. Uma síntese in ARAÚJO, Luiz Alberto David; NUNES Júnior, Vidal Serrano. **Curso de Direito Constitucional**. 10. ed. São Paulo: Saraiva, 2006. p. 90-96.
6   Cf., por todos, MIRANDA, Jorge. **Teoria do Estado e da Constituição**. p. 215-216.

câmara. No dia seguinte, porém, nomeia um Conselho de Estado encarregado de elaborar o texto constitucional. Um mês preciso depois da dissolução da câmara constituinte, foi apresentado o respectivo projeto, que, após aprovação pelas Câmaras Municipais, se sagrou Constituição do Império, com a data de 25 de Março de 1824. A nova constituinte fora esquecida, e todos atribuem o texto ao próprio Imperador.

Os traços mais relevantes deste diploma são o caráter unitário do Estado, o municipalismo, e uma separação dos poderes mitigada pelo quarto poder, o poder moderador, inspirada nas teorizações de Benjamin Constant. No geral, a Constituição é tributária do texto constitucional francês de 1814.

Saliente-se ainda a presença, nesta magna carta brasileira, de uma declaração de direitos individuais e garantias, que iria, naturalmente, ter posteridade em constituições subsequentes.

Naturalmente, o quarto poder, detido pelo Imperador, haveria de colidir com uma pura separação dos poderes e especificamente com um puro parlamentarismo. D. Pedro II haveria de intervir impondo a sua vontade.

Duas revisões constitucionais sofreu o texto, em 1834 e em 1840, de sentido político que se diria simétrico. A primeira, sobretudo concentrando poderes e eliminando o Conselho de Estado, mas anunciando a tendência federalista; a segunda reestabelecendo-o e diminuindo essa tendência.

Mas não se pense que o caminho para a primeira Constituição brasileira não comportou escolhos e renhidas disputas. A mais saliente foi a que opôs Gonçalves Ledo a José Bonifácio, defendendo este a centralização e uma monarquia de algum modo "presidencialista" (assim lhe chamaríamos, anacronicamente embora, a pensar nas discussões ulteriores) e propugnando aquele uma monarquia constitucional, com preponderância parlamentar. José Bonifácio, mesmo sendo D. Pedro maçom, não vacila, fecha a maçonaria, de que Ledo era destacado membro, e faz o seu adversário ter de exilar-se na Argentina.

3.2.2 A Constituição da Primeira República, de 1891

Proclamada a República, o Decreto n. 1, de 15 de Novembro de 1889, instituiu-a no plano jurídico, assim como a Federação.

Em 1891, a 24 de Fevereiro, seria promulgada a Constituição da República dos Estados Unidos do Brasil.

De Império se passa a República (com óbvia supressão do poder moderador e mais puro estabelecimento da separação dos três poderes), de Estado unitário a Estado federal, de Estado com religião oficial católica a Estado laico. Aprofundam-se os direitos, as liberdades e as garantias. O *habeas corpus* (instituído no

Código Criminal de 1830) passa a ter lugar na Constituição, como lhe cumpria, e é abolida a pena de morte e outras penas e tratamentos cruéis e infamantes. O regime passa a presidencialista, com inspiração nos EUA.

De novo uma revisão constitucional, em 1926, virá centralizar o poder, criando porém, simultaneamente, a Justiça Federal. Ficaram pelo caminho as tentativas de revisão parlamentarista propostas por Silveira Martins, ou de um presidencialismo parlamentarizado, de J. F. de Assis, assim como as de Rui Barbosa, também candidato presidencial em 1919.

Preocupada com as liberdades clássicas, a República não curou da proteção social, como sucedeu em muitos outros casos semelhantes.

Esta Constituição virá a ter grande impacto em Portugal, e será em momentos decisivos citada na constituinte que elaborará a Constituição portuguesa de 1911.

3.2.3 A Segunda República

Em outubro de 1930, eclodirá a revolução no Rio Grande do Sul. Ao chefe do governo desse Estado, Getúlio Vargas, se aliaram os de Minas Gerais, Antônio Carlos, e da Paraíba, João Pessoa.

A questão da sucessão presidencial fora um catalisador do conflito. Na verdade, o presidente Washington Luís quebrara a regra da alternância política entre mineiros e paulistas na presidência da República, a famosa *política do café com leite*, indigitando outro paulista para a "sucessão", Júlio Prestes.

Uma "Aliança Liberal" (que não poderá ser julgada pelo nome, pouco denotativo) se cria, agrupando políticos e interesses de vários Estados, do Rio Grande do Sul ao Nordeste, apoiando o antigo ministro da Fazenda, o gaúcho Getúlio Vargas. Perde as eleições, mas a revolução era imparável.

No seguimento de alterações populares a vários níveis, as forças armadas depuseram o presidente, a 24 de outubro, formando uma justa governativa militar provisória, a qual viria a transmitir pouco depois o poder a Getúlio Vargas.

Em São Paulo, rebenta a Revolução Constitucionalista, a 9 de Julho de 1932, tendo como figura emblemática Pedro de Toledo. A revolução seria afogada em sangue, mas constituiu um sucesso político, forçando de algum modo Getúlio Vargas a realmente se empenhar numa nova Constituição, segundo alguns[7].

O governo provisório (pelo Decreto n. 21.402, de 14 de maio de 1932) marcara já a data das eleições para uma Assembleia constituinte, a realizarem-se em 3 de maio de 1933. Foi nomeada uma comissão para elaborar o respetivo anteprojeto.

A Constituinte produziria a seu tempo a obra que lhe fora cometida, que viria a ser a Constituição de 16 de julho de 1934.

---

7 Cf., *v.g.*, ZIMMERMANN, Augusto. **Curso de Direito Constitucional**. p. 205.

3.2.4 A Constituição de 1934

Manteve a Constituição de 1934 os grandes traços estruturais do Estado que vinham de antes: república, tripartição de poderes, federalismo, municipalismo, presidencialismo etc.

Institucionalmente, no plano jurídico, é de salientar a introdução do mandado de segurança (para defesa de direitos certos e incontestáveis contra atos inconstitucionais e ilegais) e da ação popular.

A sua grande inovação, porém, é ter encetado no Brasil a nova era de constituições sociais, inspirada na Constituição da República de Weimar. E estribada nesse travejamento constitucional foi torrencial a promulgação de legislação social e do trabalho.

Outra importante conquista desta Constituição foi a admissão do voto feminino.

Sol de escassa dura, a Constituição de 1934.

O Partido Comunista, chefiado por Luís Carlos Prestes, (alegadamente? depende do ponto de vista) ameaçando a ordem constitucional, daria ensejo a que o Congresso Federal aprovasse, em 18 de Dezembro de 1935, três emendas à constituição que traçaram o caminho para a ditadura. Seguir-se-iam leis de mão dura: em 1935 e 1936.

A caracterização do regime é complexa, e o próprio regime parece ambíguo. Assim caracteriza a situação Pinto Ferreira:

> grande foi, assim, o desenvolvimento legislativo da época, muito embora a República logo fosse derrubada, instalando-se uma pitoresca ditadura de direita, porém acenando para as massas trabalhadoras com uma nova legislação social.[8]

3.2.5 O golpe de 1937 e o "Estado Novo" (1937-1945)

O próprio presidente da República, Getúlio Vargas, consuma o caminho que se vinha trilhando para a ditadura com o golpe de 10 de novembro de 1937, outorgando uma nova constituição, toda votada a consolidar a posição do presidente. E nem se sabe se nesse sentido também estaria a supressão da referência a Deus no texto constitucional...

Alargam-se os poderes presidenciais e os mandatos, confunde-se a separação dos poderes, e comprimem-se o legislativo e o judicial (podendo mesmo sobrepor-se a vontade do presidente à inconstitucionalidade das normas), cria-se um

---

8 FERREIRA, Pinto. **Curso de Direito Constitucional**. p. 56.

órgão corporativo, o Conselho de Economia Nacional (como em Portugal havia a Câmara Corporativa), o Senado é rebaixado em Conselho Federal, restaura-se a pena de morte etc. São dissolvidos os órgãos legislativos da União e dos Estados, que passam a viver sob tutela de delegados presidenciais. Os partidos são também dissolvidos e amordaçada a imprensa, as artes e os espetáculos, designadamente pela instituição da censura.

Alguns autores consideram que esta constituição copiava, em parte, a Constituição fascizante da Polônia de 1935, outorgada pelo marechal Pilsudski, e foi batizada, pela oposição, de "polaca"... Em geral, ela é considerada autoritária, fascista ou fascizante, e totalitária, embora temperada pela brandura brasileira (em Portugal também se falou durante muito tempo de "brandos costumes"). O nome com que se autobatiza a nova situação é, tal como o regime português de Salazar, "Estado Novo".

A realidade constitucional deste período determinou-se pelo estiolar das liberdades (com muitas perseguições: a intelectuais, nomeadamente), temperada, dir-se-ia, apenas por alguma demofilia, traduzida em muitas medidas sociais. Na verdade, a Constituição nunca terá sido verdadeiramente normativa, mas semântica.

3.2.6 Retorno à Democracia e Constituição de 1946

Com a derrota do Eixo na II Guerra Mundial, que levaria em Portugal até Salazar a hipocritamente anunciar eleições livres, "tão livres como na livre Inglaterra", o regime encontrava-se insustentável. Apesar da tentativa de união dos contrários (apesar de tudo não inédita) que foi a aliança de Getúlio com os queremistas, de tendência comunista, não foi possível regenerar o poder e resistir aos clamores de reforma.

Getúlio Vargas foi deposto pelas forças armadas em 29 de outubro de 1945, ficando o ministro-presidente do Supremo Tribunal Federal, Dr. José Linhares, encarregado de formar um governo provisório. O que fez, revogando a legislação ditatorial e o estado de emergência.

O General Dutra tomaria posse como presidente da República a 31 de janeiro de 1946, depois de eleições livres que lhe deram a vitória. Logo a 1º de fevereiro se instalou nova Constituinte, que faria nova Constituição, promulgada em 18 de setembro de 1946.

A nova constituição retoma a linha republicana anterior, designadamente da democracia social da Constituição de 1934. Voltaram, com os seus verdadeiros nomes, as instituições clássicas, desde logo o Senado Federal. Voltaram institutos jurídicos de liberdade, como o mandado de segurança, a ação popular, e o rigoroso controlo da constitucionalidade das normas. Os partidos políticos ganharam lugar na própria Constituição, como forma de evitar quaisquer tentações totalitárias atentatórias do pluralismo político. Voltou a proibição de penas cruéis e degradantes: como a pena de morte, o banimento e até o confisco. E, na senda da consagração de direitos sociais, foi introduzido o direito à greve na Constituição.

3.2.7 O Interregno Parlamentarista e a Presidência de João Goulart (1961-1963)

A Constituição de 1946 durou até 1961 com alguma tranquilidade, com apenas três revisões (emendas). A partir dessa data, disparou a prática de instabilidade constitucional, com muitas alterações, e até de fundo. Como a Emenda n. 4, de 2 de setembro de 1961, que institui um regime parlamentar (talvez melhor dito "semipresidencial", para os que creem nesse *tertium genus*), depois alterada, em 23 de Janeiro de 1963, com a Emenda n. 6.

Contudo, esta oscilação não decorreu do capricho do poder constituinte.

Foi a renúncia do presidente Jânio Quadros que viria a provocar o problema. Constitucionalmente, deveria suceder-lhe João Goulart, o vice-presidente, no momento em viagem à então URSS e China, e suspeito de progressismo nos meios conservadores, com apoio militar.

Iludindo os que o aguardavam, de retorno, no Recife, entra antes pelo Rio Grande do Sul, apoiado no governador, Leonel Brizola, e no comandante militar da região, Machado Lopes. Ora o parlamentarismo assim instituído seria o resultado da transação diplomática então havida, e juridicamente plasmada em ato adicional, que previa consulta popular ulterior. Voltar-se-ia ao presidencialismo depois de um plebiscito, de 6 de janeiro de 1963, que a Emenda n. 6 consagraria.

A partir daí, o presidente Goulart vai tentar dedicar-se às questões sociais ou econômico-sociais, designadamente à reforma agrária. A 13 de março, num comício multitudinário, em frente à Estação Central do Brasil, anuncia um sem número de reformas, que careceriam, contudo, de apoio do congresso, onde tinha, porém, ampla oposição. Mas não dará início às reformas. Nem completará o mandato.

3.2.8 Do golpe militar de 1964 à Constituição autoritária de 1967 e à Emenda n. 1, de 1969

Na noite de 31 de março para 1 de abril de 1964, as forças armadas tomam o poder de novo. Desta feita, mantiveram formalmente a Constituição de 1946 até 1967, alterando a Constituição por quatro atos institucionais. O próprio congresso foi chamado a eleger um novo presidente: o Marechal Castello Branco.

A Constituição de 1967 volta explicitamente ao autoritarismo, embora sem a demofilia de Vargas. A ordem econômica liberaliza-se, mas a ordem política fecha-se. Os direitos individuais são severamente comprimidos, impera o superconceito de segurança nacional, o sistema partidário fica musculado. O presidente da República passa a ser eleito indiretamente, mas nele se acumulam enormes poderes, retirados, como sempre, ao legislativo e ao judicial. O executivo legisla por decreto-lei. Contam-se por 33 os atos complementares dos atos institucionais. A Constituição conheceu vinte e sete emendas.

A situação agrava-se com a contestação popular e estudantil, e o governo responde com o Ato institucional n. 5, de 13 de dezembro de 1968, em que ao presidente quase são atribuídos plenos poderes, e as liberdades em grande medida tornadas letra morta.

Em outubro de 1969, para dar coerência a toda a superabundância de normativos constitucionais avulsos, surge um novo instrumento (para uns, uma alteração profunda embora da constituição de 1967; para outros, já uma nova constituição): a Emenda Constitucional n. 1. Sempre na linha de concentração do poder presidencial.

3.2.9 A Caminho da Constituição de 1988

Os últimos presidentes militares prepararam cautelosamente alguma abertura política. Foram, antes de mais, os "pacotes" reformistas do presidente Geisel, em 1977 e 1978. Mas o poder militar não conseguia conter o pulsar do Brasil, tão veemente na extraordinária campanha pelas eleições diretas (Diretas, já!) para a presidência da República, que viria a ribombar durante o mandato do seu sucessor, o general João Figueiredo, que viria a entregar com aprumo o poder ao seu sucessor civil.

Em 15 de janeiro de 1985, seria eleito ainda pelo colégio eleitoral, o candidato da oposição: o político mineiro Tancredo Neves (autor do lema: "República é representação"), que fora, entre muitos outros cargos, um dos presidentes do Conselho de Ministros de João Goulart no curto período parlamentarista. Porém, faleceu antes de tomar posse, sendo substituído por José Sarney. Logo a 15 de maio seriam revogadas as normas de exceção e se voltaria às eleições presidenciais diretas.

Marcaram-se eleições para um Congresso também dotado de poderes constituintes, composto por novos membros e por senadores eleitos em 1982: seria eleito a 15 de novembro de 1986. Será esse Congresso que virá a aprovar a Constituição vigente, de 5 de outubro de 1988, que conta já com mais de 110 emendas.

A Constituição brasileira de 1988 é uma das mais progressivas do mundo, embora o seu caráter detalhista possa fazê-la conter elementos materialmente espúrios. Contudo, é um marco na construção constitucional, e especialmente preocupada com a cidadania, por isso merecendo bem o cognome de "Constituição Cidadã", cunhado pelo presidente da constituinte, Ulysses Guimarães.

Mantendo-se na linha republicana, presidencialista, federalista, e democrática, aprofunda de forma inovadora o legado das constituições sociais, e institucionaliza o império da justiça constitucional.

Com o tempo, as clivagens profundas e ancestrais da sociedade brasileira emergiram, e nos últimos anos têm sido postos em relevo, por vezes de forma muito aguda, os dissensos quanto às orientações ideológicas e aos protagonistas que uns e outros gostariam de ver governar o País. O grande *país de futuro*, para usar as palavras de Stefan Zweig, traçará contudo o seu caminho, para além das polêmicas e ultrapassando as crises.

PARTE 5
TEORIA DO ESTADO E CONSTITUIÇÃO

Sumário

Capítulo 1
Conceitos Fundamentais 227

Capítulo 2
Evolução 231

Capítulo 3
Novos desafios 239

Capítulo 1
Conceitos Fundamentais[1]

Muitas confusões terminológicas, com anacronismos que se tornaram já veniais de tão correntes e muito psitacismo nas lições enleiam e tornam em muitos casos a matéria de Teoria do Estado ou Teoria Geral do Estado (*episteme* de cunho germânico: *Allgemeine Staatslehre*) uma área quase sem sentido, sobretudo apta à memorização, de escasso valor prático. E fica-se ainda com a desconfiança de que, em geral, se trata de um discurso legitimador do Estado e do seu puro poder[2], poder omnipresente e crescente, apesar de todas as "privatizações"[3]. Já Kelsen verá a ficção ideológica estadual, nomeadamente na criação da "realidade jurídica" a que chama Povo, cuja unidade "é um postulado ético-político afirmado pela ideologia nacional ou estatal"[4]. E é o mesmo Kelsen quem cita Nietzsche, no *Also sprach Zarathustra*: "O Estado é o mais glacial dos monstros. Mente friamente, e da sua boca sai esta falácia: Eu, o Estado, sou o Povo"[5].

E contudo não deveria ser assim, de modo algum. Porque se trata de um setor importantíssimo, mas que espera uma renovação crítica. Ela não poderá, como é óbvio ser feita na estrita economia destas páginas, que apenas desejam levantar alguns problemas[6]. Muito, mas muito, mudou no Estado desde a teorização de Georg Jellinek[7] – de cuja lição se continua a usar e abusar, tanto tempo e tanta água passada debaixo das pontes da História. Apesar de, desde pelo menos os anos 20 do séc. XX (e desde logo com Smend), não terem faltado críticos à tríade elemental e elementar dos elementos do Estado que, além de confundirem níveis, esquecem a essência do "fenómeno"[8].

A primeira das confusões é precisamente a decorrente do abuso da expressão "Estado", que acaba por se identificar com toda a sociedade política ou até comunidade política (sendo aquela o corpo político organizado, e esta o não organizado: por isso, ainda hoje, e *apesar de tudo*, se diz "comunidade internacional" e não "sociedade internacional").

O rigor das coisas levaria a distinguir. Salvo numa formulação de linguagem corrente ou "literária", em que se perdoa a imprecisão terminológica, "Estado" deve ser reservado à forma política que se desenvolveu "como obra de arte"

---

1 Para uma compreensão mais profunda dos problemas deste e do capítulo seguinte, cf. MIRANDA, Jorge. **Teoria do Estado e da Constituição**. p. 31 e ss.; p. 235 e ss.; CANOTILHO, J. J. Gomes. **Direito Constitucional e Teoria da Constituição**. p. 1369 e ss.
2 Cf. lugares paralelos in SOARES, Rogério Ehrhardt. **Direito Público e Sociedade Técnica**. p. 23.
3 Dando-se conta de pressupostos "metafísicos sem valor" em que assentam anteriores construções da Teoria do Estado, já DUGUIT, Léon. **Manual de Derecho Constitucional**. Edição castelhana com Estudo Preliminar de Jose Luis Monereo Pere; José Calvo González. Granada: Editorial Comares, 2005. p. 45.
4 KELSEN, Hans. **Essência e Valor da Democracia**. 1929. p. 12-13, 30-31- 37-43 e 63.
5 NIETZSCHE, Friedrich. **Also Sprach Zarathustra**. citado por *Ibidem*. p. 32.
6 Internacional PFC.
7 JELLINEK, Georg. **Allgemeine Staatslehre**. 1900. Tradução castelhana in **Teoría General del Estado**. Nova edição castelhana. Buenos Aires: Editorial Albatros, 1978.
8 Cf., *v.g.*, SOARES, Rogério Ehrhardt. **Direito Constitucional**: Introdução, o Ser e a Ordenação Jurídica do Estado. máx. p. 64.

(como diria Jacob Burckhardt) a partir do Renascimento, do progresso do capitalismo, da centralização dos Estados nacionais, e da separação epistemológica da Política face a outras realidades da primeira função indo-europeia[9] (mais ou menos sacrais, como a religião, a moral e o Direito), que simbolicamente fazemos coincidir com a obra de Maquiavel, O *Príncipe*[10].

Antes desse momento não há Estado. Não há, no rigor das coisas, "estado egípcio"[11], nem "estado romano"[12], nem qualquer dos reinos medievais é Estado propriamente dito[13]. Por isso, Portugal não nasce como um "Estado".

O Estado não é, ao contrário do que possa pensar-se, a forma normal e muito menos a única, de vivência societal organizada em política. Nem pode ser tido como simples sinônimo de país ou nação "politicamente organizados". Um dos problemas que se colocam em alguns "Estados" do Terceiro Mundo é, precisamente, o da construção do Estado; e há quem duvide que o Reino Unido, com a sua peculiar forma de organização política (e de mentalidade não estatista[14]) tenha sido, pelo menos durante séculos, um verdadeiro "Estado"[15].

Além disso, outras realidades políticas devem ser consideradas: a tribo, a horda, o clã, como formas primitivas. A aldeia, o feudo, o reino são realidades a não olvidar[16]. E ainda formas intermédias, como veremos (o chamado "Estado estamental"[17]) e formas a que se poderia quase chamar já "ulteriores" (como a União Europeia, que é algo de novo já).

---

9 Sobre os indo-europeus e o seu legado, além da obra do renomado jurista alemão JHERING, Rudolf von. **Les Indo-Européens avant l'Histoire**. Op. post. Tradução de O. de Meulenaere. Paris: A. Maresq, 1995; cf. especialmente DUMEZIL, Georges. **Mythes et Dieux des Indo-européens**. Paris: Flammarion, 1992; Idem. **Les dieux souverains des Indo-Européens**. 2. ed. Paris: Gallimard, 1977; Idem. **Mythe et Epopée**. Paris: Gallimard, 1971-1973. 3 vols.; PUHVEL, J. (Ed.). **Myth and law among the Indo-Europeans**. Berkeley; Los Angeles; London, 1970; BENVENISTE, Emile. **Le Vocabulaire des institutions indo-européennes**. Paris: Minuit, 1969. 2 vols.; MALLORY, J. P. **In Search of the Indo-Europeans**. reimp. Londres: Thames & Hudson, 2003, e uma síntese no nosso **Repensar a Política**: Ciência & Ideologia. Coimbra: Almedina, 2006. p. 57 e ss.
10 Cf., sobre esse papel fundador de Maquiavel, o nosso **Repensar a Política**: Ciência & Ideologia. p. 155 e ss.
11 ASSMANN, J. State and Religion in the New Kingdom. In: **Religion and Philosophy in Ancient Egypt**. New Haven: Conn., 1989. p. 65.
12 Cf., v.g., D'ORS, Álvaro. Sobre el No-Estatismo de Roma. In: **Ensayos de Teoria Política**. Pamplona: EUNSA, 1973. p. 57-68.
13 MIRANDA, Jorge. **Manual de Direito Constitucional**. 5. ed. Coimbra: Coimbra Editora, 1996. p. 59.
14 Neste sentido, LEIBHOLZ, Gerhardt. **Conceptos Fundamentales de la Politica y de la Teoria de la Constitucion**. Tradução castelhana. Madrid: Instituto de Estudios Políticos; Civitas, 1964. p. 174 e ss.
15 Aportações interessantes para o problema in POCOCK, John G. A. **Linguagens do Ideário Político**. *passim*, máx. p. 289 (império, estado e confederação).
16 Recorda-os, recentemente, SALDANHA, Nelson. O Conceito de Nação e a Imagem do Brasil. **Revista Brasileira**. Fase VII, ano XII, n. 46, p. 215 e ss., jan./fev./mar. 2006.
17 Sobre a "Constituição Estamental", GARCÍA-PELAYO, Manuel. La Constitución estamental. **Revista de Estudios Politicos**, Madrid, v. XXIV, 1949. p. 105 e ss.

Com grande desenvolvimento cultural e dimensão humana (como sublinhou, por exemplo, François Vallançon[18]) foi a Pólis. A chamada Cidade-Estado grega tem uma pequena dimensão geográfica mas um grande significado de lugar equilibrado de exercício do poder. Com dimensão à medida humana. Não por acaso a dimensão da "cidade" (lato sensu) tudo tem a ver com a criminalidade e um certo equilíbrio psicológico (que, se rompido, nela redunda). Os ratos de John Calhoun ou de Henri Laborit (por exemplo, no filme Mon oncle d'Amérique), o espaço dir-se-ia "vital" hoc sensu de Edward Hall, no seu A dimensão oculta, e tantas outras aportações científicas, assim como a mera observação empírica, parece levarem à conclusão que a governação justa e sã e o comportamento cívico das Pessoas necessita de espaços humanamente dimensionados, e não excessivamente vastos. Já Montesquieu fazia corresponder o despotismo aos impérios.

E o princípio da subsidiariedade, pelo qual as decisões devem ser tomadas ao nível mais próximo possível daqueles a quem dizem respeito, talvez não seja senão a feliz formulação político-jurídica dessa realidade, de que a Pólis deu, pela primeira vez, luminoso exemplo. Talvez por isso os primeiros tentames de democracia, certamente muito oligárquicos ainda, mas os primeiros, nasceram na Pólis.

Necessitam de um estudo autônomo realidades como o feudo e o reino medievais[19], e a sua relação com a ideia e a realidade do "Império" (e com a translatio imperii)[20]. A "república" não era contrária ao reino. Há alguns anos, o rei de Espanha foi apresentado, num país da América Latina, como "Rei da República de Espanha". A República e as "repúblicas" dentro de um reino, merecem também atenção como formas políticas. Assim como as comunas, as cidades livres etc.

E ao nível mais vasto, as federações, as confederações e, de novo, os impérios. Quer na sua forma monárquica, quer na sua forma republicana. Quer numa forma pura e simplesmente ditatorial.

Os principais conceitos dependem, afinal, da evolução histórica. Como dizia Nietzsche, "o que tem história não tem definição". É essa evolução histórica que passamos, a traços larguíssimos, a enunciar.

---

18 VALLANÇON, François. L'Etat ou l'Odyssée. **EYDIKIA**, Atenas, n. 1, p. 1991. 73 e ss. Tradução portuguesa de Clara Calheiros, recolhida no volume que organizamos. **Teoria do Estado Contemporâneo**. Lisboa; São Paulo: Verbo, 2003.
19 Interessantes aportações in BRUNNER, Otto. Sozialgeschichte Europas im Mittelalter, Göttingen, Vandenhoeck und Ruprecht, 1978, reimp. 1984, trad. cast. de Antonio Sáez Aranze, Estructura interna de Occidente, Madrid, Alianza Universidad, 1991, com apresentação e apêndice de Julio A. Pardos. Entre nós, o clássico MERÊA, Paulo. **Introdução ao Problema do Feudalismo em Portugal**. Coimbra, 1912; SOARES, Torquato de Sousa. Feudalismo em Portugal. In: SERRÃO, Joel. **Dicionário de História de Portugal**. Porto: Figueirinhas, 1981. v. II. p. 572 e ss.
20 GARCÍA-PELAYO, Manuel. La Lucha por Roma (sobre las razones de un mito político). In: **Los Mitos Políticos**. Madrid: Alianza Editorial, 1981. p. 111 e ss.

Capítulo 2
Evolução

O Estado que importa mais estudar diretamente para a compreensão do que levou ao atual Estado Constitucional é o Estado moderno, ou Estado em sentido mais preciso. Evidentemente, não negando o grande interesse formativo do estudo de outras formações políticas anteriores[1], ou eventualmente paralelas ou afins[2].

Começamos, por isso, a evolução a partir da criação do Estado moderno, ou Estado, Estado *proprio sensu*.

Maquiavel, como sabemos, clama por um Príncipe que faça (constitua) o Estado italiano. Será o primeiro, ou de todo o modo um dos primeiros, a usar a palavra Estado com um significado moderno. É contudo significativo, embora comece por ser intrigante, que Jacob Burckhardt, que no séc. XIX exaltaria o Estado a obra de arte, comece a sua obra A *Civilização do Renascimento Italiano* falando em sucessivos capítulos de tiranias: tirania do séc. XIV, tirania do séc. XV, os pequenos tiranos... Pela leitura do que sucede ficamos a entender. Em tudo, *ubi commoda, ibi incommoda*. Se a preparação do engrandecimento do poder central dos reinos (e das repúblicas) teve de ser feita à custa da tirania, é nesse mesmo momento que vai também nascer a descoberta do indivíduo[3]. Se até aí o homem só se entendia num contexto coletivo, como o da raça, do povo, da corporação, da família, etc., agora, pelo contexto político e também pelo cultural (não o esqueçamos: e de que maneira a cultura é viva e influente no Renascimento italiano), nasce o Homem-indivíduo, e abre os braços, como no conhecido desenho de Leonardo Da Vinci[4]. Na Alemanha, será sobretudo o movimento da Reforma Protestante, tempo de profunda crise, em que ecoa o martelo de Martinho Lutero afixando as suas teses à porta da catedral de Wittenberg. Reforma também individualista, que remete a relação religiosa para uma maior interioridade, do crente com Deus, através do texto (sem comentários) da sua Bíblia.

---

1 Sobre estas realidades, cf., *v.g.*, GOUVEIA, Jorge Bacelar. **Manual de Direito Constitucional**. Coimbra: Almedina, 2005. v. I. p. 167 e ss.; MIRANDA Jorge. **Teoria do Estado e da Constituição**. p. 37 e ss. Cf. ainda, desenvolvida e especificamente, HALL, John. **States in History**. Tradução portuguesa de Paulo Vaz et al. **Os Estados na História**. Rio de Janeiro: Imago, 1992. E para os tempos mais antigos, KRADER, Lawrence. **Formation of the State**. Nova Jersey: Prentice Hall, 1967. Tradução portuguesa de Regina Lúcia M. Morel. **A Formação do Estado**. Rio de Janeiro: Zahar, 1970.
2 Cf., por todos, e sinteticamente, FRIEDE, Reis. **Ciência Política e Teoria Geral do Estado**. Rio de Janeiro: Forense, 2002. p. 47-70.
3 Cf. a reflexão de CAMPS, Victoria. **Paradojas del Individualismo**: Crítica, 1993. Tradução portuguesa de Manuel Alberto. **Paradoxos do Individualismo**. Lisboa: Relógio D'Água, 1996.
4 BURCKARDT, Jacob. **A Civilização do Renascimento Italiano**. Tradução portuguesa. 2. ed. Lisboa: Editorial Presença, 1983, p. 107 e ss.

São conhecidos os fatores espirituais e culturais, econômicos, e de mudanças de mentalidade do advento dos tempos modernos[5]. Todos concorreram para a unidade e centralização do mando, para a racionalização do aparelho do poder, para a acumulação de meios nessa sede, para a maior eficácia da comunicação dos seus comandos etc.

É também neste tempo que vão surgir os três grandes clássicos da Filosofia Política que, cada um com o seu estilo, cunharão três formas de criticar o *statu quo*: Maquiavel, numa crítica que é apologia de futuro, O *Príncipe*, Thomas Morus, que critica a velha Inglaterra, e propõe sob forma de utopia, em obra homónima, uma cidade ideal, e Erasmo de Roterdão, que opta pela sátira, no *Elogio da Loucura*[6]. Estava rompida a barreira da invenção, da imaginação social e política. Agora podia pensar-se o estado das coisas, criticar-se, e efabular-se novas conceções de sociedade. Mais que uma conquista política, antes disso, foi uma conquista do espírito. Rasgaram-se novos horizontes de pensamento e de respiração mental. O paradigma religioso medieval era, no essencial, substituído. Na verdade, passava para segundo plano, porque a sucessão dos paradigmas procede por camadas, por sedimentos. E não ainda plenamente, nem em absoluto, chegara já o paradigma racionalista. Mas eram os primeiros passos[7].

Há inúmeras teorias caracterizadoras do Estado, e tipificadoras dos seus vários momentos evolutivos. Como é habitual, o desacordo nas perspetivas e resultantes classificações é muito significativo. E importa sublinhar que as teorizações são diferentes, muitas vezes (e frequentemente não há entre elas contato – o que é lamentável) consoante provenham de juristas, historiadores, sociólogos, politólogos, filósofos ou estudiosos da Filosofia etc.

Uma teorização bastante interessante é a que estrutura precisamente um livro de *História das Ideias Políticas* elaborado em coautoria por um renomado

---

5 Cf. uma síntese em MIRANDA Jorge. **Teoria do Estado e da Constituição**. p. 61 e ss. Desenvolvendo, *v.g.*, CROSSMAN, R. H. S. **Government and the Governed**: a History of Political Ideas and Political Practice. Londres: Chattu & Windus, 1958. Tradução castelhana de J. A. Fernández de Castro. **Biografia del Estado Moderno**. 4. ed. 2. reimp. México: Fondo de Cultura Econômica, 1994. máx. p. 26 e ss.; SHENNAN, J. H. **The Origins of the Modern European State (1450-1725)**. Tradução italiana. **Le Origini dello Stato Moderno in Europa**. Bolonha, 1991; SOUSA, José Pedro Galvão de. **O Totalitarismo nas origens da Moderna Teoria do Estado**. São Paulo: S.e., 1972. V. ainda BLUMENBERG, Hans. **Die Legitimität der Neuzeit**. 4. ed. Frankfurt: Suhrkamp, 1976. Tradução inglesa de Robert M. Wallace. **The Legitimacy of the Modern Age**. Cambridge: Mass; London, 1983; TIGAR, Michael E.; LEVY, Madeleine R. **Law and Rise of Capitalism**. Tradução portuguesa de Ruy Jungmann. **O Direito e a Ascensão do Capitalismo**. Rio de Janeiro: Zahar, 1978.
6 Cf. o nosso *Repensar a Política: Ciência & Ideologia*. p. 84-85; p. 103 e ss.
7 Sobre a sucessão de paradigmas culturais e políticos, Ibidem. p. 91 e ss.

historiador da Filosofia pura, uma professora de Direito e Ciência Política, e um assistente de Direito *tout court*[8].

Consideram, sucessivamente, os seguintes capítulos: O Príncipe-Estado (começando, naturalmente, em Maquiavel), o Estado-Nação (das Revoluções americana e francesa ao liberalismo político), o Estado-Sociedade (do utilitarismo ao anarquismo), o Estado-Gerente (humanismo, pluralismo e reformismo), o Estado-Partido (marxista-leninista), o Estado-Força (direita contrarrevolucionária, fascismos e nazismos e bioideologia), a Nação-Estado (os impérios e as novas nações), o Estado-Cientista (sobre questões teóricas do Estado e os seus teorizadores), e finalmente o Estado em Questão (colocando quatro grandes questão: totalitarismo, História, poder, e o próprio Estado). Pensamos que é uma forma inteligente e até fascinante de colocar os vários problemas, embora a pulverização categorial nos desaconselhe a seguir aqui esse caminho. Tomaremos um atalho, mais de acordo com a busca da fisionomia histórico-espiritual de cada fase, a traços largos, e impressionistas – remetendo para algumas memórias culturais do(a) Leitor(a) que, assim, suprirá por si mesmo as lacunas.

Estamos num tempo em que o Estado abre em profundas feridas a sua crise (desde logo, crise do Estado providência, como veremos *infra*, e crise do Estado-Nação[9]), e mostra até, para alguns, sob o seu porte de gigante, pesados pés, mas de barro. As classificações dependeriam de um balanço que, sendo importante, ainda não será o momento de empreender. Assim, recordaremos apenas que, na fase pré-Estadual moderna, e em alguns momentos e regiões convivendo com a Estadual, se fala normalmente (mas com impropriedade) em *Estado estamental*, em que subsistem as *ordens* e sua estratificação rígida, e um ambiente em geral corporativo, que é em grande medida o contrário da liberdade face à origem, e mobilidade social, de profissão e empresa, tão típicas do tempo do Estado moderno em sentido próprio. Até no plano amoroso e conjugal: Luc Ferry recorda que o "casamento de amor" é sobretudo uma conquista dos tempos modernos, e não imediatamente: mais especificamente os tempos burgueses, que em grande medida, num certo ângulo, são também os românticos...

Ao primeiro Estado *stricto et proprio sensu* alguns chamam *Estado Renascentista*. Outra possibilidade é a designação de Estado absoluto, mas então recobriria muitos mais casos, tendo a expressão *absolutismo*, aliás, uma aplicação muito

---

8 CHÂTELET, François; DUHAMEL, Olivier; PISIER-KOUCHNER, Evelyne. **Histoire des idées politiques**. Paris: PUF, 1982. Tradução portuguesa de Carlos Nelson Coutinho. **História das Ideias Políticas**. Rio de Janeiro: J. Zahar, 2000.

9 Cf., por todos, NOVAES, Adauto (Org.). **A Crise do Estado-Nação**. Rio de Janeiro: Civilização Brasileira, 2003; ROSANVALLON, Pierre. **La crise de l'Etat providence**. Paris: Seuil, 1981.

vasta, para um conjunto grande de situações diferentes[10]: em alguns casos pré-estaduais, o que complica ainda mais a questão.

Em todo o caso, e independentemente das subdivisões, há um Estado moderno pré-Iluminista, a que não será errado chamar, Renascentista e Barroco *lato sensu* (sécs. XVI e XVII), a que se segue o Estado Iluminista (séc. XVIII), e depois da Revolução Francesa (1789), ao mesmo tempo herdeira e antagonista das Luzes, surgirão as várias formas de Estado pós-revolucionário, de que somos todos herdeiros ainda hoje, por continuidade e desenvolvimento, ou por reação.

O Estado Iluminista não deixa de ser um Estado absolutista, e por vezes bem duro, mas move-o uma demofilia sincera. Está longe de ser democrático, nas suas instituições (em grande medida a estrutura tradicional do Estado, aqui e ali *aggiornata*) e nos seus procedimentos. Reforçou mais ainda a ideia da realeza de *direito divino*, e prescindiu do Povo como intermediário (ou destinatário último) dessa legitimação. É contudo um Estado que procura a Cultura, o Progresso e a Educação. Os seus fins multiplicam-se, e as suas realizações são para ver, admirar, esmagar na sua sumptuosidade e magnificência. Herda do Estado Barroco o gosto pelo dramatismo e encenação do poder, pelo poder-espetáculo.

Entre nós, é o Estado da Mafra do *Memorial do Convento*, de Saramago, e é o Estado do Terremoto de 1755 e da reconstrução-terremoto (para recordar Oliveira Martins, na sua *História de Portugal*) do Marquês de Pombal[11]. É um Estado de grandes empreendimentos, com grandes ambições, muitas delas goradas, mas cujo sonho e o mito fica.

A este Estado se chama por vezes também Estado de Polícia (Polizeistaat). Nesta época a expressão adquiria uma conotação muito positiva aos olhos dos governantes e alguns intelectuais afetos ao poder. O *policiado* era o culto, o ilustrado, por outras palavras. Era, afinal, o *polido*. O contrário do rude ou rústico. Um lugar paralelo a apreciar é o fato de, nos EUA, ainda no século XX se falar de *police power* do Estado (*v.g.* Lochner vs. Nova Iorque), como poder deste desenvolver atividade legislativa em prol do interesse público[12].

Mas a ideia desses tempos absolutistas de que falávamos era realmente uma outra: a de um controle e vigilância. Como patentemente se vê, por exemplo, no Projeto de Novo Código de Direito Público, de Melo Freire, entre nós: registros, rondas, autorizações e exames (até para casamento), policiamento efetivo, geometrismo, iluminação, salubridade, urbanismo etc. – tudo formas de controle social. Estas características ganham assim outra conotação aos olhos mais liberais

---

10 MACEDO, Jorge Borges de. Absolutismo. In: SERRÃO, Joel (Dir.). **Dicionário de História de Portugal**. Lisboa: Iniciativas Editoriais, 1963. v. I. p. 8-14.

11 Cf. o nosso "O Marquês de Pombal: Estado vs. Liberdade". In: **Faces da Justiça**. Coimbra: Almedina, 2002. p. 75 e ss.

12 Sobre esta última noção, cf. SOARES, Rogério Ehrhardt. **Interesse Público, Legalidade e Mérito**. Coimbra: Atlântida, 1959.

lato sensu, democráticos, e pluralistas dos nossos dias. Por isso, passam por vezes a chamar-se estados de polícia estados modernos, mas considerados policiais, alegada ou realmente com falta ou ausência de liberdades etc., englobando por vezes um leque muito vasto[13]. Cremos que é mais uma acha para a fogueira da confusão conceitual. Seria preferível considerar estado de polícia precisamente o iluminista, e simbolicamente ilustrado por José II da Áustria, esse mesmo que, bom "polícia", corrigiu Mozart por ele compor óperas com demasiadas notas[14].

E é contra este Estado Iluminista, mas alimentados culturalmente por ele, que se levantam os *philosophes* (que tinham tido o sonho de ser filósofos-conselheiros de reis: desde a Rússia à Prússia – onde foram recebidos sem o entusiasmo que desejavam, e de onde voltaram desiludidos e revolucionários). Eles serão o fole da forja e da fogueira da Revolução Francesa, que, depois de muitas perturbações, dará lugar ao Estado liberal burguês, o Estado d'O *Conde de Monte-Cristo*, por exemplo. Além de uma política, trata-se de uma mentalidade, que se pretende ainda hoje universalista, mas que é localizada, e particular: a mentalidade burguesa[15], capaz de mover montanhas com a sua autoconfiança empreendedora, como Marx e Engels reconheceram no *Manifesto Comunista*. E, em Portugal, dos romances de Camilo, Júlio Dinis, e Eça de Queiroz. Ou (apesar de se duvidar se há Estado no Reino Unido[16]) dos de Jane Austen, *Orgulho e Preconceito*, *Sensibilidade e Bom Senso* e outros, com notáveis adaptações cinematográficas, aliás.

O Estado Liberal é apenas teoricamente não intervencionista. Os seus empreendimentos bélicos, designadamente coloniais, vão demonstrá-lo e requerê-lo. Por outro lado, os próprios liberais (e mesmo os ideólogos liberais) evoluirão num sentido social, e de tal forma que, como veremos, serão os pioneiros da legislação social no Reino Unido. Porém, os direitos reconhecidos por este Estado são sobretudo os de participação e representatividade, civis e políticos, sem dimensão econômica, social, ou cultural etc.

Estado em grande medida construído por burgueses juristas, será sobretudo um Estado de Direito (*Rechtsstaat* é expressão que se deve a Von Mohl, apenas em 1832), e fará também a sua transição para Estado Democrático. Aliás, Estado de Direito é expressão que tem outros equivalentes (mas só equivalentes) jurídicos noutros ambientes culturais, como o francês (que aborda a questão através do

---

13 Um exemplo dessa abrangência conceptual, que se nos afigura dissolvente do próprio conceito: <http://de.wikipedia.org/wiki/Polizeistaat#Literatur_und_Film>. Embora haja uma ressalva linguística. Já não nos chocaria chamar aos referidos estados não "Estados de Polícia", mas "estados policiais"...
14 Cf., *v.g.*, FONTES, Cecília. "Le Nozze di Figaro", by Mozart. In: **Fides**: Direito e Humanidades. Porto: Rés, 1992. v. II. p. 123.
15 Cf., v.g., SOMBART, Werner. **Le Bourgeois**. Tradução francesa. Paris: Payot, 1966; ROMERO, Jose Luis. **Estudio de la Mentalidad Burguesa**. Madrid: Alianza Editorial, 1987.
16 MENAUT, Antonio-Carlos Pereira. **El Ejemplo Constitucional de Inglaterra**. Madrid: Universidad Complutense, 1992.

princípio da legalidade e supremacia da lei por imposição da *volonté générale*), ou o de língua inglesa, que fala em *Rule of law*. Parece que houve dificuldade em traduzir este conceito para Russo, ainda não há muitos anos, o que nos não espanta, na medida em que, num nosso livro traduzido para chinês se não encontrou palavra, naquela língua, para a simples (e complexa) palavra portuguesa "Direito"[17].

O Estado liberal, democratizado e porejado de Direito, terá ainda uma fase intermédia antes de dar lugar ao Estado Social, de que falaremos mais no final deste livro. Foi dominado pelo chamado *regime administrativo de serviço público*. Aí reconhecidamente os fins do Estado evoluem muito, desde a época anterior, que tem também (erradamente por vezes abarcando todo o Estado Liberal) o nome de *État gendarme*, ou Estado-guarda-noturno, o qual tinha, como a classificação indica, muito menos funções que o Estado de polícia. O aumento das funções do Estado prendeu-se com a evolução econômica, e o progresso técnico. Foi sobretudo arrastado pelo caminho-de-ferro, tão discutido ainda n'A *Morgadinha dos Canaviais*, de Júlio Diniz. E entre nós o progresso das comunicações (ou o seu mito) faria a glória dos governos fortes, musculados, como os dos Cabrais (desses de que fala o Hino da Maria da Fonte) e de Fontes Pereira de Melo.

As guerras se encarregariam do resto[18]. A primeira guerra mundial começará a mudar o rosto da Europa, dando a grande machadada no que restava de liberal no Estado. Depois do fim da Primeira Grande Guerra, multiplicaram-se medidas protecionistas. A Grã-Bretanha, por exemplo, publica a sua Lei da Saúde Pública em 1921.

E a II Grande Guerra será decisiva na instauração do Estado social. Mas começa com transformações sociais, como o emprego das mulheres, e a quebra de resistência a empreendimentos coletivos, como, por exemplo, a alimentação em cantinas, que só começaria a generalizar-se nas empresas após o estalar do conflito de 1939-1945. Pense-se só nos problemas da produção rápida e massiva de armamento, dos abastecimentos de combustível, ou no racionamento alimentar para se aquilatar da enorme máquina não puramente fiscal do Estado.

Depois da II Guerra, multiplicam-se os serviços nacionais de saúde, e afins, por exemplo. Em 21 de março de 1943, já Churchill, numa alocução radiofónica a todo o Império Britânico traçava o programa de um "campo cada vez mais largo para a propriedade e a iniciativa da parte do Estado"[19].

---

17 Cf. o nosso **Res Publica**: Ensaios Constitucionais. p. 51 e ss.
18 Cf., em geral, JOUVENEL, Bertrand de. **Du Pouvoir**: Histoire naturelle de sa croissance. Nova edição. Paris: Hachette, 1972-1977. V. ainda, subsidiariamente, o nosso **Da Guerra Ideológica à Guerra Cultural**: Separata de do volume de Homenagem ao Prof. Doutor André Gonçalves Pereira. Coimbra: Coimbra Editora; Faculdade de Direito da Universidade de Lisboa, 2006. p. 149-160.
19 Citado por **A Consciência Social na Grã-Bretanha**: Serviços de Imprensa e Informação da Embaixada Britânica. 1944. p. 80.

E Churchill, como é bem sabido, oscilou politicamente entre o partido liberal e o partido conservador. É o mesmo que em tempo de guerra, perguntado sobre o que cortaria do orçamento da cultura, responderia que não cortaria nada. Pois evidentemente: diminuir o investimento na cultura, dizemos nós, seria um passo significativo para a rendição.

Nos anos 80 e 90 do século XX, começa uma viragem, sobretudo ideológica, proclamando a falência do Estado social, sob a inspiração dos Chicago boys e das teorias ditas neoliberais, mais propriamente anarco-capitalistas. E o Estado social começa realmente a recuar, tendo como emblemáticas figuras Margaret Thatcher, no Reino Unido, e Ronald Reagan, nos EUA. Depois viriam outros... Apesar das proclamações, e sem dúvida de cortes fatais em algumas funções sociais do Estado, não se foi tão longe no desmantelamento do Estado social como pretenderiam os ideólogos. Em Portugal, por exemplo, a panaceia da privatização para resolver problemas do tesouro público é um sintoma de que o neoliberalismo está a lançar raízes, embora conte com a barreira de uma cultura social muito forte, e mais ainda nos países europeus. É uma luta que está para ficar.

Falam alguns já de Estado Pós-social. Cremos hoje ser apressado para declarar essa abertura de um novo ciclo. O que parece estar aí é apenas o simples e normal nestes casos. Há uma luta entre dois paradigmas: o de um Estado social que tem de se reformar para sobreviver, evoluindo; e o de um anarcocapitalismo que roça o Antietatismo, nas suas versões mais agressivas. Tem ainda uma versão mais perigosa ainda, que assimila neoliberalismo e populismo neofascista ou afim.

O futuro dirá se algum deles triunfará, ou se algo de novo poderá sobrevir, como síntese ou como superação desta luta, que não deixa de atravessar a Teoria do Estado e a Teoria da Constituição. A síntese, porém, não parece poder englobar os traços absolutamente contraditórios de liberdade e antiliberdade, ou de solicitude social e egoísmo ou individualismo possessivo. Os extremos dificilmente se "resolvem" em moderação, antes, como afirma um dito corrente, "os extremos tocam-se". Tem-se visto, ao longo da História, confluências estratégicas permitidas por ideologias aparentemente inimigas. Para não falar de casos mais recentes, relembre-se o pacto germano-soviético (1939-1941).

Capítulo 3
Novos desafios

3.1 O Estado Constitucional

3.1.1 Estado de Direito democrático e social de cultura

Um fenômeno que terá despertado muitas pessoas para o desfasamento entre as clássicas teorias do Estado e a realidade dinâmica da História e do Direito terá sido, no seu tempo (já vai há uns anos) o da Constituição Europeia. Mas de há muito que os mais atentos viam as dificuldades em fazer caber a realidade movente e multímoda das sociedades políticas de hoje no leito de Procusta dos paradigmas estadualistas cunhados para outros tipos históricos de "Estado".

O Estado que vamos tendo, independentemente mesmo de evoluções europeias até, é um novo tipo de Estado. É, desde logo, Estado de Direito, democrático, e social. Mas é, numa outra classificação, Estado Constitucional (que a todas estas dimensões abrange também).

O Estado Constitucional constrói-se a partir da tríade (ela própria evoluindo, como vimos já) mítica da Constituição moderna, que funciona como seu pano de fundo e esteio. Afinal, ele desenvolve esse projeto e esse legado. Quais os elementos por meio dos quais se realiza essa evolução?

A própria **soberania popular**[1], já o vimos, parecer ser um quarto elemento a acrescentar à tríade do constitucionalismo liberal, que se torna democrático. Ela será talvez a ponte primeira para o Estado Constitucional.

Mesmo princípios pertencentes à tríade mítica moderna são reelaborados nesta nova forma de Estado.

Por exemplo, a **separação dos poderes**[2] deixa de ser apenas forma de distribuição dos mesmos pelos diferentes pretendentes sociais e políticos, e método de organização do Estado, para, por um lado, ao menos idealmente, se passar a repercutir em todos os domínios em que tenha pertinência o equilíbrio dos freios e contrapesos (designadamente ao nível infraestadual, ou em entes estaduais diferentes das clássicas sedes dos três tradicionais poderes); e por outro lado, passa a separação dos poderes a transmutar-se e a redimensionar-se numa mais vasta ideia de pluralismo. Além disso, a separação de poderes, hoje, num Estado Constitucional, leva muito a sério a dignidade dos Parlamentos e a independência dos Tribunais, assim como a independência e a inviolabilidade de deputados e

---

1 Cf., por todos, BAPTISTA, Eduardo Correia. A Soberania Popular em Direito Constitucional. In: MIRANDA, Jorge (Org.). **Perspectivas Constitucionais**. Coimbra: Coimbra Editora, 1986. v. I. p. 481 e ss.

2 Cf., v.g., PIÇARRA, Nuno. **A Separação dos Poderes como Doutrina e Princípio Constitucional**. Coimbra Editora: Coimbra, 1989. Cf. uma síntese da nossa visão do problema: o nosso **Política Mínima**. 2. ed. p. 155 e ss.

magistrados. O que de modo algum é privilégio. Uma peça de porcelana que é oferecida aos Juízes Conselheiros (que têm o título de Ministros, no Brasil) do Supremo Tribunal de Justiça, na sua tomada de posse, ostenta esta citação: "A independencia do Poder Judicial não é um favor concedido à classe dos Juízes; é uma garantia dada á sociedade"[3].

Do mesmo modo, os *direitos fundamentais* ou humanos, de proclamatórios (crítica que tradicionalistas e coletivistas muitas vezes lhes faziam) passam a usufruir de rigorosa tutela, designadamente jurisdicional[4]. O que lhes dá toda uma outra legitimidade e dignidade, tornando-os afinal tão reais, que o seu clássico e inteligente crítico Michel Villey teria passado a acreditar neles (ou terá sido ironia?), num processo de que a sua última entrevista ao jornal *Le Monde* viria a coroar[5]. Além disso, de entre os direitos fundamentais começaram a avultar (o que confundiu espíritos menos permeáveis à mudança), e hoje têm plenos foros de cidade (apesar das críticas), direitos fundamentais sociais. Estes direitos são parte integrante e indissociável do novo Estado constitucional. E é já algo de passadista esgrimir contra eles.

A seguir, mas mais importante em hierarquia, virá a *dignidade humana*[6]. Uma ideia de dignidade humana não absolutizada de forma idealista, mas encontrada em cada momento na interseção crítica e criadora dos princípios universais de Direito (e dos Direitos Humanos universais – ou direitos naturais, como se preferir) e a radicação e a riqueza do local (tradicional, histórica, nacional, comunitária, como se desejar). No fundo, trata-se da *glocalização*[7] de uma das grandes premissas (talvez a mais importante, a seguir à vida humana) dos próprios valores jurídicos.

O Estado passa a sofrer, em si, importantes transformações.

---

3   Da Carta dos Juízes do Supremo Tribunal de Justiça à Rainha D. Maria II, de 14 de agosto de 1844.
4   No Brasil, veja-se, *v.g.*, VIEIRA, Óscar Vilhena (colaboração de Flávia Scabin). **Direitos Fundamentais**: uma Leitura da Jurisprudência do STF. São Paulo: Malheiros, 2006.
5   VILLEY, Michel. **Le Droit et les Droits de l'Homme**. Paris: PUF, 1983; *Idem*. Polémique sur les "Droits de l'Homme". **Etudes Philosophiques**, n. 2, 1986. p. 191 e ss.; *Idem*. **Réflexions sur la Philosophie et le Droit**: Les Carnets. Paris: PUF, 1995 (póstumo).
6   Em geral, ANDRADE, José Carlos Vieira de. **Direitos Fundamentais**. 2. ed. Coimbra: Almedina, 2001; QUEIROZ, Cristina. **Direitos Fundamentais (Teoria Geral)**. Coimbra: Coimbra Editora; Faculdade de Direito da Universidade do Porto, 2002. Concretizando, em Portugal, COSTA, José Manuel M. Cardoso da. **O Princípio da Dignidade da Pessoa Humana na Constituição e na Jurisprudência Constitucional Portugueses**: Separata de Direito Constitucional. Estudos em Homenagem a Manoel Gonçalves Ferreira Filho. Coordenação de Sérgio Resende de Barros e Fernando Aurélio Zilveti. São Paulo: Dialética, 1999. E o nosso **Teoria da Constituição**. v. II. *passim*.
7   Cf. o nosso Globalização. In: **Verbo. Enciclopédia Luso-Brasileira de Cultura. Edição séc. XXI.**, Lisboa; São Paulo: 1999. v. XIII. Col. 634 e ss.; Geografia Constitucional, cit., e a nossa recensão ao livro de FRANCO, J. E.; CAETANO, J. R. (Coords.). Globalização como problema: Temas de estudos globais. Coimbra: Imprensa da Universidade de Coimbra, 2020. In: **E-Letras Com Vida**, n. 6, jan./jul. 2021. p. 174-177.

Claro que o Estado com uma Constituição liberal começa por se submeter ao Direito (Estado de Direito), depois por se democratizar (Estado democrático), e por se preocupar socialmente com muito mais empenhamento, ao ponto de, por vezes, se transmutar (Estado Social). Mas o passo seguinte é o de um Estado de Cultura (Kulturstaat), obviamente para os casos em que a sociedade e os seus políticos e governantes, a todos os níveis, tenham conseguido ultrapassar o espetro do ministro de Hitler, Goebbels: "quando ouço falar em cultura, puxo logo da pistola". Ora o Estado Constitucional é um Estado de Direito democrático e social de cultura.

Além disso, é também ecológico e pluralista (nesse sentido o "sem preconceitos" do Preâmbulo da Constituição brasileira). Eventualmente estas dimensões possam ser abarcadas pela "cultura".

3.1.2 Tópicas dos Elementos do Estado

Nem sequer como projeto, antes como verificação de um fato não apercebido, mas que hoje avulta, a Teoria Geral do Estado tem de acolher no seu seio, desde logo na enunciação dos "elementos" do Estado, a dimensão "cultura", pelo menos a par dos clássicos "território", do "povo" e do "poder político" (com as alternativas "governo"[8] ou "soberania"[9] – mas apontando sempre mais ou menos para a mesma conceção).

Mas nem se pense que sempre houve, apesar de muito psitacismo, completa unanimidade quanto a estes traços característicos do Estado, os quais funcionam na prática como tópica legitimadora e como *cabeças de capítulo* do estudo das suas matérias: portanto tópicos ideológicos e tópicos pedagógicos.

Cremos que mais na perspectiva do tópico pedagógico, Kelsen, por exemplo, acrescenta ao catálogo o "tempo" – pensando, claro está, na sua limitação temporal: os Estados (mesmo numa perspetiva mais internacionalista que constitucional) nascem e morrem, no tempo, outros lhes sucedem etc[10].

Além disso, o próprio empenhamento internacional e comunitário dos Estados (ou abertura participante e construtiva à integração e ao Direito Internacional), designadamente dos Europeus, acaba por se integrar nos próprios

---

8   Marcello Caetano, Santi Romano, Donato Donati e outros optaram em algum momento por esta perspetiva.
9   Ponto de vista, por exemplo, Michel Temer, Sahid Maluf, e Anderson de Menezes, no Brasil.
10 KELSEN, Hans. **Teoria Geral do Direito e do Estado**. p. 314 e ss. Não é o único a sublinhar a relevância do tempo em matérias constitucionais e políticas. Por todos, *v.g.*, LINZ, Juan. **El Factor Tiempo en un Cambio de Régimen**. México: Instituto de Estúdios para la Transición Democrática, 1994.

fins do Estado, ou nos seus grandes princípios fundantes e retores[11]. E daqui decorrem imensas e muito interessantes e promissoras consequências. Este é, irrecusavelmente, um tópico ideológico. O Estado liberal, romântico, era nacionalista e reforçava o tópico da soberania de cada Estado. É necessário nos nossos dias repensar seriamente o equilíbrio entre independência dos Estados e globalização interdependente, sem cair na fraseologia demagógica e perigosa dos nacionalismos, opondo-lhes patriotismo esclarecido, com dimensão e visão do Mundo. Há, no limite, paradoxos graves de alguns que dão de barato a soberania em certos aspectos vitais a que em outras matérias, laterais, se apegam grandiloquentemente[12].

Outros autores advertem justamente para o fato de que a teoria tripartida tradicional confunde planos, ou níveis, junta o que não pode ser agregado. E quando se começa a organizar, não raro se acaba por colocar mais elementos no catálogo. Por exemplo: o Direito. Como pode, hoje (e por que não sempre?), realmente, descrever-se o Estado sem o Direito? Assim, por exemplo para Torres del Moral, o Estado tem como elementos a que chama "formais" o Direito e o poder político, e como "pressupostos materiais", o povo e o território[13].

Não importa aqui e agora comprometermo-nos com uma teoria em concreto. Visa-se é problematizar, e pluralizar as fontes, numa matéria controversa e ao mesmo tempo dogmatizada.

3.1.3 Tópicas dos Fins e Funções do Estado

Também no atinente aos fins (e funções) do Estado há tópicas adversas, designadamente mais liberais e mais sociais. Não nos esqueçamos que a questão dos fins, sobretudo, é, antes de mais, um problema de filosofia política[14], com grande coloração ideológica até, como sucede nas discussões atuais sobre o problema.

Tradicionalmente, entretanto, continua a dizer-se (com mais ou menos variantes) que os fins essenciais ou jurídicos do Estado são a segurança e a justiça. Colocando-se o fim benévolo e demofílico, o bem-estar, como um fim não essencial. E assim, muitas vezes, na lógica liberal de *laissez faire* que preside a uma teorização que não é, evidentemente, inocente, estes elementos são colocados de

---

11 Cf., *v.g.*, CANOTILHO, J. J. Gomes. **Direito Constitucional e Teoria da Constituição**. 7. ed. p. 367 e ss.; AMARAL, Maria Lúcia. **A Forma da República**: uma Introdução ao Estudo do Direito Constitucional. Coimbra: Coimbra Editora, 2005. p. 390 e ss.
12 Cf. os nossos livros **Direito Internacional**: Raízes & Asas. Belo Horizonte: Forum, 2017. Prefácio de Marcílio Franca e Posfácio de Sérgio Aquino; e **Repensar o Direito Internacional**: Raízes & Asas. Coimbra: Almedina, 2019. Prefácio de Maria Helena Pereira de Melo.
13 TORRES DEL MORAL, Antonio. **Introducción al Derecho Constitucional**. Madrid: Universidad Complutense, 1996. p. 22 e ss.
14 V., desde logo, QUEIRÓ, Afonso Rodrigues. Os Fins do Estado (Um Problema de Filosofia Política). **Suplemento ao vol. XV do "Boletim da Faculdade de Direito"**. Coimbra: Universidade de Coimbra, 1939. p. 1 a 72.

forma instrumental. Explicando-se assim que a *segurança* é o exercício do poder de polícia na ordem interna e a defesa das fronteiras (territoriais e simbólicas) no plano externo (ou seja, defesa da soberania – que tem estes dois elementos de supremacia), que a justiça é, afinal, a capacidade sobretudo legislativa e a judiciária (de produção normativa e sua tutela em tribunal)[15]. O *bem comum*, acaba por reconduzir-se aos fins não essenciais (sociais) do Estado, tais como a Educação, a Segurança Social, a Saúde, os Transportes públicos etc. E esta teoria, considerando apenas essencial o mínimo, típico de um Estado guarda-noturno, abre obviamente a porta a uma sua retração ou alijamento das funções que, desde o Estado Iluminista, e sobretudo desde as duas guerras mundiais, se lhe foram incorporando naturalmente.

Contudo, partindo embora da mesma teorização de base, outros autores suavizam e atualizam a rigidez do esquema. Na linha do pensamento social cristão, Freitas do Amaral, depois de ponderar a ideia, precisamente contrária à liberal, de São Tomás de Aquino, segundo a qual a finalidade essencial do Estado, sempre e em toda a parte, seria o *bem comum*[16], teoria que não pretende contrariar, apresenta uma visão tripartida, em que se acolhem os dois elementos essenciais, tipicamente liberais, e o elemento cristão, considerando assim como fins do Estado cumulativos e implicando realização simultânea da segurança, da justiça e do bem-estar[17]. Além disso, é suscetível de poder extravasar uma perspetiva simplesmente funcional a forma como o autor densifica o conceito de segurança, na linha, aliás, do que fazia já Marcello Caetano, que cita:

> a sociedade política existe para substituir, nas relações entre os homens, ao arbítrio da violência individual certas regras ditadas pela Razão que satisfaçam o instinto natural de Justiça.[18]

Outra dificuldade nestes temas, é que se confundem muitas vezes os fins com as funções[19]. A forma como a doutrina liberal restritiva apresenta os fins do

---

15 Uma boa estilização desta perspetiva é relatada em FRIEDE, Reis. **Ciência Política e Teoria do Estado**. p. 36 e ss. máx. p. 38.
16 Bem-Comum não é, em rigor, idêntico a Bem-Estar, com é óbvio. Cf. o nosso **Política Mínima**. 2. ed. p. 92 e ss., e bibliografia aí apontada. Por outro lado, há quem o considere um valor jurídico: o que ainda torna a questão mais complexa. Cf. GUILLERMO PORTELA, Jorge. Breve Análisis de los Valores Jurídicos. In: **Cultura Jurídica**. México: Tribunal Superior de Justicia del Estado de México, n. 1, 2005, p. 127 e ss.; máx. p. 162 e ss. O problema parece ser o de se tentar fazer conviver categorias com tempos diferentes, de tempos diferentes, na verdade. Já é complicado fazer caber num mesmo tempo valores, virtudes e princípios... Uma visão hodierna da tradição aristotélica do "Bem comum" e da chamada "vida boa", in BERTEN, André. **Philosophie politique**. Tradução portuguesa de Márcio Anatole de Souza Romeiro. **Filosofia Política**. São Paulo: Paulus, 2004. p. 70 e ss.
17 AMARAL, Diogo Freitas do. **Estado**. Col. 1140 e ss.
18 CAETANO, Marcello. **Manual de Ciência Política e Direito Constitucional**. 6. ed. v. I p. 145, citado in AMARAL, Diogo Freitas do. **Estado**. Col. 1142.
19 Uma breve síntese de algumas teorias sobre a questão no nosso **Política Mínima**. 2. ed. p. 143 e ss.

Estado é muitas vezes excessivamente funcional. Se pensarmos a Justiça numa interpretação abrangente da quase antropológica (de antropologia filosófica) citação de Marcello Caetano, ligando a Justiça ao instinto natural de Justiça de uma natureza humana, afinal, evidentemente que essa Justiça é um fim, e se diria mesmo que habita no Reino dos Fins. Se identificarmos, por outro lado, a Justiça com a aplicação da justiça, e mesmo, também, com a legiferação, ela não passa da adição das funções legislativa e jurisdicional do Estado.

3.1.4 Estado de Cultura e Estado Social: sínteses hodiernas

Mas não esqueçamos que as ideias têm processos andarilhos de torna-viagem. Glosa-se muito a teoria de Jellinek, mas esquece-se que ele considerava fins jurídicos e fins culturais do Estado. O Estado Constitucional vai retomar num outro nível a ideia de fins culturais, tornando-os consubstanciais ao mesmo Estado.

Sendo o Estado Constitucional um Estado que absorve e integra harmônica e progressivamente todos os legados das precedentes etapas do Estado Moderno, contudo tem como uma das suas mais relevantes diferenças específicas o tônus de Estado de Cultura – que é, realmente, o culminar de um processo de libertação.

Contudo, em boa medida, quer Estado Constitucional, quer Estado de Cultura (assim como o entendimento do Direito Constitucional como disciplina de Cultura – como no título de Peter Häberle) são projetos, são anelos. São, pelo menos, projetos abertos, a necessitar de contínua constituição e até permanente luta.

Além do mais, o tempo presente não é de modo algum unânime, inclusivamente sobre algumas dimensões anteriores ao novo paradigma. E uma das dimensões que está em causa, e é motivo de luta ideológica, é o paradigma "Estado social", cujo próprio recorte teórico, como é hábito neste tipo de disputas, não é consensual, provocando não raro mal-entendidos que derivam de se estar a falar de coisas diferentes[20].

Importa, por isso mesmo, determo-nos com mais cuidado sobre a própria noção de Estado social, cuja teoria primeira se deverá a Hermann Heller[21].

---

20 Cf. RAMAUX, Christophe. **L'Etat social**: une révolution qui n'a pas sa théorie, Actes de l'Université d'été. Ed. Mille et une nuits, 2004.
21 HELLER, Hermann. Op. cit., p. 241 e ss. (sobre a função social do Estado).

3.2 O Estado Social[22]

3.2.1 Razão de Ordem

No seu clássico L'État providence, François Ewald chegava a comparar a aventura teórica do Estado Social à grande etapa anterior, a do Direito Natural, nestes termos: "la pensée juridique (...) est désormais engagée dans une aventure qui n'aura rien à céder à celle dont elle a encore la nostalgie, celle du droit naturel".[23]

Talvez a comparação seja exagerada, mas a problemática do Estado social, pela crítica ou pela defesa, pela constatação da sua hipotética falência e mesmo óbito, ou pela vindicação da sua excelência, está, sem dúvida, na ordem do dia. E de há bastante tempo já.

Ela é mesmo, além, antes da sua importância prática evidente (está em causa um modelo de sociedade, e, pelo menos em parte, a própria vida material de qualquer de nós, agora ou no futuro, além da das gerações vindouras), uma sensitiva para os estudos constitucionais de índole pós-disciplinar, porquanto, sendo tão interpelante e atual, obriga a que se convoquem inúmeros conhecimentos (jurídicos, políticos, filosóficos, econômicos, financeiros, demográficos, sociológicos etc.), e no debate a seu propósito não raro se invocam argumentos da mais variada índole (além destes, normalmente históricos, ideológicos, utópicos, e míticos).

Essa pós-disciplinaridade funciona em grande medida de uma forma performativa e tópica. A convocação preferencial deste ou daquele elemento não é inocente, e esconde não raro uma perspetiva. Sem querer tornar inócua uma abordagem do problema, tentemos indagar agora apenas do conceito ou noção de Estado social, precisamente começando por desvelar algumas aproximações históricas que logo se tornam míticas, e assumem contornos ideológicos. Finalizaremos com uma teorização cuja abrangência, sem lhe retirar posicionamento, esperemos venha a tornar mais claro o problema e o conceito mais seguro e com mais efeito útil no léxico jurídico-político, logo, também constitucional.

Em grande medida, trata-se de uma perspetiva já muito adotada, com este ou aquele matiz, pela corrente (ainda dominante?) doutrina jurídico-política. Mas têm as páginas seguintes o intuito de uma circum-navegação, detendo-nos, mais que o habitual neste estudo, sobre várias perspetivas atuais – precisamente pela atualidade do tema.

---

22 Cf., em geral, v.g., Aportações muito pertinentes sobre esta questão poderão colher-se ainda in NABAIS, José Casalta. Algumas reflexões críticas sobre os Direitos Fundamentais. **Separata do volume comemorativo "Ab Uno ad Omnes – 75 anos da Coimbra Editora"**. S.d. máx. p. 268 e ss., designadamente com as plásticas designações de Estado ausente, Estado ubíquo, e Estado "salamizado", além dos mais ortodoxos Estado democrático, e Estado Social.

23 EWALD, François. **L'Etat providence Paris**. Grasset, 1986. p. 11.

3.2.2 História ainda plácida

O pós-guerra (falamos ainda do da Segunda Guerra Mundial, de 1939-45) levou, como é sabido, a ajustamentos constitucionais de relevo num mapa da Europa em que o triunfo da democracia pluralista e representativa no Ocidente teve que ser partilhado na divisão de Yalta, consagrando, até à queda do muro de Berlim, umas Tordesilhas *da vergonha*, apartando povos politicamente livres e economicamente capitalistas de outros povos, sujeitos à hegemonia totalitária soviética.

Tudo isto é muito sabido, embora as novas gerações precisem cada vez mais que se lhes recordem estas coisas, pela simples razão de que as não presenciaram, e ninguém nasce ensinado. Uma das falhas mais graves das mesmas democracias que puderam na Europa Ocidental triunfar nessa partilha tem sido a incapacidade de transmitir o seu legado de símbolo e de memória – permeabilizando as jovens gerações à sementeira dos autoritarismos e até dos totalitarismos, que espreitam sempre à esquina de cada crise. E a crise está aí.

Mas voltemos ao pós-guerra. Quer nos países ganhadores quer nos perdedores, o impacto social da guerra – as guerras, sobretudo as modernas, são sempre de algum modo coletivizadoras, como bem sublinharia Bertrand de Jouvenel[24] – levou ao colapso do que ainda restava do idílico mundo (vetero)liberal do séc. XIX (simbolicamente retratado no filme *The remains of the day*[25]), tornando clara, ao lado da necessidade internacional de Paz no espaço europeu (semente das instâncias que viriam a desembocar na União Europeia), a ingência no plano interno de pacificação social e alguma "colaboração de classes", só possível por uma manutenção de um quadro capitalista suficientemente modelado com progressos de índole social.

É natural que a necessidade (também mítica) de refundação da Polis se haja feito sentir mais profundamente nos países vencidos na guerra: designadamente na Itália e na Alemanha. E o mesmo, de forma aparatosa até, se viria a passar no terceiro membro do eixo, o Japão – que passaria, sob real influência americana, de uma ordem constitucional assente na divindade do Imperador para o constitucionalismo moderno, no seguimento da derrota. Mas não é este o local para analisar este caso particular.

Uma das primeiras manifestações desses *ajustamentos constitucionais*, na Europa, foi a Constituição italiana, de 1947, a qual, declarando no seu art. 1º a República italiana como "república democrática fundada no trabalho" (fórmula aliás bastante original), aponta como um fim a "igualdade material" dos cidadãos no art. 3º, cometendo ao Estado o dever de efetivar a liberdade e a igualdade.

---

24 Cf., especialmente, DE JOUVENEL, Bertrand. **Du Pouvoir**. Paris: Hachette, 1972.
25 Guião, com roteiro de Ruth Prawer Jhabvala e direção de James Ivory, a partir de um romance de Kazuo Ishiguro.

Mas será na Lei Fundamental de Bona, de 23 de maio de 1949, que ficará plasmado constitucionalmente de forma simbólica (pois uma carga mítica se associa a esta Constituição) o Estado social (arts. 20, 1 e 28, 1):

No primeiro número do art. 20, afirma-se, com efeito: "Die Bundesrepublik Deutschland ist ein demokratischer und sozialer Bundesstaat".

Na própria "definição" da República Federal da Alemanha fica ínsito o estado social, embora, temos de convir, a "autonomização" do conceito não seja total, pelo contexto e como que pela coexistência de outros polos de atração semântica (democracia e federalismo): a República Federal Alemã é um estado federal, democrático e social.

No primeiro período do art. 28, reforça-se a ideia, ainda que acresça mais um polo de interesse conceitual – o Estado é também (além de democrático e social), republicano:

> Die verfassungsmäßige Ordnung in den Ländern muß den Grundsätzen des republikanischen, demokratischen und sozialen Rechtsstaates im Sinne dieses Grundgesetzes entsprechen.

Antes e depois deste marco, podem invocar-se outras aflorações ou positivações do conceito, dependendo do cunho ideológico que se lhes tem pretendido atribuir.

Algumas constituições mais recentes, inspiradas por aspirações generosas, expressamente incluem a expressão "Estado social", associando-o, não raro, já para prevenir confusões, à democracia e ao Estado do Direito.

Não nos debruçaremos agora, *brevitatis causa*, sobre a Constituição portuguesa de 1976, que aliás emprega a expressão "democracia social" (art. 2º), a par de outros qualificativos da democracia, compreendida, assim, multidimensionalmente. Não pensamos, porém, que seja aí que exclusivamente reside a ponte ou a chave para a deteção do Estado social, mas no conjunto do texto – a começar no Preâmbulo, que dele, na sua integralidade, é indissociável.

A Constituição espanhola, de 27 de dezembro de 1978, define Espanha, no seu art. 1º, como um Estado social e democrático de direito. A Constituição espanhola tem com efeito, como afloramos já, uma característica de assinalável apuramento conceitual, a nosso ver mérito da qualidade dos seus constituintes e da sua atenção às aquisições entretanto alcançadas noutras constituições, como a portuguesa, que permitiriam uma ulterior organização conceitual. Salvo um ou outro caso, quase se poderia falar de uma dimensão "doutrinal" deste texto normativo, em alguns aspectos. Assim, não só acolhe a fórmula mais completa e mais específica do Estado social, o Estado social democrático de direito, como também, por exemplo, define, como se sabe, com incontestável clareza os valores políticos (apenas cedendo com inclusão de mais um, por cautela natural: o pluralismo político).

Na América Latina, sob o impacto dessa influência (ou ao menos inspiração), e, no caso do Brasil, quiçá também da portuguesa (apraz-nos, pelo menos, pensar que assim terá sido – sem esquecer que a Constituição portuguesa de 1976 terá influído na própria constituição espanhola de 1978), várias leis fundamentais se fazem eco desta preocupação, embora exprimindo-a com letra naturalmente diversa entre si.

A Constituição da Colômbia, de 6 de julho de 1991, inclui o conceito no primeiro artigo: visando a um Estado social de direito. A Constituição da Venezuela, datada de 1999, no seu art. 2º, vai um pouco mais longe, embora, para o nosso propósito atual, a sua carta fundamental seja equivalente: a Venezuela passa a definir-se como um Estado democrático e social de Direito e de Justiça, propugnando os valores que já se encontravam plasmados na Constituição espanhola, a que acrescenta uns tantos mais. Até que ponto a realidade constitucional e o texto se encontram, é um outro problema. Já o sabíamos.

A Constituição brasileira apresenta-se-nos como mais abundante, detalhista, se quisermos. Mas será interessante citá-la para compreendermos também como a aparente ausência da fórmula não invalida o *quid*, antes o exprime de forma mais pormenorizada, e certamente mais adaptada à situação concreta. A Constituição da República Federativa do Brasil, logo no art. 3º, estabelece como objetivo fundamental a construção de uma sociedade em tais termos que dificilmente poderão ser interpretados fora desse paradigma: sociedade livre, justa e solidária, com erradicação da pobreza, da marginalização, visando reduzir as desigualdades sociais e regionais – que outra coisa poderá ser, atento o contexto de democracia e primado do Direito, senão o mesmo *Estado social e democrático de direito*?

Não há, felizmente, um epílogo para esta História. Embora pareça haver um momento de declínio, que pode resultar naquele, ou não.

Entre os anos de 1945-1975 o ambiente geral era amigo do social e a palavra de ordem dominante era protetiva dos mais débeis e dos cidadãos em geral. Então, os direitos sociais, econômicos e culturais (que se sintetizam, não raro, na simples expressão "direitos sociais", ou "direitos fundamentais sociais") cresceram e foram-se consolidando, quer na teoria constitucional, quer na prática prestativa, em muitos países. Uma das teorizações mais fecundas neste âmbito é precisamente o princípio da *não reversibilidade* (uma forma de "proibição do retrocesso") em matéria de direitos sociais[26].

---

26 Cf., entre nós, QUEIROZ, Cristina. **O Princípio da Não Reversibilidade dos Direitos Fundamentais Sociais**: Princípios Dogmáticos e Prática Jurisprudencial. Coimbra: Coimbra Editora, 2006; Idem. **Direitos Fundamentais Sociais**. Coimbra: Coimbra Editora, 2006, p. 101 e ss.

Já, pelo contrário, no período que começa, em geral, em 1975 (em Portugal mais tarde, porque a Constituição consagradora de mais direitos sociais é de 1976), e vai *quase* até hoje (e se prolonga pelo presente em muitos casos ainda – embora se sintam já reações, ou resistências – ou um refluxo) se foi sentindo regressão desse espírito social e protetor, ganhando uma inusitada dimensão, como verdadeira ideologia dominante, uma versão aguerrida de liberalismo (ou pseudoliberalismo) que recusa as raízes sociais deste e o seu legado social (importante, como veremos, em momentos fundadores, como no Reino Unido). Não muito antes da pandemia da Covid-19 já se começavam a esboçar algumas mudanças de ciclo, com o neoliberalismo a ceder a preocupações sociais em alguns países. E mesmo no início da doença alguns, assustados, começaram a voltar-se para os serviços de saúde nacionais (em Portugal, SNS, no Brasil, SUS). Foi, porém, escassa reconversão, e fruto só de grandes apreensões. Passado o maior susto, voltaram a pregar o *slogan* impiedoso "quem quer a saúde paga-a", certamente já certos de eles mesmos terem recursos para o fazer.

Não cremos, tudo ponderado, que se possa falar de verdadeira "crise"[27] do Estado social, mas de alguma prevalência (em grande medida impulsionada por alguns *media*, que pertencem a quem pertencem...) de um pensamento a ele contrário, e do pôr em prática de medidas de "flexibilidade", "desregulação" e afins[28] que vão consumindo, na prática, o afastamento do modelo social. Ainda que por vezes feitas com argumentos não totalmente neoliberais ou mesmo até de tentativa de *salvação* do Estado social. Poderá ele não perecer dos males, mas dos remédios?[29]

A *reserva do possível*, por exemplo, é uma dessas categorias dogmáticas que tanto pode ser um cavalo de Troia, como uma ponderação muito adequada. Nascida da questão do *numerus clausus* para entrada nas Universidades públicas, pode ser um moderador de loucuras voluntaristas, ou um álibi para tudo restringir: mesmo quando hoje um dos dramas da nossa Universidade é a falta de alunos em alguns cursos.

Não há contradição profunda entre os dois princípios, da reserva do possível e da proibição do retrocesso – é uma questão de bom senso[30].

---

27 Negando os discursos do declínio, decadência, degenerescência e outros, em idêntica clave, recorde-se o imponente volume de EWALD, François. **L'Etat providence.** cit.
28 LYON-CAEN, Gérard. Informe de Síntesis. In: MARZAL, Antonio (Ed.). **Crisis del Estado de Bienestar y Derecho Social.** Barcelona: J. M. Bosh Edit/ESADE; Facultad de Derecho, 1997. máx. p. 194.
29 Para o particular caso das instituições de proteção social entre nós, cf. HESPANHA, Pedro et al. **Entre o Estado e o Mercado. As fragilidades das instituições de protecção social em Portugal.** Coimbra: Quarteto, 2000, com muito interessantes conclusões, sem deixar de aludir, ainda que muito brevemente (como seria aliás natural, dada a natureza da obra), à questão constitucional.
30 Cf. o nosso artigo "Dos Princípios positivos & dos Princípios supremos". **Collatio**, CEMOrOc-Feusp/IJI – Univ. do Porto, n. 11 abr./jun. 2012. p. 5 e ss.

3.2.3 Ideologia e Mito na Análise Histórica

Tem havido muitíssimos tipos de focalização do Estado social, dependendo de opções ideológicas, mas ainda – valha a verdade, que tem dimensões também subjetivas – da mais ou menos profunda erudição histórico-jurídico-política dos seus autores, e ainda da sua maior ou menor audácia e "imaginação histórica". É assim que o conceito tem funcionado, quer no plano crítico, quer no plano apologético, ao sabor de perspectivas mais ou menos empenhadas. E a história do conceito não se pode considerar inocente: está impregnada das opções ideológicas de cada intérprete, e estas estão, não raro, prenhes de mitos.

As modas chegaram indiscutivelmente ao Direito, e ao direito da política, à filosofia política e afins. Por vezes, sob o nome, mais pomposo, de sucessão de paradigmas[31]. Seja como for, muito na moda está o englobar dentro do mesmo saco, não diríamos teórico, porque o não é, mas argumentativo, todos os tipos de intervenção estadual mais sistemática na economia e no domínio social, confundindo múltiplas modalidades, certamente com o fito de sublinhar a crise e enaltecer o puro e simples *laissez faire*. É normalmente essa a posição neoliberal mais extremada.

Além do mais, esta perspectiva, ou o feixe de perspectivas que se abrigam sob sua geral influência mental, também não são inocentes em considerar que o Estado social estaria irremediavelmente ultrapassado, sendo coisa de ontem ou anteontem. A ele se teria substituído o Estado pós-social, regulador, mínimo, ou outro, consoante os matizes de cada doutrina.

Uma outra perspectiva, pelo contrário, distingue claramente Estado social de Estado de bem-estar social (*Welfare state*), dando ao primeiro um timbre internacional e "quase socialista" (presumimos que num sentido marxizante, ou dele muito próximo) e ao segundo uma conotação norte-americana e claramente capitalista. Para esta perspectiva, a crise é do segundo modelo, saído do Plano Marshall, e não do primeiro, que teria tido várias aflorações históricas diversificadas.

Uma terceira visão simultaneamente abrange no conceito de Estado social várias modalidades de proteção social sistemática e enquadrada, de forma latíssima (desde o comunismo ao nazismo, passando pelas democracias com consequente preocupação social), mas centra-se na identificação do Estado social, hoje, como Estado social e democrático de direito.

---

31 Paradigma num sentido comum na comunidade científica, cunhado no diálogo, a partir do do já clássico KUHN, Thomas S. **The Structure of Scientific Revolutions**. Chicago: Chicago University Press, 1962. Quanto à sucessão de operadores, teorias, ou "paradigmas" em Direito, cf. a breve reflexão de HASSEMER, Winfried. **História das Ideias Penais na Alemanha do Pós-Guerra**, seguido de **A Segurança Pública no Estado de Direito**. Tradução portuguesa. Lisboa: AAFDL, 1995. p. 30.

Vejamos rapidamente alguns exemplos, um para cada uma das três perspetivas. As duas primeiras podemos colhê-las sem dificuldade através de um motor de busca na *internet*. Presumimos que as fontes aqui citadas, apesar de quiçá não muito conhecidas nos nossos meios acadêmicos mais circunscritos, serão das mais consultadas. Logo, esse peso sociológico das opiniões ou das doutrinas tem também um certo valor, a ser tido em conta. Na verdade, a meditar.

3.2.3.1 Confusão entre Estado Social, Welfare State, e qualquer tendência estadualizante

Uma manifestação da perspetiva ultraliberal é a de James Bartholomew[32], sobretudo na interpretação que dele faz Miguel Noronha[33]. Tem a singular vantagem de construir uma narrativa mítica, através do recurso a uma espécie de *estações da cruz* da liberdade, momentos míticos em que o estado social teria maltratado uma situação idílica, como veremos.

Assim, tudo teria começado a ficar mal na Inglaterra, com um muito recuado nascimento, ou pelo menos pré-história do "Estado social", com a *poor laws* e a intervenção econômica e social do "Estado" (resta saber se o Estado realmente existiu no Reino Unido[34]) a partir da extinção das ordens religiosas, com a instituição da Igreja Anglicana.

É interessante notar que o autor britânico reconhece que foram os liberais, no governo de Lloyd George, que começaram a introdução de medidas sociais no seu país. O comentador português acrescenta que por temer a influência crescente dos trabalhistas...

Finalmente, o terceiro momento desta lenda negra do Estado social (que é sempre confundido com *Welfare State* – e como distam as *poor laws* deste último!) seria o governo trabalhista de Clement Attlee, considerado o "derradeiro passo" na construção do *Welfare State*. O comentário de Miguel Noronha parece-nos muito esclarecedor quanto à avaliação deste, o que aliás é patente desde o seu título, "Agruras do Estado Social":

> O irônico ou, melhor dizendo, o trágico desta história é que, na maior parte dos casos, aquando da intervenção estatal, a iniciativa privada já supria de forma conveniente as necessidades da população (como no caso do sistema de ensino [cf. "Government Failure: E. G. West on Education", IEA, 2003] ou

---

32 BARTHOLOMEW, James. **The Welfare State We're In**: Politico's. 2004.
33 Miguel NORONHA. As Agruras do Estado Social. In: **Causa Liberal**. Disponível em: <http://www.causaliberal.net/documentosMN/TWSWI.htm>. Acesso em: 12 maio 2022.
34 Cf., por todos, PEREIRA MENAUT, Antonio-Carlos. **El Ejemplo Constitucional de Inglaterra**. Madrid: Universidad Complutense, 1992. p. 27 e ss.; STRAYER, Joseph R. **On the Medieval Origins of the Modern State**. Princeton University Press. Tradução portuguesa. **As Origens Medievais do Estado Moderno**. Lisboa: Gradiva, S.d.

na assistência aos mais pobres) não se justificando, de qualquer forma, a ação do Estado. Substituiu-se um sistema descentralizado e adaptativo por outro centralizado, estático e ineficiente. O resultado é trágico.

Neste pequeno texto final se assinala por duas vezes o caráter "trágico" do Estado social – ou do que a tal se assimila. E se evoca idilicamente o *statu quo ante*. Parece que tudo estava bem, numa mítica idade do ouro, antes de Henrique VIII e do fim das ordens religiosas... Mito é também o Estado como bode expiatório de todos os males...

3.2.3.2 Distinção ideológica, com assimilação pan-socializante

Mais perto do que poderia ser um conceito operatório cientificamente válido de Estado social, está a visão, por exemplo, de Vinício C. Martínez. Mas não parece escapar também à mitificação e à ideologização, parecendo ainda aderir a uma certa utopia, "socialista"... Mas vamos por passos.

O autor tem o grande mérito de, ao contrário da corrente anterior, distinguir com clareza *Estado social* de *Estado de bem-estar social*, ou *Welfare state*. Uma caracterização que, além do mais, parece consistente no plano ideológico e histórico.

O Estado social derivaria de um processo evolutivo e internacional, começando simbolicamente na revolução de 1848 em França, prolongando-se pela Comuna de Paris (1871), tendo como aflorações revolucionárias mais institucionalizadas a revolução mexicana (1910) e a revolução russa (1917) seguidas da Alemanha da República de Weimar, consequente à Primeira Guerra Mundial, e só depois se exprimindo pela vaga keynesiana do *New Deal* (1933-1938) do Presidente Franklin D. Roosevelt.

Em contrapartida, o Estado de bem-estar social, o *Welfare state*, é ulterior, obra abstrata e acadêmica norte-americana, começando com a emergência reordenadora subsequente à Segunda Guerra Mundial, com o Plano Marshall (1945-1947).

Contudo, afigura-se-nos que esta perspectiva sobre o sentido de um e outro dos conceitos e realidades, embora em geral equilibrada e assente sobre um critério histórico-ideológico razoável, decerto animada precisamente por algum entusiasmo ideológico, parece de algum modo derrapar, ao assimilar o Estado social a uma espécie de pré ou proto-Estado socialista. Afirma, com efeito, o autor cujo pensamento vimos acompanhando:

> O Estado Social é um Estado quase-socialista, pois afirma direitos e políticas socializantes (a maioria das conquistas da classe trabalhadora), a exemplo dos

próprios direitos sociais e trabalhistas. Ocorre que o Estado Social não foi capaz de romper os limites e as barreiras do capitalismo, uma vez que se desenvolveu em países de economia capitalista. De qualquer forma, no entanto, tratava-se de um processo de intensas lutas operárias e sindicais anarquistas e socialistas (...) que se iniciou nos anos 1848-1850, em países como França, Alemanha e Inglaterra e formou a base ideológica do Estado Social. Já o Estado do Bem-Estar Social é uma resposta eminentemente capitalista ao desenvolvimento e avanço do socialismo que vinha do Leste Europeu (a Revolução Russa foi apenas o primeiro passo). Portanto, o núcleo do *Welfare State* sempre esteve permeado por um posicionamento conservador diante das propostas socialistas testadas na prática desde o início do século XX.[35]

Ora este tipo de argumentação parece acabar, na confluência objetiva dos aproveitamentos ideológicos, por levar água ao moinho neoliberal, que rejubilará ao ver o Estado Social como apenas um estado de caminho para o socialismo, e sobretudo para um socialismo cuja caracterização democrática poderá não ficar clara... Logo, daí à afirmação de um estado social como criptocomunismo, poderá ir um passo, nas perspetivas mais "fundamentalistas".

A visão de Martínez tem um elemento de procedimento mítico-ideológico na própria apresentação da evolução histórica como uma narrativa carregada de sentido, espécie de longa marcha a caminho do socialismo...

3.2.3.3 Conceito a um tempo englobante e especificador

A solução a que aderimos, nesta matéria andará muito próxima da do saudoso constitucionalista brasileiro Paulo Bonavides.

Importará desde já sublinhar que nem a sua teoria é inócua ideologicamente (nenhuma o é), nem deixa de apelar para um certo mito. Mas preferimos este mito aos outros: é o mito (não utópico, mas utopista, princípio esperança, vetor de transformação[36]) do Estado social e democrático de direito.

O clássico livro de Paulo Bonavides *Do Estado liberal ao Estado social*, tese de concurso para a Cátedra na sua Faculdade de Direito da Universidade Federal do Ceará, escrito nos fins da década de 50 do século passado, mantém, em linhas gerais, a clarividência ao mesmo tempo abrangente e especificadora do conceito. Por algum motivo tem sido obra sempre reeditada.

---

35 MARTINEZ, Vinício C. Estado do bem estar social ou Estado social? **Jus Navigandi**, Teresina, ano 9, n. 656, 24 abr. 2005. Disponível em: <http://jus2.uol.com.br/doutrina/texto.asp?id=6623>. Acesso em: 21 abr. 2006.

36 Para a distinção entre utopia e utopismo, o final do nosso "Constituição, Direito e Utopia: do Jurídico-Constitucional nas Utopias Políticas". **Studia Iuridica**: Boletim da Faculdade de Direito. Coimbra Universidade de Coimbra; Coimbra Editora, 1996.

No plano conceptual, em que nos centramos, esta terceira teorização (embora cronologicamente surgida antes das já referidas) não deixa de comungar com a segunda em alguns pontos. Desde logo, um entusiasmo sincero pelo legado francês, mas que faz recuar pelo menos o anelo do Estado social à própria Revolução Francesa (1789). Assim, se afirma:

> Nós vivemos e viveremos sempre da Revolução Francesa, do verbo dos seus tribunos, do pensamento de seus filósofos, cujas teses, princípios, ideias e valores jamais pereceram e constantemente se renovam, porquanto conjugam, inarredáveis, duas legitimidades, duas vontades soberanas: a do Povo e a da Nação.[37]

Para logo de seguida especificamente se sublinhar: "Aquela Revolução prossegue, assim, até chegar aos nossos dias, com o Estado social cristalizado nos princípios da liberdade, igualdade e fraternidade"[38].

Para quem assimilasse, pela cartilha, esta tríade ao credo puramente liberal, aqui estaria uma refutação solene.

Com aquela anterior teorização, tem em comum a de Paulo Bonavides um fundo ideológico, embora matizado. Ainda na perspectiva do enraizamento histórico e francófilo, afirma, numa imagem certamente a reter, um paralelo entre religião e ideologia. Diz, pois, o jurista cearense:

> mas só os franceses, ao lavrarem a *Declaração Universal dos Direitos do Homem*, procederam como havia procedido o apóstolo Paulo com o Cristianismo. (...) em Roma, universalizou-se uma religião; em Paris, uma ideologia.

Contudo, esta sensibilidade ao ideológico e suas margens e relações não leva o autor a uma ideologização *pro domo* do conceito, antes a um reconhecimento da variedade ideológica das suas aflorações. Com plena consciência das várias dimensões implicadas, pode afirmar: "Enfim, o Estado social não é artigo ideológico nem postulado metafísico nem dogma religioso, mas verdade da Ciência Política e axioma da democracia"[39].

Aproximemo-nos agora do recorte mais completo do conceito. Assim, começa por dizer o autor, no Prefácio:

> Distinguimos em nosso estudo duas modalidades principais de Estado social: o Estado social do marxismo, onde o dirigismo é imposto e se forma de cima para baixo, com a supressão da infra-estrutura capitalista, e a consequente apropriação social dos meios de produção (...) e o Estado social das democracias, que admite a mesma ideia de dirigismo, com a diferença apenas de que aqui se

---

37 BONAVIDES, Paulo. **Do Estado Liberal ao Estado Social**. 7. ed. 2. tir. São Paulo: Malheiros Editores, 2004. p. 36.
38 Idem, Ibidem.
39 Ibidem, p. 22.

trata de um dirigismo consentido, de baixo para cima, que conserva intactas as bases do capitalismo.[40]

Há nesta formulação qualquer coisa que poderá chocar a nossa sensibilidade linguístico-conceitual de hoje (e depende sempre dos socioletos). Talvez utilizar a expressão "marxismo" (entretanto por vezes suavizado pela difusão de um rosto humano, humanístico e "não marxista" do próprio Marx) seja ainda pouco diferenciador, preferindo-se-lhe uma expressão como "coletivismo", "comunismo", ou "marxismo-leninismo", ou até a palavra (hoje com sabor um tanto arcaico) "bolchevismo", posto que não sejam sinônimas. Também o vocábulo "dirigismo", ainda que "consentido", aplicado a sociedades democráticas, talvez possa chocar alguns. O próprio autor tem no Prefácio desta obra um passo matizador da expressão[41]... Mas independente de matizes linguísticos, e das sempre muito suscetíveis conotações que a linguagem mais tingida de ideologia possui, a ideia é clara, a distinção evidente.

Ela se concretizará ainda mais no corpo do livro, podendo alguma clareza chocar alguns, pelo *Verfremdungseffekt* provocado pelo dizerem-se coisas pouco habituais. Mas é precisamente para isso que servem as citações, para recordar as vozes inconfundíveis, e por vezes estranhas, porque pouco familiares, dos próprios autores. Citemos, de novo:

> A Alemanha nazista, a Itália fascista, o Portugal salazarista foram "Estados sociais". Da mesma forma, Estado social foi a Inglaterra de Churchill e Attlee; os Estados Unidos, em parte, desde Roosevelt (não esqueçamos que aqui o autor escreve em 1958), a França, com a IV República, principalmente; e o Brasil desde a revolução de 1930 (lembremos de novo a data do escrito).
>
> Estado social foi, por último, na órbita ocidental, a República Federal Alemã, que assim se confessava e proclamava textualmente e sua Constituição adoptada em Bonn.[42]

E deste rol que pode causar estranheza, se tira a conclusão teórica que se impunha, de uma variedade e pluralidade de Estados sociais:

> Ora, evidencia tudo isso que o Estado social se compadece com regimes políticos antagônicos, como sejam a democracia, o fascismo e o nacional-socialismo. E até mesmo, sob certo aspecto, fora da ordem capitalista, com o bolchevismo![43]

---

40   Ibidem, p. 25
41   Ibidem, p. 25: "O dirigismo, conceito político formal, não comporia acaso, sob esse ponto de vista, a essência do Estado social? Por esse caminho, acabaríamos na mesma conclusão que Stammler com o direito natural: um Estado social com conteúdo variável".
42   Ibidem, p. 184.
43   Idem, Ibidem.

Comparando Bonavides com Martinez nesta fulcral questão ideológica, apercebemo-nos de que enquanto este de algum modo parece deplorar a não desvinculação do Estado social face ao capitalismo (nomeadamente quando afirma: "Ocorre que o Estado Social não foi capaz de romper os limites e as barreiras do capitalismo, uma vez que se desenvolveu em países de economia capitalista"), pelo contrário aquele sublinha o carácter capitalista do Estado social, como regra, admitindo o alargamento do conceito ao estado socialista ou "bolchevista" apenas como exceção (como acabamos de ver no final da última citação). E mais claro fica ainda o pensamento de compatibilização e até de alguma naturalidade do casamento entre Estado social e capitalismo em Paulo Bonavides, se pesarmos esta sentença, do texto dos anos 50 – e na verdade mais válida para essa época: "O conflito essencial se trava, pois, a esta altura, entre o Estado socialista e o Estado social das democracias ocidentais"[44].

3.2.4 Precisando um conceito: para uma Filosofia do Estado social

Do exposto, muito resumidamente, e elegendo apenas três tipos-ideais, a nossa adesão à terceira tese merece, contudo, algumas precisões.

Para tanto, devemos começar por recuar à tese anterior.

Parece claro que, para Martinez, o polo aglutinador e ao mesmo tempo irradiante não é o Estado social, mas as conquistas socialistas. Daí que o mesmo autor chegue a fazer uma comparação entre Estado social e Estado de direito. Adiante, ao analisar juridicamente a questão, este autor apresenta-se-nos mais claro ainda:

> O Estado Social está assentado em três documentos históricos: Constituição Mexicana, de 1917; Constituição Alemã, de 1919; Declaração dos Direitos do Povo Trabalhador e Explorado, advinda da Rússia revolucionária (socialista) e datada de 1917-1918. O Estado Social, desse modo, é um Estado que já nasceu pautado por pelo menos dois documentos históricos de cunho jurídico, ou seja, teve a garantia legal de duas Constituições (Mexicana e Alemã), além de uma Declaração de direitos proletários e socialistas. Portanto, um importante avanço do Estado Social foi ter conseguido *constitucionalizar* direitos sociais e trabalhistas.

Em contrapartida, e como que num polo oposto neste aspeto, Paulo Bonavides prefere sobretudo sublinhar o carácter não revolucionário do Estado social, que se pode aquilatar em diversos pontos do estudo, de que salientamos um só, do Prefácio:

---

44 Ibidem, p. 23.

O Estado social do moderno constitucionalismo europeu e americano emprega assim, nos países de sua órbita, como último recurso, técnica de compromisso, que embora consagre modificações secundárias e progressistas, deixa, contudo, conforme vimos, intacta, em grande parte, a infraestrutura econômica, isto é, o sistema capitalista.[45]

E contudo, defendendo o Estado social nestes termos, que é já estado social e democrático de direito, naturalmente, nem por isso Paulo Bonavides deixa de ser um acérrimo adversário do neoliberalismo, ou daquilo a que chama "Capitalismo de agressão"[46] o que é muito visível no mais recente paratexto, o notável prefácio da 7ª edição.

Saber se o Estado social é ou não é socialista ou capitalista, ou mais uma coisa do que outra, acaba por ser hoje em dia, para um observador rigoroso, muito complexo (e em certo sentido quiçá estéril). O que sejam terceiras vias, por exemplo, engloba um sem-número de possibilidades, de resto todas mais ou menos no sentido do Estado social *lato sensu*: vai já do socialismo terceiro-mundista e/ou autogestionário a formas de trabalhismo e até à própria democracia cristã. Já o Papa João Paulo II também se deteve sobre os dois sentidos hodiernos de que se pode revestir a expressão "capitalismo", com interessante distinção: uma coisa é o capitalismo como economia de mercado (e que pode ser até economia social de mercado), outra, bem diferente, é a pura exploração materialista. O Papa Francisco, esse, tem tido, como é patente, um pontificado de profunda sensibilidade social, o que lhe tem valido os maiores ataques por parte dos que gostariam de uma Igreja eternamente submissa a alguns, ou pelo menos calada... Portanto, sem dúvida que o Estado social, na sua dimensão democrática e de direito, só é compatível com o funcionamento, ainda que não desregulado e anárquico, do mercado, e dir-se-ia até que o modelo de concorrência pura, de capitalismo puro e duro, seria, outrossim, o criticado por Paulo Bonavides na sua mais recente verdadeira catilinária anti neoliberal.

Mas os ensinamentos do grande jurista cearense não ficam por aqui. E transcendem a perspectiva simplesmente utópica de um Estado social concebido como um *quid* a alcançar. O próprio Marx teria dito *não fazer as ementas para as tasquinhas do futuro*.

Pois bem, há um alicerce do Estado social não teórico e abstrato, mas humano e subjetivo, capaz de ser propulsor e garante cotidiano do Estado social: e esse esteio são os juristas, que já Ulpiano nos recordara serem sacerdotes da Justiça. Assim, não se queda Bonavides por uma proclamação ideológica, mas também metodológica, separando uma hermenêutica constitucional liberal, positivista,

---

45 Ibidem, p. 26.
46 Ibidem, p. 10.

de uma hermenêutica constitucional dos juristas do Estado social. Mais que uma etiquetagem, passa-se a um espírito. E não tenhamos dúvidas de que o espírito do Estado social, apesar do império dos economicistas, continua a ser questão dos sacerdotes do Direito. Daí que o autor cearense nos coloque perante as nossas responsabilidades hermenêuticas, afirmando:

> os juristas do Estado social, quando interpretam a Constituição, são passionais fervorosos da justiça; trazem o princípio da proporcionalidade na consciência, o princípio igualitário no coração e o princípio libertário na alma; querem a Constituição viva, a Constituição aberta, a Constituição real.

Poupamos o/a leitor/a à explicitação daquilo que quererão os juristas do Estado liberal na perspectiva do insigne autor – o que é também convite à leitura direta do livro, já muito glosado aqui.

Como afirma o Preâmbulo da Constituição Federal Suíça de 1999, redigido pelo poeta A. Muschg, "die Stärke des Volkes sich misst am Wohl der Schwachen".[47]

---

47 Versão francesa: "la force de la communauté se mesure au bien-être du plus faible de ses membres"; versão italiana: "a forza di un popolo si commisura al benessere dei più deboli dei suoi membri".

Conclusão

O estado da arte constitucional
Alguns desafios interdisciplinares e paradigmáticos

> toda modificação dos instrumentos culturais, na história da humanidade, se apresenta como uma profunda colocação em crise do "modelo cultural" precedente; e seu verdadeiro alcance só se manifesta se considerarmos que os novos instrumentos agirão no contexto de uma humanidade profundamente modificada, seja pelas causas que provocaram o aparecimento daqueles instrumentos, seja pelo uso desses mesmos instrumentos.

Umberto Eco. **Apocalittici e Integrati**. Tradução portuguesa de Pérola de Carvalho. **Apocalípticos e Integrados**. 7. ed. São Paulo: Perspectiva, 2011. p. 34.

As Constituições democráticas e sociais do nosso tempo deram um renovado e aprofundado sentido ao ideal dos textos (re)fundadores das Luzes e das Grandes Revoluções Ocidentais, em que avultou a Revolução Francesa, marco determinante da contemporaneidade. O seu ideário mítico, mas bem radicado e concreto, aguarda ainda plena realização, numa sociedade em que, compatibilizadas Liberdade e Igualdade, possa triunfar a Fraternidade, valor jurídico superior, liame entre ambos. O caminho para tal tem sido a Solidariedade e a Justiça, presentes nos textos constitucionais. Espera-se que se aprendam suficientes lições de vida e História para que não se regrida, em tempos de desumanidade. Sabe-se que os tempos têm em si passado (e por vezes passado remoto) e futuro: nenhum tempo é de uma só cor... Por isso, os nossos tempos contêm barbárie, mas também belas promessas de futuro fraterno. E, em certos momentos, a própria barbárie desperta sentimentos e atos de fraternidade.

Com este ou outros nomes, as Constituições de que a Constituição cidadã brasileira e a Constituição da República Portuguesa são parentes ou afins proclamam e arquitetam o travejamento essencial do caminho para sociedades mais abertas, mais humanas e mais justas: não para uma utopia concentracionária que só agradaria aos seus efabuladores ou aos seus chefes e senhores, mas por um *utopismo* prudente e renovador, fundado em qualquer modalidade do dinamismo social coerente e prudente, que se pode ligar ao *princípio esperança*.

O problema do Estado social desenvolvido não é que seja impossível ou quimérico, como alguns ideologicamente pretendem, muito pelo contrário: o seu problema é que, tendo-se tornado cada vez mais próximo e em concretização nos países de democracia mais avançada, e assim um exemplo a imitar e aprofundar (o chamado "modelo social europeu" era internacionalmente enaltecido), incomodou alguns com meios para o combater das mais diversas formas. Desde logo, a forma ideológica que insiste que não haveria alternativa (TINA: "there is no alternative") precisamente ao seu contrário: a lei do mais forte, i.e., a lei da selva. Não sabemos até em que medida o desencantamento do mundo e o aumento do niilismo e do relativismo não terão sido o terreno propício ao florescimento de tanto cinismo social, que obviamente engendrou os seus próceres jurídicos. Apesar de tudo, a degradação ética do Ocidente não era tão profunda quanto alguns esperavam, e perante a crise ucraniana houve várias manifestações que provaram haver ainda alguma solidariedade e alguma coragem. O que, no meio da tragédia, é uma esperança.

Fundado em progressivas leis das leis, que não recusaram o projeto e o sonho concretizável (constituições programáticas), o Direito Constitucional de hoje é, para além de uma ciência (*episteme*) e uma técnica (*ars*), complexa e poderosa, de controlo do poder, de participação cívica no poder, e de juridificação do poder, uma grande esperança civilizacional, cultural e social. É hoje não só uma disciplina jurídica – e, goste-se ou não, o centro da árvore do Direito, ou o topo da pirâmide da juridicidade – como uma questão humanística e de cultura. E até por isso (mas não apenas por tal) o seu problema e o seu fenómeno são dignos de análise filosófica, antropológica, sociológica etc.

Além de que a Constituição é hoje um fator importante de integração e diálogo social, símbolo, totem (e também tabu: para alguns um enorme tabu), núcleo do reconhecimento legitimador. Ela é, a muitos títulos, um elemento social agregador e identificador. Não pelas consabidas normas sobre fronteiras, hino, capital e afins, próprias de um Estado no sentido superestrutural, mas, com isso e além disso, por exemplo com o reconhecimento de objetivos fundamentais da República, ou grandes fins concretos ou tarefas principais do Estado. Recordem-se os constantes da Constituição Federal brasileira:

> Artigo 3.º
>
> Constituem objetivos fundamentais da República Federativa do Brasil:
>
> I – construir uma sociedade livre, justa e solidária;
>
> II – garantir o desenvolvimento nacional;
>
> III – erradicar a pobreza e a marginalização e reduzir as desigualdades sociais e regionais;

IV – promover o bem de todos, sem preconceitos de origem, raça, sexo, cor, idade e quaisquer outras formas de discriminação.

Ou os da Constituição da República Portuguesa:

Artigo 9º (Tarefas fundamentais do Estado)

São tarefas fundamentais do Estado:

a) Garantir a independência nacional e criar as condições políticas, económicas, sociais e culturais que a promovam;

b) Garantir os direitos e liberdades fundamentais e o respeito pelos princípios do Estado de direito democrático;

c) Defender a democracia política, assegurar e incentivar a participação democrática dos cidadãos na resolução dos problemas nacionais;

d) Promover o bem-estar e a qualidade de vida do povo e a igualdade real entre os portugueses, bem como a efectivação dos direitos económicos, sociais, culturais e ambientais, mediante a transformação e modernização das estruturas económicas e sociais;

e) Proteger e valorizar o património cultural do povo português, defender a natureza e o ambiente, preservar os recursos naturais e assegurar um correcto ordenamento do território;

f) Assegurar o ensino e a valorização permanente, defender o uso e promover a difusão internacional da língua portuguesa;

g) Promover o desenvolvimento harmonioso de todo o território nacional, tendo em conta, designadamente, o carácter ultraperiférico dos arquipélagos dos Açores e da Madeira;

h) Promover a igualdade entre homens e mulheres".

Não são ideais por que vale a pena viver?

Embora incumbam fundamentalmente ao Estado-poder e ao seu Estado-aparelho, pode-se também considerar que são fins ou objetivos nacionais, nos quais se devem empenhar todos os cidadãos. E, portanto, naturalmente, aquilo a que normalmente se chama a "sociedade civil".

Muito mudou, nas últimas décadas (e já começara a mudança desde o fim da II Guerra Mundial, ou seja, pouco antes do início da segunda metade do século XX), e em várias ordens jurídicas: o Direito Constitucional não mais é um direito quase só do vértice de cada Estado nacional, mais ou menos solipsista (recordemos o "orgulhosamente sós", proclamado pelo Presidente do Conselho de Ministros do

Estado Novo português), e exclusivamente versando sobre uma Constituição dita política. Poderia então justamente chamar-se-lhe, em tom jocoso, "perfumaria", uma matéria meramente decorativa, lateral, descartável...

Hoje, porém, seria possível pensar o Direito sem o Direito Constitucional? Sim, seria possível. Mas não nos perguntem sobre como seria um país sem o Direito Constitucional de hoje, nem o Mundo sem a globalização constitucional em que já vivemos e se procura aprofundar, a qual certamente culminará na criação de um Tribunal Constitucional Internacional, como felizmente já existe um Tribunal Penal Internacional... No dia em que os Estados de novo possam cair em si, ultrapassando o soberanismo e mesmo o isolacionismo e o belicismo. Hoje, o sonho parece distante. Mas, como diz o poeta, *pelo sonho é que vamos*...

Se em tempos autoritários e ditatoriais a Constituição real acaba sempre por apresentar inefetividades e contradições, a verdade é que em democracia, como a que em Portugal se reencontraria, depois de um ocaso de quase meio século, em 25 de Abril de 1974, o Direito Constitucional tende a recuperar fôlego, e a expandir-se em toda a sua grandeza, e cultivando as suas imensas potencialidades. No Brasil, o Direito Constitucional é pujante e os Constitucionalistas muito respeitados, apesar de um ou outro sobressalto...

Em Democracia (e especialmente nas democracias contemporâneas, em que os Direitos Fundamentais e Humanos ganharam voz), o Direito Constitucional procura expressar-se em Constituições efetivas, normativas (aplicadas, respeitadas), que não só se ocupam do jogo das cadeiras do poder dos órgãos de soberania (a superestrutura estadual mais central – questão relevante, mas longe de única), como contêm e levam a sério as *têtes de chapitre* dos diversos ramos do Direito, para que irradiam, e que devem harmonizar-se com o programa constitucional. Na verdade, as democracias contemporâneas são Estados de Direito democráticos, sociais e de cultura, ou, dito de forma mais sintética, Estados Constitucionais. Obviamente não de uma Constituição qualquer... Desde logo, são Constituições eticamente republicanas, dando um papel fundamental aos valores que, compreende-se cada vez mais hoje, não prescindem da sua atualização por pessoas, que os exercem através da prática das virtudes. A palavra ainda choca alguns, até por pretensiosa em alguns socioletos, como bem observou Guardini, entre outros. Mas é a adequada, a rigorosa. Valor e virtude são, na ética republicana, duas faces da mesma moeda axiológica.

E não é apenas o caráter prevalente do Direito Constitucional (analisado no princípio da supremacia da Constituição), a sua preponderância no conjunto da ordem jurídica, que lhe dá uma outra feição: há mais aspectos que lhe conferem um novo rosto, e que, além do mais, tornam o seu estudo muito mais interessante e abrangente.

Desde logo, o Direito Constitucional, que em ditadura ou autocracia é sempre parente pobre na casa do Direito em geral, não só se afirmou, como encontrou novos parceiros para diálogo, sem reservas mentais e segregações: antes de mais, sem epistemomaquias ou preconceitos. É que antes, embora estivesse na penumbra, continuava, para que bem preservada a *honra do convento*, a permanecer enclausurado nas apertadas peias da razão normativista. E igualmente num isolacionismo que, aliado à sobranceria face a muitos outros saberes, provocou sérios danos. Sobretudo nas áreas em que os juristas teriam a ganhar muito com abrir-se aos conhecimentos e às inspirações de outros tipos de estudos. Não, obviamente para lhes copiar as racionalidades, ou de forma subalterna e pasmada lhes louvar a superioridade (o que infelizmente por vezes acontece em mutantes menos bem preparados), mas para alargar horizontes e ter dados e interpretações por vezes absolutamente essenciais para o seu próprio labor.

Hoje abre-se o Direito Constitucional, pluralmente e renovando-se epistemicamente. Quer no domínio da epistemologia interna, nomeadamente com a criação de diversas metodologias e diversificados objetos, redundando em autonomizações de especialidades, onde avultam, desde logo, os Direitos Fundamentais e Humanos, que eram considerados há uns 40 anos por importante doutrina como um escândalo de não juridicidade: felizmente houve a seu propósito um "suave milagre". Abrindo-se, pois, em muitos sentidos. Desde logo, a diversas interpretações e a muito mais intérpretes. E assim se compreendendo como interpretação, hermenêutica e retórica.

Longe de se enclausurar no normativismo, este nosso ramo do Direito foi abrindo janelas para o mundo "lá fora", desde logo para o terreno político, em diálogo com as *epistemai* que podem esclarecer e ilustrar como a história política, a politologia ou ciência política e a filosofia política, sem as quais o Direito Constitucional faz figura de muito ignorante, ainda que muito técnico. Não esquecendo, evidentemente, as importantíssimas aportações da própria Filosofia jurídica e da Filosofia do Direito e do Estado. Além, de obviamente, e como grande matéria formativa geral (e muito especialmente para os juristas e para os constitucionalistas em especial), da Filosofia *tout court*. Os Romanos já diziam que o Direito é *filosofia prática*.

Com a consciência das suas fontes e pontes metajurídicas, o Direito Constitucional assume-se como ciência cultural, e por isso também abrindo-se a novas interdisciplinaridades, que vão do mito e da utopia, ao símbolo e à literatura em geral, ou às artes plásticas etc.

Além disso, o Direito Constitucional, para mais com a compreensão da sua dimensão global (como Direito Constitucional global), também entendeu a sua solidariedade com os problemas do desenvolvimento e do progresso social, na medida em que hoje um Direito Constitucional (ou, desde logo, uma política) contra eles – e desde logo contra o Estado social – pode, é certo, estar (anacronicamente) no nosso tempo, mas não é sequer do século passado. "Enfim, o Estado social não é artigo ideológico nem postulado metafísico nem dogma religioso, mas verdade da Ciência Política e axioma da democracia" – como disse Paulo Bonavides.

O Direito Constitucional encontra-se na vanguarda da procura de um novo paradigma geral para o Direito, que tem tido aflorações várias, testemunhadas por propostas teóricas tão diferentes mas com preocupações em grande medida comuns como as que dão pelos nomes de Direito Constitucional Altruísta, Direito Dúctil, Direito Social, Direito Pós-moderno, Direito(s) Crítico(s), Direito(s) Alternativo(s), Direito Humanista, Direito Fraterno, Direito Fraterno Humanista e afins.

O Direito sente (por ele sentem os juristas mais atentos e empenhados) que, depois da grande convulsão, transcendência e metamorfose operada pelo impacto da juridificação dos Direitos Humanos, começa a chegar o momento de um salto qualitativo no modo-de-ser da juridicidade. Que já não se adéqua aos paradigmas romanístico da *plena in re potestas*, do velho direito dos Quirites, nem ao direito subjetivo burguês. E dizemos obviamente burguês de forma denotativa, técnica, sem qualquer conotação (sobretudo ideológica) especial.

O Direito Constitucional, sob cuja sombra muito cresceram polêmicos ativismos judiciais e neoconstitucionalismos criativos, e que funciona, atualmente, e no fim de contas, em grande medida como o *Ersatz* do clássico Direito Natural, tem evidentemente que se envolver nestas polêmicas contemporâneas, contribuindo para que o Direito se supere e se reencontre mais além...

É que não só isso se espera dos Constitucionalistas, como tal é a sua obrigação, conjuntamente com os estudiosos da Filosofia jurídica e outros juristats do Direito *pensado*, dos fundamentos da juridicidade e afins, na sua tarefa de dadores de sentidos, desveladores de razões, construtores de pontes e permanentes autocríticos do seu trabalho, vero labor de Sísifo.

A busca da Justiça, *constans et perpetua*, bem pode ser representada pelo titã sempre retomando o caminho do cume da montanha, com a sua pesada pedra, ou pelas Danaides, enchendo um tonel sem fundo... e, contudo, há sempre que retomar o trabalho, e perseverar.

Embora o Brasil esteja longe geograficamente do teatro das operações, na velha Europa há guerra, que pode facilmente alastrar. Ninguém está a salvo sempre. Quando os mísseis e os canhões falam, calam-se ou pelo menos falam mais baixo as togas e as becas. E o Direito Constitucional fica em muitos casos na sombra do Direito Internacional, quando este ainda tem ensejo de sobreviver à pura política dos fatos consumados. Mas toda a sabedoria e diplomacia intrínsecas dos constitucionalistas não se perdem, e o Direito é sempre uma arma de razão na desrazão da guerra. Tenhamos Esperança, e trabalhemos pela Justiça.

Referências bibliográficas

"É claro que eu poderia fazer como antigamente na universidade. A primeira hora do curso se passava anotando-se uma bibliografia ditada pelo professor, de 150 a mais títulos, que enumerava todas as obras, de Platão a Nietzsche, com os competentes comentários, tudo para ser obrigatoriamente lido até o fim do ano. A única dificuldade é que isso não serve absolutamente para nada, muito menos hoje do que antes, quando se podem encontrar na internet, em alguns segundos, todas as bibliografias que quiser, sobre todos os autores que desejar. Prefiro, portanto, lhe dar uma bibliografia pequena, mas "racional", só para lhe indicar alguns livros que você deve ler desde já, aqueles pelos quais você deve começar... sem prejuízo do resto, é claro. E, para ser honesto, você tem aí com o que se ocupar durante um bocado de tempo".[1] Assim termina a introdução à sua bibliografia de oito títulos o antigo ministro da educação de França, o pensador Luc Ferry.

Como teríamos gostado de ter podido fazer o mesmo. A bibliografia que segue excederá largamente os 150 títulos. Tem a vantagem de não ser ditada na aula de Apresentação, e de não ser considerada de leitura obrigatória. Conhecemos esse ridículo de inflação que depois redunda na mais rasteira vulgarização.

A verdade, porém, é que a bibliografia, neste caso, é uma recapitulação, um verdadeiro índice bibliográfico, por ordem alfabética de autores, que nos recorda e permite facilmente localizar um livro cuja referência se viu no texto, mas que seria moroso reencontrar nas notas de rodapé.

É também um prestar de contas de influências (uma atribuição do *suum cuique*) lembrando obras que, de uma forma ou de outra, influenciaram o autor, e cuja sombra pode estar no seu subconsciente e ter até transparecido no texto aqui apresentado.

Uma bibliografia é tributo a essa intertextualidade insensível de ideias da *formação* (*Paideia* e *Bildung*) de quem a tem. Obviamente que as pessoas de um só livro, ainda que espaventem bibliografias, continuam apenas a ler por uma só cartilha.

Depois de mais 20 ou 30 anos de regência de Direito Constitucional talvez então nos seja possível resumir. Esperamos que sim. É que só se chega à síntese depois de alguma análise. E este livro já pretende ser uma obra sintética desta "ciência enciclopédica".

---

[1] FERRY, Luc. **Apprendre a vivre**: Traité de philosophie à l'usage des jeunes generations, 2006. Tradução portuguesa de Vera Lucia dos Reis. **Aprender a Viver**: Filosofia para os Novos Tempos. Rio de Janeiro: Objetiva, 2007, p. 301.

A CONSCIÊNCIA Social na Grã Bretanha. Serviços de Imprensa e Informação da Embaixada Britânica. 1944.
AA. VV. **1791**: La Première Constitution Française. Paris: Economica, 1993.
AA.VV. Crises dans le Droit. In: Droits. **Revue Française de Théorie Juridique**, n. 4, 1986.
ABDO, Jorge. **Lições de Direito Constitucional**. Leme: Led, 1997.
ADLER, Mortimer (Ed.). The Great Conversation: a Reader's guide to the Great Books of the Western World. 2. ed. 5. reimp. Chicago et al. **Enciclopaedia Britannica**. 1994.
AFONSO DA SILVA, José. **Curso de Direito Constitucional Positivo**. 29. ed. São Paulo: Malheiros, 2007.
AGOSTINI, Eric. **Droit Comparé**. Paris: PUF, 1988. Tradução portuguesa de Fernando Couto, com Prefácio (Elogio da Comparação de Direitos) de Paulo Ferreira da Cunha. **Direito Comparado**. Porto: Rés, S.d.
AGRA, Walter de Moura. **Manual de Direito Constitucional**. São Paulo : Revista dos Tribunais, 2002.
ALAIN. La République est difficile. In: **Propos de...** Ed. Paris; Gallimard. Col. La Plêiade, I, 1956. p. 1258.
ALAIN. **Politique**. Paris: PUF, 1962.
ALEXY, Robert. **Theorie der Grundrechte**. Suhrkamp, 1986. Tradução castelhana de Ernesto Garzón Valdés. **Teoría de los Derechos Fundamentales**. Madrid: Centro de Estudios Constitucionales. 1. reimp. 1997.
ALLOTT, Antony. **The Limits of Law**. London: Butterworths, 1980.
ALMEIDA, Carlos Ferreira de. **Introdução ao Direito Comparado**. Coimbra: Almedina, 1994.
ALMEIDA, João Ferreira de. **Valores e Representações Sociais**. Lisboa: Fundação Calouste Gulbenkian, 1990. Col. António Firmino da Costa.
ALONSO DE ANTONIO, José António; ALONSO DE ANTONIO, Ángel Luis. **Derecho Parlamentario**. Barcelona: Bosch, 2000.
AMARAL, Diogo Freitas do. Estado. In: **Pólis – Enciclopédia Verbo da Sociedade e do Estado**. Lisboa, 1984. v. II.
AMARAL, Diogo Freitas do. **Manual de Introdução ao Direito**. Coimbra: Almedina, 2004.
AMARAL, Maria Lúcia. **A Forma da República**: uma Introdução ao Estudo do Direito Constitucional. Coimbra: Coimbra Editora, 2005.
AMARAL, Maria Lúcia. **A Forma da República**: uma Introdução ao Estudo do Direito Constitucional. Coimbra: Coimbra Editora, 2005. p. 390 e ss.
AMARAL, Maria Lúcia. Poder Constituinte e Revisão Constitucional. **Revista da Faculdade de Direito de Lisboa**, v. XXV, 1984.
ANDRADE, J. C. Vieira de. **Os Direitos Fundamentais na Constituição Portuguesa de 1976**. 2. ed. Coimbra: Almedina, 1983, 2001.
ANHAIA MELLO, José Luiz. **O Estado Federal e as suas Novas Perspectivas**. São Paulo: Max Limonad, 1960.
ARAÚJO, António de. O Tribunal Constitucional (1989-1996): um estudo de comportamento judicial. Coimbra: Coimbra Editora, 1997.
ARAÚJO, Luiz Alberto David. Características Comuns do Federalismo. In: **Por uma nova Federação**. São Paulo: Revista dos Tribunais, 1995.
ARMINJON, P. et al. **Traité de droit comparé**. Paris: LGDJ, 1950-1952.
ARNÉ, Serge. Existe-t-il des normes supra-constitutionnelles? Contribution à l'étude des droits fondamentaux et de la constitutionnalité. **Revue du droit public**, 1993, p. 459-512.
ARONNE, Ricardo. **Direito Civil Constitucional e Teoria do Caos**. Porto Alegre: Livraria do Advogado Editora, 2006.
ASSMANN, J. State and Religion in the New Kingdom. In: **Religion and Philosophy in Ancient Egypt**. New Haven: Conn., 1989.
AUERBACH, Erich. **Mimesis**: La représentation de la réalité dans la littérature occidentale. Tradução francesa. Paris: Gallimard, 1968.
AYUSO, Miguel. **Después del Leviathan?** Sobre el estado y su signo. Madrid: Speiro, 1996.
AYUSO, Miguel. **El Ágora y la Pirámide**: una visión problemática de la Constitución española. Madrid: Criterio, 2000.

AYUSO, Miguel. **Ocaso o Eclipse del Estado?** Las transformaciones del derecho público en la era de la globalización. Madrid; Barcelona: Marcial Pons, 2005.

AZEVEDO, Plauto Faraco de. **Direito, Justiça Social e Neoliberalismo.** 1. ed. 2. tir. São Paulo: Revista dos Tribunais, 2000.

BACHOF, Otto. Estado de Direito e Poder Político: os Tribunais Constitucionais entre o Direito e a Política. Tradução portuguesa de J. M. Cardoso da Costa. Separata do vol. LVI do **Boletim da Faculdade de Direito.** Coimbra, 1980.

BACHOF, Otto. **Normas Constitucionais Inconstitucionais?** Tradução portuguesa de J. M. Cardoso da Costa. Atlântida: Coimbra, 1977.

BANDEIRA DE MELLO, Celso Antonio Bandeira de Mello. Eficácia das normas constitucionais sobre justiça social. **Revista de Direito Público,** n. 57-58, 1981.

BANDEIRA DE MELLO, Oswaldo Aranha. **Natureza Jurídica do Estado Federal.** São Paulo: Revista dos Tribunais, 1937.

BAPTISTA, Eduardo Correia. A Soberania Popular em Direito Constitucional. In: MIRANDA, Jorge (Org.). **Perspectivas Constitucionais.** Coimbra: Coimbra Editora, 1986. p. 481 ss. v. I.

BAPTISTA PEREIRA, Miguel. Crise e Crítica. **Vértice,** Coimbra, v. XLIII, n. 456/7, set./dez. 1983.

BARACHO, José Alfredo de Oliveira. **O Princípio da Subsidiariedade:** Conceito e Evolução. Rio de Janeiro: Forense, 1996.

BARACHO, José Alfredo de Oliveira. **Teoria Geral do Federalismo.** Rio de Janeiro: Forense, 1986.

BARCELLOS, Ana Paula. **A Eficácia Jurídica dos Princípios:** o Princípio da Dignidade da Pessoa Humana. Rio de Janeiro: Renovar, 2002.

BARNET, Anthony et al. (Eds.). **Debating the Constitution:** New perspectives in Constitutional Reform. Cambridge: Polity Press, 1993.

BARREIRA, Glauco; MAGALHÃES FILHO. **Hermenêutica e Unidade Axiológica da Constituição.** 3. ed. Belo Horizonte: Mandamentos, 2004.

BARROSO, Luís Roberto. Direito Adquirido, Emenda Constitucional, Democracia e Justiça Social. **Revista Brasileira de Direito Público.** Belo Horizonte, Editora Fórum, ano 3, n. 9, abr./jun. 2005. p. 9 e ss.

BARROSO, Luís Roberto. **Interpretação e Aplicação da Constituição.** 5. ed. São Paulo: Saraiva, 2003.

BARROSO, Luís Roberto. **Interpretação e Aplicação da Constituição.** 6. ed. São Paulo: Saraiva, 2004.

BARROSO, Luís Roberto. **O Direito Constitucional e a Efetividade de suas Normas:** Limites e Possibilidades da Constituição Brasileira. 7. ed. Rio de Janeiro: Renovar, 2003.

BARTLETT, John (1820–1905). **Familiar Quotations.** 10. ed. 1919. Disponível em: <http://209.10.134.179/100/pages/page1050.html>. Acesso em: 12 maio 2022.

BARTOLE, Sergio. Costituzione Materiale e Ragionamento Giuridico. In: **Dirito e Società.** 1982. p. 605 e ss.

BARTHOLOMEW, James. **The Welfare State We're In:** Politico's. 2004.

BASILE, Silvio. Valori Superiori, Principi Costituzionale Fondamentali ed Esigenze Primarie. **Giurisprudenza Costituzionale,** ano XXXVIII, n. 3, 1993.

BASTID, Paul. **L'idée de constitution.** Paris: Economica, 1985.

BASTID, Paul. **Sieyès et sa pensée.** Nova edição. Paris: Hachette, 1970.

BAUMAN, Zygmunt. **Postmodern Ethics.** Oxford: Blackwell, 1993. Tradução portuguesa de João Rezende Costa. **Ética Pós-Moderna.** 2. ed. São Paulo: Paulus, 2003.

BELLO, Enzo. Neoconstitucionalismo, Democracia Deliberativa e a Atuação do STF. In: VIEIRA, José Ribas. (Coord.). **Perspectivas da Teoria Constitucional Contemporânea.** Rio de Janeiro: Lumen Juris, 2007. p. 3 e ss.

BELO, Maria. Notas sobre Constituição ou "palavras leva-as o vento". **Vértice,** 2ª série, Lisboa, out. 1988.

BENVENISTE, Emile. **Le Vocabulaire des institutions indo-européennes.** Paris: Minuit, 1969. 2 vols.

BERCOVICI, Gilberto. A Problemática da Constituição Dirigente: Algumas Considerações sobre o Caso Brasileiro. **Revista de Informação Legislativa,** Brasília, n. 142, abr./jun.

BERGER, Peter L. / LUCKMANN, Thomas. **The Social Construction of Reality**. Tradução portuguesa de Ernesto de Carvalho. **A Construção Social da Realidade**: um livro sobre a Sociologia do Conhecimento. 2. ed. Lisboa: Dinalivro, 2004.

BERLIA, Georges. De la compétence des assemblées constituantes. **Revue du droit public**, 1945, p. 353-365.

BERNAREGGI, Ernesto. **L'Attività Legislativa e la Volontà Popolare nel Regime Democratico**. Milão: Giuffrè, 1949.

BERTEN, André. **Philosophie politique**. Tradução portuguesa de Márcio Anatole de Souza Romeiro. **Filosofia Política**. São Paulo: Paulus, 2004.

BESTER, Gisela Maria. **Direito Constitucional**: v. I – Fundamentos Teóricos. São Paulo: Manole, 2005.

BIGOTTE CHORÃO, Mário. **Temas Fundamentais de Direito**. Coimbra: Almedina, 1986.

BILBAO UBILLOS, Juan Maria. La Eficácia de los Derechos Fundamentales frente a Particulares: Analisis de la Jurisprudência del Tribunal Constitucional. **Boletin Oficial de Estado**. Madrid, Centro de Estudios Políticos y Constitucionales, 1997.

BILBAO UBILLOS, Juan Maria. **Los Derechos Fundamentales en la Frontera entre lo Público y lo Privado**. Madrid: McGraw-Hill, 1997.

BILHALVA, Jacqueline Michels. **A Aplicabilidade e a Concretização das Normas Constitucionais**. Porto Alegre: Livraria do Advogado, 2005.

BITTAR, Eduardo. União Estável ou União Instável? Um Diagnóstico Filosófico dos Dilemas do Direito de Família na Pós-Modernidade. In: **Anuário dos Cursos de Pós-Graduação em Direito**. Recife, Faculdade de Direito do Recife, n. 14, 2004. p. 119 e ss.

BLACK, Virgínia. Natural Law, Constitutional Adjudication and Clarence Thomas. In: **Fides**: Direito e Humanidades. v. II. p. 41 e ss.

BLAUSTEIN, Albert. The Making of Constitutions. **Jahrbuch des oeffentlichen Rechts der Gegenwart**, v. 35, 1986. p. 699 e ss.

BLOCH, Ernst. **Das Prinzip Hoffnung**. Tradução castelhana de Felipe Gonzales Vicen. **El Principio Esperanza**. Madrid: Aguilar, 1979. 3 vols.

BLOOM, Allan. **Giants and Dwarfs**: Essays 1960-1990. Tradução portuguesa de Mário Matos. **Gigantes e Anões**. Mem Martins: Europa-América, 1991.

BLOOM, Allan. **The Closing of the American mind**. Tradução portuguesa. **A Cultura Inculta**: Ensaio sobre o declínio da cultura geral. Mem Martins: Europa-América, 1990.

BLUMENBERG, Hans. **Die Legitimität der Neuzeit**. 4. ed. Frankfurt: Suhrkamp, 1976. Tradução inglesa de Robert M. Wallace. **The Legitimacy of the Modern Age**. Cambridge: Mass; London, 1983.

BOBBIO, Norberto. **L'età dei Diritti**. Einaudi, 1990. Tradução brasileira de Carlos Nelson Coutinho. **A Era dos Direitos**. 4. reimp. Rio de Janeiro: Campus, 1992.

BOBBIO, Norberto. **Teoria da Norma Jurídica**. Tradução de Fernando Pavan Baptista e Ariani Bueno Sudatti, com Apresentação de Alaôr Caffé Alves. Bauru: São Paulo, EDIPRO, 2001.

BOBBIO, Norberto. **Teoria dell'ordinamento giuridico**. Tradução de Maria Celeste Cordeiro Leite dos Santos. **Teoria do Ordenamento Jurídico**. reimp. da 10. ed. (1999). Brasília: Ed. da Universidade de Brasília, 2006.

BONAVIDES, Paulo. **Curso de Direito Constitucional**. 17. ed. São Paulo: Malheiros Editores, 2005.

BONAVIDES, Paulo. **Do Estado Liberal ao Estado Social**. 7. ed. 2. tir. São Paulo: Malheiros, 2004.

BONCENNE, Pierre. **La Bibliotéque Ideale**. Nova edição. Prefácio de Bernard Pivot. Paris: Albin Michel; Librairie Générale Française, 1992.

BORGES NETTO, André Luiz. **Competências Legislativas dos Estados-Membros**. São Paulo: Revista dos Tribunais, 1999.

BOTELHO, Afonso. Monarquia poder conjugado. **Nomos. Revista Portuguesa de Filosofia do Direito e do Estado**. Lisboa, n. 2, jul./dez. 1986. p. 38 e ss.

BOTTINO DO AMARAL, Thiago. Direito de Segurança: Segurança do Estado *versus* Segurança do Cidadão. In: VIEIRA, José Ribas (Coord.). **Perspectivas da Teoria Constitucional Contemporânea**. Rio de Janeiro: Lumen Juris, 2007. p. 109 e ss.

BOUDON, Raymond. **Le juste et le vrai**. Paris: Fayard, 1995. Tradução portuguesa de Maris José Figueiredo. **O Justo e o Verdadeiro**: Estudos sobre a Objetividade dos Valores e do Conhecimento. Lisboa: Instituto Piaget, 1998.

BOUDON, Raymond. Sentiments of Justice and Social Inequalities. **Social Justice Research**, v. 5, n. 2, jun. 1992. p. 122 e ss., recolhido in **Le juste et le vrai**. Paris: Fayard, 1995. Tradução portuguesa de Maria José Figueiredo. **O Justo e o Verdadeiro**: Estudos sobre a Objetividade dos Valores e do Conhecimento. Lisboa: Instituto Piaget, 1998.

BOULAD-AYOUB, Josiane; MELKEVIK, Bjarne; ROBERT, Pierre (Dir.). **L'Amour des Lois. La crise de la loi moderne dans les sociétés démocratiques**. Québec; Paris: Les Presses Universitaires de l'Université Laval; L'Harmattan, 1996.

BOULOUIS, Jean. Les limites du droit constitutionnel. **Revue Internationale de Droit Comparé**, n. 2, 1986. p. 601 e ss.

BRANDÃO, António José. Estado Ético contra Estado Jurídico?, recolhido em **Vigência e Temporalidade do Direito e outros ensaios de filosofia jurídica**. Lisboa: Imprensa Nacional–Casa da Moeda, 2001. v. I.

BRANDÃO, António José. **Sobre o Conceito de Constitutição Política**. Lisboa: S.e., 1944.

BREDIN, Jean-Denis. **Sieyès**: La clé de la Révolution française. Paris: Fallois, 1988.

BRIMO, Albert. **Les grands courants de la philosophie du droit**. 2. ed. Pedone: Paris, 1968.

BRITO, José de Sousa et al. Jurisdição Constitucional e Princípio Democrático. In: COLÓQUIO NO 10.º ANIVERSÁRIO DO TRIBUNAL CONSTITUCIONAL. Coimbra: Coimbra Editora, 1995.

BRITO, Miguel Nogueira de. **A Constituição Constituinte**: Ensaio sobre o Poder de Revisão da Constituição. Coimbra: Coimbra Editora, 2000.

BRUNNER, Otto. **Sozialgeschichte Europas im Mittelalter, Göttingen, Vandenhoeck und Ruprecht**. 1978. reimp. 1984. Tradução castelhana de Antonio Sáez Aranze. Com apresentação e apêndice de Julio A. Pardos. **Estructura interna de Occidente**. Madrid: Alianza Universidad, 1991.

BRUNO, Sampaio. **O Encoberto**. Porto: Lello, 1983.

BRYCE, James. **Constituciones Flexibles y Constituciones Rígidas**. 2. ed. cast. Madrid: Instituto de Estúdios Políticos, 1962.

BURCKARDT, Jacob. **A Civilização do Renascimento Italiano**. Tradução portuguesa. 2. ed. Lisboa: Editorial Presença, 1983.

BURDEAU, G. Sur un enseignement impossible. In: **Mélanges Trotabas**. Paris: LGDJ, 1970. p. 41 e ss.

BURDEAU, G. Une survivance: la notion de Constitution. In: **L'Evolution du Droit Public**: Etudes en honneur d'Achille Mestre. Paris, 1956. p. 53 e ss.

BURKE, Peter. **A Social History of Knowledge (from Gutenberg to Diderot)**. Oxford: Polity Press; Blackwell, 2000. Tradução portuguesa de Plínio Dentzien. **Uma História Social do Conhecimento**: de Gutenberg a Diderot. Rio de Janeiro: J. Zahar, 2003.

BUSTOS GISBERT, Rafael. **La Constitución Red**: un Estúdio sobre Supraestatalidad y Constitución. Oñati: Instituto Vasco de Administración Pública, 2005.

CAETANO, Marcello. **Ciência Política e Direito Constitucional**. Coimbra: Coimbra Editora, 1955.

CAETANO, Marcello. **Direito Constitucional**: v. I – Direito Comparado. Teoria Geral do Estado e da Constituição. As Constituições do Brasil. Rio de Janeiro: Forense, 1977.

CALDEIRA, Reinaldo; SILVA, Maria do Céu (compilação). **Constituição Política da República Portuguesa 1976**: Projetos, votações e posição dos partidos. Lisboa: Bertrand, 1976.

CALMON, Pedro. **Memórias**. Rio de Janeiro: Nova Fronteira, 1995.

CALVO GONZÁLEZ, José (Org.). **Libertad y Seguridad**: la Fragilidad de los Derechos. Málaga: Sociedad Española de Filosofia Jurídica y Politica, 2006.

CAMPS, Victoria. **Paradojas del Individualismo**: Crítica. 1993. Tradução portuguesa de Manuel Alberto. **Paradoxos do Individualismo**. Lisboa: Relógio D'Água, 1996.

CANARIS, Claus-Wilhelm. **Direitos Fundamentais e Direito Privado**. Tradução portuguesa de Ingo Wolfgang Sarlet e Paulo Mota Pinto. reimp. da ed. de 2003. Coimbra: Almedina, 2006.

CANOTILHO, J. J. Gomes; MOREIRA, Vital. **Constituição da República Portuguesa Anotada**. 1. ed. Coimbra: Coimbra Editora, 1978.

CANOTILHO, J. J. Gomes. **Brancos e Interconstitucionalidade**: Itinerários dos Discursos sobre a Historicidade Constitucional. Coimbra: Almedina, 2006.
CANOTILHO, J. J. Gomes. **Direito Constitucional e Teoria da Constituição**. 7. ed. Coimbra: Almedina, 2003.
CANOTILHO, J. J. Gomes. **Estado de Direito**. Lisboa: Gradiva, 1999.
CANOTILHO, J. J. Gomes. O Problema da Dupla Revisão na Constituição Portuguesa. Separata de **Revista Fronteira**, dez. 1978.
CANOTILHO, J. J. Gomes; MOREIRA, Vital. **Constituição da República Portuguesa**: Anotada. 4. ed. Coimbra: Coimbra Editora, 2007. v. I.
CANOTILHO, J. J. Gomes; MOREIRA, Vital. **Fundamentos da Constituição**. Coimbra: Coimbra Editora, 1992
CANOTILHO, J. J. Gomes; MOREIRA, Vital. **Os Poderes do Presidente da República**. Coimbra: Coimbra Editora, 1991.
CANOTILHO, José Joaquim Gomes. **Constituição Dirigente e Vinculação do Legislador**: Contributo para a Compreensão das Normas Constitucionais Programáticas. Coimbra: Coimbra Editora, 1982.
CANOTILHO, José Joaquim Gomes. **Estudos sobre Direitos Fundamentais**. Coimbra: Coimbra Editora, 2004.
CANOTILHO, José Joaquim Gomes. O Círculo e a Linha: Da "liberdade dos antigos" à "liberdade dos modernos" na teoria republicana dos direitos fundamentais (I parte). In: "O Sagrado e o Profano": Homenagem a J. S. da Silva Dias. **Revista de História das ideias**, n. 9, III, Coimbra, 1987. p. 733 e ss.
CANOTILHO, José Joaquim Gomes. **Rever ou Romper com a Constituição Dirigente?** Defesa de um Constitucionalismo Moralmente Reflexivo. São Paulo: Instituto Brasileiro de Direito Constitucional, 1996a; Senado Federal, 1999.
CANOTILHO, José Joaquim Gomes. Tomemos a sério os direitos económicos, sociais e culturais: separata de Boletim da Faculdade de Direito de Coimbra, número especial. **Estudos em Homenagem ao Prof. Doutor António Arruda Ferrer Correia, 1984**. Coimbra, 1988, hoje in **Estudos sobre Direitos Fundamentais**. Coimbra: Coimbra Editora, 2004.
CANTIZANO, Dagoberto Liberato. **Do Processo Legislativo nas Constituições Brasileiras e no Direito Comparado**. Rio de Janeiro: Forense, 1985.
CAPEZ, Fernando. **Curso de Direito Constitucional**. São Paulo: Saraiva, S.d.
CARRILHO, Manuel Maria (Dir.). **Dicionário do Pensamento Contemporâneo**. Lisboa: Dom Quixote, 1991.
CARVALHO, José Liberato Freire de. **Memórias da Vida de...** 2. ed. Lisboa: Assírio e Alvim, 1982 [1. ed., 1855].
CARVALHO, Kildare Gonçalves. **Direito Constitucional Didático**. 7. ed. Belo Horizonte: Del Rey, 2001.
CARVALHO, Manuel Proença de. **Manual de Ciência Política e Sistemas Políticos e Constitucionais**. Lisboa: Quid Iuris, 2005.
CARVALHO, Orlando de. **Os Direitos do Homem no Direito Civil Português**. Coimbra: Vértice, 1973.
CARVALHO, Reinaldo de; CUNHA, Paulo Ferreira da. **História da Faculdade de Direito de Coimbra**. Porto: Rés, 1991. 5 vols.
CASA, Federico. **Sulla Giurisprudenza come Scienza**. Pádua: Facultà di Giurisprudenza dell'Università di Pádua, 2005.
CASALTA NABAIS, José. Algumas reflexões críticas sobre os Direitos Fundamentais: separata do volume comemorativo **Ab Uno ad Omnes – 75 anos da Coimbra Editora**. S.d.
CASALTA NABAIS, José. **O Dever Fundamental de pagar Impostos**. Coimbra: Almedina, 1999.
CASTRO, Carlos Roberto de Siqueira. **Os Valores Constitucionais Fundamentais**: Esboço de uma Análise Axiológico-Normativa. Coimbra: Coimbra Editora, 1982.
CASTRO, Carlos Roberto de Siqueira. **O Devido Processo Legal e a Razoabilidade das Leis na Nova Constituição do Brasil**. Rio de Janeiro: Forense, 1989.
CHALAS, Yves (Org.). **Mythe et Révolutions**. Grenoble: Presses Universitaires de Grenoble, 1990.

CHARLIER, Robert-Edouard. **L'Etat et son droit, leur logique et leurs inconséquences**. Paris: Economica, 1984.
CHARTIER, Roger. **A História Cultural**: entre Práticas e Representações. Tradução portuguesa de Maria Manuela Galhardo. Lisboa: Difel, 1988.
CHÂTELET, François; DUHAMEL, Olivier; PISIER-KOUCHNER, Evelyne. **Histoire des idées politiques**. Paris: PUF, 1982. Tradução portuguesa de Carlos Nelson Coutinho. **História das Ideias Políticas**. Rio de Janeiro: J. Zahar, 2000.
CICHELLO, Raúl. **Teoría Totémica del Derecho**. Buenos Aires: Circulo Argentino de Iusfilosofia Intensiva, 1986.
CIDADE, Hernâni. A Contribuição Portuguesa para os Direitos do Homem: separata do **Boletim da Academia Internacional da Cultura Portuguesa**, n. 5, 1969.
CLAVERO, Bartolomé. Codificacion y constitucion : Paradigmas de un binômio. **Quaderni Fiorentini per la storia del pensiero giuridico moderno**, Milano, Giuffrè, n. 18, 1989. p. 79-145.
CLÉVE, Clèmerson Merlin. **Atividade Legislativa do Poder Executivo**. 2. ed. São Paulo: Revista dos Tribunais, 2000.
COELHO, Fábio Alexandre. **Processo Legislativo**. São Paulo: Juarez de Oliveira, 2007.
COELHO, Maria Luisa Cardoso Rangel de Sousa. **A Filosofia de Silvestre Pinheiro Ferreira**. Braga, 1958.
COELLO NUÑO, Ulises. **La Constitución Abierta como Categoría Dogmática**. Prólogo de Pablo Lucas Verdù. México: Editorial México; J. M. Bosch Editor, 2005.
COHEN, David. **Law, Violence and Community in Classical Athens**. Cambridge: Cambridge University Press, reed., 2000 (1. ed., 1995).
COMPARATO, Fábio Konder. Redescobrindo o Espírito Republicano. **Revista da Associação dos Juízes do Rio Grande do Sul**, ano XXXII, n. 100, Porto Alegre, 2005. p. 119 e ss.
COMPARATO, Fábio Konder. Sobre a Legitimidade das Constituições. In: BONAVIDES, Paulo (Coord.); LIMA, Francisco Gérson Maques de; BEDÊ, Faya Silveira. **Constituição e Democracia**: Estudos em Homenagem ao Professor J. J. Gomes Canotilho. São Paulo: Malheiros, 2006. p. 49 e ss.
CONCHA, Hugo A. et al. **Cultura de la Constitución en México**: una Encuesta Nacional de Actitudes – Percepciones y Valores. México: UNAM – TEPJF – Cofemer, 2004.
CONSTANT, Benjamin. **Cours de Politique Constitutionnelle ou Collection des Ouvrages publiées sur le gouvernement representatif**. 2. ed. (1. ed., 1818). Paris: Librairie de Guillaumin et Cie, 1872. vv. vols.
CONSTANT, Benjamin. **De la Liberté des Anciens comparée à celles des Modernes**. Nova edição. Paris: Le Livre de Poche, 1980.
CONSTANTINESCO, Leontin-Jean. **Tratado de Derecho Comparado**: I – Introducción al Derecho Comparado. Tradução casterlhana de Eduardo Freitas da Costa. Tecnos, 1981.
CORRÊA, Márcia Maria. Prática do Processo Legislativo – Jogo Parlamentar: Fluxos de Poder e Ideias. In: CONGRESSO "EJEMPLOS E MOMENTOS COMENTADOS". São Paulo: Atlas, 2001.
CORREIA, Fernando Alves. **Direito Constitucional**: a Justiça Constitucional. Coimbra: Almedina, 2002.
COSTA, J. M. Cardoso da. A Hierarquia das Normas Constitucionais e a sua Função de Protecção dos Direitos Fundamentais. **Boletim do Ministério da Justiça**, Lisboa, n. 396, 1990.
COSTA, J. M. Cardoso da. Constitucionalismo. I: **Polis. Enciclopédia Verbo da Sociedade e do Estado**. Lisboa: Verbo, 1983. v. I. Col. 1151 e ss.
COSTA, José Manuel Cardoso. **A Justiça Constitucional no Quadro das Funções do Estado vista à Luz das Espécies**: Conteúdo e Efeitos das Decisões sobre a Constitucionalidade das Normas Jurídicas. Lisboa: Procuradoria Geral da República, 1987.
COSTA, José Manuel M. Cardoso da. O Princípio da Dignidade da Pessoa Humana na Constituição e na Jurisprudência Constitucional Portugueses. In: BARROS, Sérgio Resende de (Coord.); ZILVETI, Fernando Aurélio. **Separata de Direito Constitucional. Estudos em Homenagem a Manoel Gonçalves Ferreira Filho**. São Paulo: Dialética, 1999.
COSTA, José Manuel M. Cardoso da (Org.). **Estudos sobre a Jurisprudência do Tribunal Constitucional**. Lisboa: Aequitas/Editorial Notícias, 1993.
COSTA, Pietro. **Lo Stato Immaginario**. Milano: Giuffrè, 1986.

COUTINHO, Faustino José da Madre de Deos Sousa. **A Constituição de 1822 comentada e desenvolvida**. Lisboa, 1823.
COUTINHO, Faustino José da Madre de Deos Sousa. **Epístola à Nação Francesa, na qual se demonstrarão os subversivos principios das constituições modernas, e se prova que a Maçonaria tem sido a Autora da Revolução em Portugal**. Lisboa, 1823.
COUTINHO, Faustino José da Madre de Deos Sousa. **Justificação da Dissidência Portuguesa contra a Carta**. Lisboa, 1828.
COUTINHO, Jacinto Nelson de Miranda (Org.). **Canotilho e a Constituição Dirigente**. Rio de Janeiro: Renovar, 2003.
COUTO, Mia. **Pensatempos**. 2. ed. Lisboa: Caminho, 2005.
CRISAFULLI, Vezio. Efficacia delle Norme Costituzionali Programmatiche. **Rivista Trimestrale di Diritto Pubblico**, Milão, Giuffrè, 1951.
CRISAFULLI, Vezio. **La Costituzione e le sue disposizioni di principio**. Milão: Giuffrè, 1952.
CROSSMAN, R. H. S.. **Government and Governed**: a History of Political Ideas and Political Practice. Londre: Chattu & Windus, 1958. Tradução castelhana de J. A. Fernández de Castro. **Biografia del Estado Moderno**. 4. ed. 2. reimp. México: Fondo de Cultura Económica, 1994.
CRUET, Jean. **A Vida do Direito e a Inutilidade das Leis**. Barcelona: Editorial Ibero-América, 1938. Tradução portuguesa. Salvador: Livraria Progresso Editora, 1956.
CRUZ VILLALÓN, Pedro. **La Constitución Inédita. Estúdios ante la Constitucionalización de Europa**. Madrid: Editorial Trotta, 2004.
CUNHA LIMA, Ronaldo; CUNHA LIMA DE OLIVEIRA, Leonardo. **Princípios e Teorias Penais (Verbetes)**. Rio de Janeiro: Forense, 2006.
CUNHA, Maria da Conceição Ferreira da. **Constituição e Crime**: uma Perspectiva da Criminalização e Descriminalização. Porto: Universidade Católica Portuguesa Editora, 1995.
CUNHA, Paulo Ferreira da; SILVA, Joana Aguiar e; SOARES, António Lemos. **História do Direito**: do Direito Romano à Constituição Europeia. Coimbra: Almedina, 2005.
D'ORS, Álvaro. Sobre el No-Estatismo de Roma. In: **Ensayos de Teoria Política**. Pamplona: EUNSA, 1973. pp. 57-68.
D'ORS, Álvaro. **Derecho y Sentido Común**: Siete lecciones de derecho natural como límite del derecho positivo. Madrid: Civitas, 1995.
DANTAS, Ivo. **Direito Constitucional Comparado**: Introdução – Teoria e Metodologia. Geografia dos Grandes Sistemas Jurídicos. 2. ed. Rio de Janeiro; São Paulo; Recife, 2006.
DANTAS, Ivo. **Instituições de Direito Constitucional Brasileiro**. 2. ed. Curitiba: Juruá, 2001.
DAVID, René. **Grandes Sistemas do Direito Contemporâneo**. Tradução portuguesa. 4. ed. São Paulo: M. Fontes, 2002.
DAVID, René. **Les grands systèmes de droit contemporains**. 8. ed. Paris: Dalloz, 1982.
DEBORD, Guy. **La société du spectacle**. Paris: Gallimard, 1992.
DÍAZ, Carlos. **Diez Palabras Chave para Educar en Valores**. 19. ed. Madrid: Fundación Emmanuel Mounier, 2002.
DINIZ, Maria Helena. **Conceito de Norma Jurídica como Problema de Essência**. 2. ed. São Paulo: Saraiva, 1996.
DREWS, Claudia. **Die Wesensgehaltsgarantie des Artikels 19 II GG**. Baden-Baden: Nomos, 2005.
DUARTE, Écio Oto Ramos; POZZOLO, Susanna. **Neoconstitucionalismo e Positivismo Jurídico**: as Faces da Teoria do Direito em Tempos de Interpretação Moral da Constituição. São Paulo: Landy Editora, 2006.
DUARTE, Gleuso Damasceno; DUARTE, Mariângela de Almeida. **Parlamentarismo ou Presidencialismo?** 4. ed. Belo Horizonte: Lê, 1993.
DUFRENNE, Mikel; KNAPP, Viktor. **Corrientes de la investigación en las ciencias sociales**: 3 – Arte y Estética. Derech. Tradução castelhana. Madrid: Tecnos; Unesco, 1982.
DUGUIT, Léon. **Manual de Derecho Constitucional**. Edição castelhana com Estudo Preliminar de Jose Luis Monereo Perez e José Calvo González. Granada: Editorial Comares, 2005.
DUHAMEL, Olivier. Pouvoir constituant. In: DUHAMEL, Olivier (Dir.); MENY, Yves. **Dictionnaire constitutionnel**. Paris: PUF, 1992. p. 777-778.
DUMEZIL, Georges. **Les dieux souverains des Indo-Européens**. 2. ed. Paris: Gallimard, 1977.
DUMEZIL, Georges. **Mythe et Epopée**. Paris: Gallimard, 1971-1973. 3 vols.

DUMEZIL, Georges. **Mythes et Dieux des Indo-européens**. Paris: Flammarion, 1992.
DUSSEL, Enrique. **Ética Comunitária**. Tradução de Jaime Clasen. **Ética Comunitária**: Liberta o Pobre. Petrópolis: Vozes, 1986.
DUVERGER, Maurice. **Échec au roi, Paris, Albin Michel**. 1978. Tradução portuguesa Xeque-Mate. **Análise Comparativa dos Sistemas Políticos Contemporâneos**. Lisboa: Edições Rolim, 1979.
DUVERGER, Maurice. **Introduction à la politique**. Paris: Gallimard, 1963. Tradução portuguesa de Mário Delgado. **Introdução à Política**. Lisboa: Estúdios Cor, 1977.
DUVERGER, Maurice. **Janus, les deux faces de l'Occident**. Paris: Gallimard, 1962.
DUVIGNAUD, Jean. **Sociologia** Tradução portuguesa. Porto: Paisagem, 1971.
DWORKIN, Ronald. **Law's Empire**. Cambridge, Mass.: Belknap, 1986.
EAGLETON, Terry. **After Theory**. Tradução portuguesa de Maria Lúcia Oliveria. **Depois da Teoria**: um olhar sobre os Estudos Culturais e o Pós-Modernismo. Rio de Janeiro: Civilização Brasileira, 2005.
EASTON, David. **The Political System**: an Inquiry into the State of Political Science. Nova Iorque: Knopf, 1953.
EHRHARDT SOARES, Rogério. Constituição. Política. In: **Polis**. Lisboa; São Paulo: Verbo, 1983. v. I. Col. 1164 e ss.
EHRHARDT SOARES, Rogério. Direito Constitucional: Introdução, O Ser e a Ordenação Jurídica do Estado. In: CUNHA. Paulo Ferreira da (Org.) **Instituições de Direito: II – Enciclopédia Jurídica**. Coimbra: Almedina, 2000. p. 29 e ss.
EHRHARDT SOARES, Rogério. **Direito Público e Sociedade Técnica**. Coimbra: Atlântida Editora, 1969.
EHRHARDT SOARES, Rogério. **Interesse Público, Legalidade e Mérito**. Coimbra: Atlântida, 1959.
EHRMANN, H. W. **Comparative legal cultures**. Englewood Cliffs: Prentice Hall, 1976.
EISENBERG, José. A **Democracia depois do Liberalismo**. Rio de Janeiro: Relume do Mará, 2003.
ELIAS DÍAZ. **Estado de Derecho y Sociedad Democratica**. Madrid: Taurus, 1983.
ELSTER, Jon / SLAGSTAD, Rune (Ed.). **Constitutionalism and democracy**. Cambridge: Cambridge University Press, 1997.
ESPERANZA GUISÁN. **Mas allá de la Democracia**. Madrid: Tecnos, 2000.
EWALD, François. **L'Etat providence**. Paris: Grasset, 1986.
FABRE, Michel Henry. **Principes républicains de droit constitutionnel**. 4. ed. Paris: LGDJ, 1984.
FARAGO, France. **La Laïcité, tolérence voilée?** Nantes: Éditions Pleins Feux, 2005. p. 7 e ss.
FAVOREU, Louis; JOLOWICZ, John-Anthony. **Le controle juridictionnel des lois**: Légitimité, effectivité et développements recentes. Paris: Aix, 1986.
FERRAZ JR., Tércio Sampaio. Desvio de Poder e Princípio da Moralidade. In: **Direito Constitucional**: Liberdade de fumar, Privacidade, Estado, Direitos Humanos e outros temas. Barueri, São Paulo, 2007, p. 385 e ss.
FERRAZ JR., Tércio Sampaio. **Teoria da Norma Jurídica**. 4. ed. Rio de Janeiro: Forense, 2006.
FERRAZ, Sérgio (Coord.). **A Norma Jurídica**. Rio de Janeiro: Freitas Bastos, 1980.
FERREIRA DA CUNHA, Paulo. O Espectro Político-ideológico Português Contemporâneo: Tradições, Assimetrias e Paradoxos (1974-2006). In: Pensamento, Experiência e Formas Políticas em Portugal e no Brasil (sécs. XIX e XX). COLÓQUIO ANTERO DE QUENTAL, 7. Actas..., 11-16 set. 2006, São João Del-Rei, Minas Gerais, Brasil, Universidade Federal de São João Del-Rei, UFSJ; Instituto de Filosofia Luso-Brasileira, 2007. p. 342-360.
FERREIRA DA CUNHA, Paulo. Ideologia e Direito na Constituição de 76. In: "Estudos em Homenagem ao Prof. Doutor Jorge Ribeiro de Faria". Faculdade de Direito da Universidade do Porto; Coimbra Editora, 2004. Recolhido in **Miragens do Direito**: o Direito, as Instituições e o Politicamente Correto. Campinas, SP: Millennium, 2003. p. 10 e ss.
FERREIRA FILHO, Manoel Gonçalves. **A Democracia no Limiar do Século XXI**. São Paulo: Saraiva, 2001.
FERREIRA FILHO, Manoel Gonçalves. **O Poder Constituinte**. 4. ed. São Paulo: Saraiva, 2005.
FERREIRA FILHO, Manoel Gonçalves. **Curso de Direito Constitucional**. 31. ed. São Paulo, Saraiva, 2005.

FERREIRA FILHO, Manoel Gonçalves. **Do Processo Legislativo**. São Paulo: Saraiva, 1995.
FERREIRA, Pinto. **Curso de Direito Constitucional**. 11. ed. São Paulo: Saraiva, 2001.
FIGUEIREDO, Marcelo. **O Controle da Moralidade na Constituição**. 1. ed. 2. tir. São Paulo: Malheiros, 2003.
FIGUEIREDO, Sara Ramos de. **Processo Legislativo**: Aspectos Fundamentais. Brasília, DF: Senado Federal, 1975.
FINLEY, Moses I. **Democracy ancient and modern**. Tradução francesa de Monique Alexandre. **Démocratie antique et démocratie moderne**. Paris: Payot, 1976.
FINLEY, Moses I. **Democracy ancient and modern**. Tradução francesa de Monique Alexandre. **Démocratie antique et démocratie moderne**. Paris: Payot, 1976.
FIORAVANTI, Maurizio. **Costituzione**. Bolonha: Il Mulino, 1999.
FIORAVANTI, Maurizio. **Stato e Costituzione**: Materiali per una Storia delle Dottrine Costituzionali. Turim: G. Giappichelli Ed., 1993.
FONSECA, Guilherme da; DOMINGOS, Inês. **Breviário de Direito Processual Constitucional**. 2. ed. Coimbra: Coimbra Editora, 2002.
FONTES, Cecília. "Le Nozze di Figaro', by Mozart. In: **Fides**: Direito e Humanidades. Porto: Rés, 1992. v. II. p. 121 e ss.
FRANKL, George. **Foundations of Morality**: an Investigation into the Origin and Purpose of Moral Concepts. 2001. Tradução portuguesa de Fernando Dias Antunes. **Os Fundamentos da Moralidade**: uma Investigação da Origem e Finalidade dos Conceitos Morais. Lisboa: Bizâncio, 2003.
FREITAS DO AMARAL, Diogo. A Função Presidencial nas Pessoas Colectivas de Direito Público. In: **Estudos de Direito Público em Honra do Professor Marcello Caetano**. Lisboa: Ática, 1973. p. 9 e ss.
FREITAS, Juarez. **A Substancial Inconstitucionalidade da Lei Injusta**. Petrópolis, RJ: Vozes; Porto Alegre, RS, EDIPUCRS, 1989.
FREUND, Julien. **La décadence**. Paris: Sirey, 1984.
FRIEDE, Reis. **Ciência Politica e Teoria do Estado**. Rio de Janeiro: Forense, 2002.
FRIEDE, Reis. **Curso Analítico de Direito Constitucional e de Teoria Geral do Estado**. Rio de Janeiro: Forense, 1999.
FROMONT, Michel. **La Justice constitutionnelle dans le monde**. Paris: Dalloz, 1996.
FUKUYAMA, Francis. **The end of history and the last man**. Tradução portuguesa de Maria Goes. **O Fim da História e o Último Homem**. Lisboa: Gradiva, 1992.
FULLER, L. **The Morality of Law**. Nova edição. Yale, 1969.
GADDIS, William JR; Londres, Jonathan Cape, 1976, p. 20, citado por MORAN, Joe. **Interdisciplinarity**. Londres; Nova Iorque: Routledge, 2002.
GALINDO, Bruno. **Teoria Intercultural da Constituição**: a transformação paradigmática da Teoria da Constituição diante da integração interestatal na União Europeia e no Mercosul. Porto Alegre: Livraria do Advogado Editora, 2006.
GALVÃO DE SOUSA, José Pedro. **Da Representação Política**. São Paulo: Saraiva, 1971.
GALVÃO DE SOUSA, José Pedro. **O Totalitarismo nas Origens da Moderna Teoria do Estado**. São Paulo: S.e., 1972.
GARCÍA BELAUNDE, Domingo. **De la Jurisdicción Constitucional al Derecho Procesal Constitucional**. Lima: Instituto Iberoamericano de Derecho Constitucional (Perú), 2000.
GARCÍA DE ENTERRÍA, Eduardo. **Justicia y Seguridad Juridica en un Mundo de Leyes Desbocadas**. reimp. Madrid: Civitas, 2000.
GARCIA DE ENTERRIA, Eduardo. La Constitución como Norma Juridica. **Anuario de Derecho Civil**, série I, n. 2. Madrid: Ministerio de Justicia y Consejo Superior de Investigaciones Cientificas.
GARCÍA DE ENTERRÍA, Eduardo. Prólogo à edição castelhana de Theodor Viehweg. **Topik und Jurisprudenz** (Tópica y Jurisprudencia). 1. reimp. Tauros: Madrid, 1986.
GARCÍA FIGUEROA, Alfonso. Norma y Valor en el Neoconstitucionalismo. **Revista Brasileira de Direito Constitucional**, n. 7, v. 2.
GARCÍA-PELAYO, Manuel. **La Lucha por Roma (sobre las razones de un mito político)**: los Mitos Políticos. Madrid: Alianza Editorial, 1981. p. 111 e ss.

GARCÍA-PELAYO, Manuel. **Derecho Constitucional Comparado**. 4. ed. Madrid: Alianza Editorial, 1984.
GARCÍA-PELAYO, Manuel. **El Estado de Partidos**. Madrid: Alianza Editorial, 1986.
GARCÍA-PELAYO, Manuel. La Constitution estamental. **Revista de Estudios Politicos**. Madrid, 1949. v. XXIV, p. 105 e ss.
GAUTHIER, David. **Morals by agreement**. reimp. Oxford: Clarendom Press, 1987.
GIERKE, Otto von. **Deutsches Privatrecht**. Leipzig et al.: Duncker & Humblot, 1895.
GIRARD, René. **Des choses cachées depuis la fondation du monde**. Paris: Grasset, 1978.
GIRARD, René. **La violence et le sacré**. Paris: Grasset, 1972.
GIRARD, René. **Le Bouc Emissaire**. Paris: Grasset, 1982.
GIRARDET, Raoul. **Mythes et Mythologies Politiques**. Paris: Seuil, 1986.
GODECHOT, Jacques. **La Grande Nation**: L'expansion révolutionnaire de la France dans le monde. Paris: Aubier, 1957. 2 vols.
GODOI, Mayr. **Técnica Constituinte e Técnica Legislativa**. São Paulo: LEUD, 1987.
GOERLICH, Helmut. **Wertordnung und Grundgesetz**: Kritik einer Argumentationsfigur des Bundesverfassungsgerichts. Nomos, 1973.
GOMBRICH, E. H. An Autobiographical Sketch. In: WOODFIELD, Richard (Ed.). **The Essential Gombrich**: Selected Writings on Art and Culture. Londres: Phaidon, 1996. p. 21 e ss.
GOMES, Pinharanda (Introd. e sel.). **Silvestre Pinheiro Ferreira**. Lisboa: Guimarães Editores, 1977.
GONZÁLEZ PÉREZ, Jesús. **La Ética en la Administración Pública**. 2. ed. Madrid: Civitas, 2000.
GOODY, Jack. **The Logic of Writing and the Organisation of Society**. Cambridge University Press, 1986. Tradução portuguesa de Teresa Louro Pérez. **A Lógica da Escrita e a Organização da Sociedade**. Lisboa: Edições 70, 1987.
GOUVEIA, Jorge Bacelar. **O Valor Positivo do Acto Inconstitucional**. reimp. Lisboa: AAFDL, 2000.
GOUVEIA, Jorge Bacelar. **Manual de Direito Constitucional**. Coimbra: Almedina, 2005. 2 vols.
GRASSO, Pietro Giuseppe. **El Problema del Constitucionalismo después del Estado Moderno**. Madrid; Barcelona: Marcial Pons, 2005.
GRAY, John. **Liberalism**. 1986. Tradução castelhana de Maria Teresa de Mucha. **Liberalismo**. 1. reimp. Mardid: Alianza Editorial, 2002.
GREENAWALT, Kent. **Conflicts of Law and Morality**. New York; Oxford: Oxford University Press, 1989.
GROSSI, Paolo. **Mitologie Giuridiche della Modernità**. Milão: Giuffrè, 2003.
GUERRA FILHO, Willis Santiago. **Teoria da Ciência Jurídica**. São Paulo: Saraiva, 2001.
GUERRA, Gustavo Rabay. Estrutura Lógica dos Princípios Constitucionais. **Revista Brasileira de Direito Constitucional**, n. 7, v. 2.
GUILLERMO PORTELA, Jorge. Breve Análisis de los Valores Jurídicos. **Cultura Jurídica**, México, Tribunal Superior de Justicia del Estado de México, n. 1, 2005. p. 127 e ss.
GUISÁN, Esperanza. **Mas allá de la Democracia**, Madrid: Tecnos, 2000.
GUTMANN, Amy; THOMPSON, Dennis. O que Significa Democracia Deliberativa. **Revista Brasileira de Estudos Constitucionais**, ano 1, n. 1, jan./mar. 2007. p. 17 e ss.
HÄBERLE, Peter. **Die Verfassung des Pluralismus**: Studien zur Verfassungstheorie der offenen Gesellschaft. Königstein/Ts: Athenäum, 1980.
HÄBERLE, Peter. **Die Wesensgehaltsgarantie des Art. 19 Abs. 2 Grundgesetz**: Zugleich ein Beitrag zum institutionellen Verständnis der Grundrechte und zur Lehre vom Gesetzesvorbehalts. 3. ed. Heidelberg, 1983. Tradução castelhana de Joaquín Brage Camazano, com Apresentação e um Estudo Preliminar de Francisco Fernández Segado. **La Garantía del Contenido Esencial de los Derechos Fundamentales en la Ley Fundamental de Bonn**. Madrid: Dykison, 2003.
HÄBERLE, Peter. **Novos Horizontes e Novos Desafios do Constitucionalismo, Conferência Internacional sobre a Constituição Portuguesa**. Lisboa: Fundação Calouste Gulbenkian, 2006.
HÄBERLE, Peter. **Verfassung als Öffentlicher Prozess**. 3. ed. Berlim: Duncker & Humblot, 1998.
HÄBERLE, Peter. **Verfassungslehre als Kulturwissenschaft**. Berlim: Duncker & Humblot, 1998.

HALL, John. **States in History**. Tradução portuguesa de Paulo Vaz et al. **Os Estados na História**. Rio de Janeiro: Imago, 1992.

HAMON, Francis; TROPER, Michel; Burdeau, Georges. **Droit constitutionnel**. 27. ed. Paris: LGDJ, 2001. Tradução portuguesa de Carlos Souza. **Direito Constitucional**. Barueri, São Paulo, 2005.

HARTH, Dietrich; ASSMANN, Jan (Org.). **Revolution und Mythos**. Frankfurt am Main: Fischer, 1992.

HASSEMER, Winfried. **História das Ideias Penais na Alemanha do Pós-Guerra**, seguido de **A Segurança Pública no Estado de Direito**. Tradução portuguesa. Lisboa: AAFDL, 1995.

HAYEK, F. A. **Droit, législation et liberte**: I – Règles et ordre. Tradução francesa. Paris: PUF, 1973.

HEGEL, Georg Wilhelm Friedrich. **Grundlinien der Philosophie des Rechts**. Tradução portuguesa de Orlando Vitorino. **Princípios da Filosofia do Direito**. 2. ed. Lisboa: Guimarães Editores, 1976.

HEIDEGGER, Martin. **Briefüber den Humanismus**. Tradução castelhana de Helena Cortés; Arturo Leyte. **Carta sobre el Humanismo**. 2. reimp. Madrid: Alianza Editorial, 2001.

HELLER, Hermann. **Staatslehre**. Leide, 1934 (3. ed., 1963). Tradução portuguesa do Prof. Lycurgo Gomes da Motta. **Teoria do Estado**. São Paulo: Mestre Jou, 1968.

HÉRAUD, Guy. **L'ordre juridique et le pouvoir originaire**. Paris: Sirey, 1946.

HERNÁNDEZ GIL, A. **Sistema de Valores en la Constitución**. México; Madrid; Buenos Aires: Civitas, 1983.

HERRERA, Carlos Miguel. **La Philosophie du droit de Hans Kelsen**: une introduction. Quebeque: Les Presses de l'Université Laval, 2004.

HERVADA, Javier. **Introducción crítica al Derecho Natural**. 4 ed. Pamplona: EUNSA, 1986.

HERVADA, Javier. **Lecciones propedéuticas de filosofía del derecho**. Pamplona: EUNSA, 1992.

HESPANHA, Pedro et al. **Entre o Estado e o Mercado**: as fragilidades das instituições de protecção social em Portugal. Coimbra: Quarteto, 2000.

HESSE, Konrad. **Die normative Kraft der Verfassung**. Tubinga: Mohr, 1959. Tradução portuesa. **A Força Normativa da Constituição**. Porto Alegre: Sérgio Antônio Fabris Editor, 1991.

HESSE, Konrad; HÄBERLE, Peter. **Estúdios sobre la Jurisdicción Constitucional (con especial referencia al Tribunal Constitucional Alemán)**. Tradução castelhana de Eduardo Ferrer Mac-Gregor. México: Editorial Porrúa; Instituto Mexicano de Derecho Procesal Constitutional, 2005.

HESSEN, Johannes. **Filosofia dos Valores**. Tradução portuguesa de Luís Cabral de Moncada. Nova edição. Coimbra: Almedina, 2001.

HÖFFE, Otfried. **Politische Gerechtigkeit. Grundlegung einer kritischen Philosophie von Recht und Staat**. Francoforte sobre o Meno: Suhrkamp, 1987. 3. ed. 2002. Tradução portuguesa de Ernildo Stein. 2. ed. São Paulo: M. Fontes, 2001.

HOLMES, Oliver Wendell. **Law and the Court**. 1913. Palestra.

HOLMES, Oliver Wendell. Law in Science and Science in Law. **Harvard Law Review**, v. XII, 1899.

HOLMES, Oliver Wendell. **The Common Law**. Cambridge, Mass.: The Belknap Press of Harvard University Press, 1963 (1. ed., 1881).

HOLMES, Oliver Wendell. **The Path of Law**. 1897. Tradução castelhana de E. A. Russo. **La Senda del Derecho**. Buenos Aires: Abeledo-Perrot, 1975.

HORTA, Raul Machado. **Direito Constitucional**. 3. ed. Belo Horizonte: Del Rey, 2002.

HOVEN, Paul Van Den. Clear Cases: Do they Exist? **Revue Internationale de Sémiotique Juridique; International Journal for the Semiotics of Law**, v. III, n. 7, 1990. p. 55-63.

JACINTHO, Jussara Maria Moreno. **Dignidade Humana**: Princípio Constitucional. Curitiba: Juruá, 2006.

JANKÉLÉVITCH, Vladimir. **Le sérieux de l'intention**: Traité des vertus I. Paris: Flammarion, 1983.

JAUCOURT, Chevalier De. República. In: **Verbetes Políticos da Enciclopédia, Diderot et D'Alembert**. Edição portuguesa com tradução de Maria das Graças de Souza. São Paulo: Unesp, 2006. p. 245 e ss.

JELLINEK, Georg. **Algemeine Staatslehre**. 1900. Tradução castelhana. **Teoría General del Estado**. Nova edição castelhana. Buenos Aires: Editorial Albatros, 1978.

JELLINEK, Georg. **Reforma y Mutación de la Constitución**. Edição castelhana. Madrid: Centro de Estúdios Constitucionales, 1991.
JHERING, Rudolf von. **Les Indo-Européens avant l'Histoire**. op. post. Tradução de O. de Meulenaere. Paris: A. Maresq, 1995.
JONES, A. H. M. **Athenian Democracy**. Baltimore: The Johns Hopkins University Press, 1986. (1. ed. Basil Blackweii, 1957).
JORDAN, Neil. Michael Collins. **Film Diary & Screenplay**. London: Vintage, 1996.
JOUVENEL, Bertrand de. **Du Pouvoir**: Histoire naturelle de sa croissance. Nova edição. Paris: Hachette, 1972-1977.
JUNG, C. G. Aion. **Beiträge zur Symbolik des Selbst**. Walter, 1976. Tradução portuguesa do Padre Dom Mateus Ramalho Rocha. OSB. **Aion**: Estudos sobre o Simbolismo do Si-Mesmo. Petrópolis, RJ: Vozes, 1982.
JURISPRUDENCE. 3. ed. Londres; Sidney: Cavendish Lawcards Series, 2002.
KÄGI, Werner. **Die Verfassung als rechtliche**: Grundordnung des Staates. 1945. Tradução castelhana de Sergio Diaz Ricci; Juan José Reyven, com Estudo Preliminar de Francisco Fernando Segado. **La Constitución como Ordenamento Jurídico Fundamental del Estado**. Madrid: Dykinson, 2005.
KANTOROWICZ, Ernst. **The King's two bodies**: a Study in Mediaeval Political Theology [1. ed., 1957]. Tradução francesa de Jean Philippe Genet e Nicole Genet. **Les Deux Corps du Roi**: Essai sur la Théologie Politique au Moyen Âge. Paris: Paris: Gallimard, 1989.
KELSEN, Hans. **Das Problem der Gerechtigkeit**. Tradução portuguesa de João Baptista Machado. **A Justiça e o Direito Natural**. 2. ed. Coimbra: Arménio Amado, 1979.
KELSEN, Hans. Das Problem des Parlamentarimus. In: **Sociologie und Sozialphilosophie**: Schriften der Soziologischen Gesellschaft in Wien; Viena; Leipzig, 1925. v. III. Tradução castelhana de Manuel Atienza. **Escritos sobre la Democracia y el Socialismo**. Madrid: Debate,1988.
KELSEN, Hans. **Der Staat als Integration**: Eine prinzipielle Auseinandersetzung. 1930. Tradução castelhana e estudo preliminar de Juan Antonio García Amado. **El Estado como Integracíon**: una controversia de Principio. Madrid: Tecnos, 1997.
KELSEN, Hans. **General Theory of Law and State**. 1945. Tradução portuguesa de Luís Carlos Borges. **Teoria Geral do Direito e do Estado**. 4. ed. portuguesa. São Paulo: M. Fontes, 2001.
KELSEN, Hans. **Jurisdição Constitucional**. Tradução de Sérgio Sérvulo da Cunha. São Paulo: M. Fontes, 2001.
KELSEN, Hans. **Reine Rechtslehre**. Tradução portuguesa e prefácio de João Baptista Machado. **Teoria Pura do Direito**. 4. ed. port., Coimbra, Arménio Amado, 1976.
KERVÉGAN, Jean-François. **Hegel, Carl Schmitt**: le politique entre spéculation et positivité. Paris: PUF, 1992. Tradução portuguesa de Carolina Huang. **Hegel, Carl Schmitt**: o Político entre a Especulação e a Positividade. Buaeri, São Paulo: Manole, 2006.
KIRCHMANN, Julius von. **Die Wertlosigkeit der Jurisprudenz als Wissenschaft**: Vortrag vor der juristischen Gesellschaft . Berlin: 1848 (nova ed. org. por Anton Shefer, 1999).
KLEIN, Claude. **Weimar**. Paris: Flammarion, 1968.
KLEIN, Claude. **Théorie et pratique du pouvoir constituant**. Paris: PUF, 1996.
KRADER, Lawrence. **Formation of the State**. Nova Jersey: Prentice Hall, 1967. Tradução portuguesa de Regina Lúcia M. Morel. **A Formação do Estado**. Rio de Janeiro: Zahar, 1970.
KUHN, Thomas S. **The Structure of Scientific Revolutions**. Chicago: Chicago University Press, 1962.
KVATERNIK, Eugenio. **Decadência Politica**: Conceptos y Perspectivas – una Comparación entre las Teorias de la Crisis Politica de Carl Schmitt, António Gramsci y Samuel Huntington. Buenos Aires, 1986.
LACERDA, Belizário Antônio de. **Direito Adquirido**. Belo Horizonte: Del Rey, 1999.
LADRIÈRE, Jean. **L'Éthique dans l'Univers de la Rationalité**. Quebeque: Artel; Fides, 1997.
LAMY, Marcelo. Generalização dos Efeitos da Decisão de Inconstitucionalidade. **Cadernos Interdisciplinares Luso-Brasileiros**, n. 1, 2006. p. 145 e ss.
LANE, Gilles. **À quoi bon la Philosophie**. 3. ed. Quebeque: Bellarmin, 1997.
LANGROD, Georges. **O Processo Legislativo na Europa Ocidental**. Rio de Janeiro: Fundação Getulio Vargas, 1954.

LASSALE, Ferdinand. **O Que é uma Constituição Política?** Tradução portuguesa. Porto: Nova Crítica, 1976.
LEAL, Mônia Clarissa Hennig. **A Constituição como Princípio**: os Limites da Jurisdição Constitucional Brasileira. Barueri, São Paulo, 2003.
LECLERCQ, Jacques. **Do Direito Natural à Sociologia**. Tradução portuguesa. São Paulo: Livraria Duas Cidades, S.d.
LEIBHOLZ, Gerhard. **O Pensamento democrático como princípio estruturador na vida dos povos europeus**. Tradução portuguesa. Coimbra: Atlântida, 1974.
LEIBHOLZ, Gerhardt. **Conceptos Fundamentales de la Politica y de Teoria de la Constitucion**. Madrid: Instituto de Estudios Politicos, 1964. p. 99 e ss.
LEITE PINTO, Ricardo. Neo-republicanism and Constitutional Law: a Republic of reasons. In: CONGRESSO MUNDIAL DE DIREITO CONSTITUCIONAL. 7., Atenas, 11-15 jun. 2007. Disponível em: <http://www.enelsyn.gr/papers/w7/Paper%20by%20Prof.%20Ricardo%20Leite%20Pinto.pdf>. Acesso em: 13 maio 2022.
LEITE PINTO, Ricardo. **Neo-Republicanismo, Democracia e Constituição**. Lisboa: Universidade Lusíada Editora, 2006.
LEITE PINTO, Ricardo; MATOS CORREIA, José de; ROBOREDO SEARA, Fernando. **Ciência Política e Direito Constitucional**: Teoria Geral do Estado e Formas de Governo. 3. ed. ver. e ampl. Lisboa: Universidade Lusíada Editora, 2005.
LENINE, V. I. **Comunicação acerca da Posição do proletariado perante a Democracia pequeno-burguesa; Democracia e Política na época da Ditadura do proletariado**. Tradução portuguesa de Adelino dos Santos Rodrigues. Lisboa: Minerva, S.d.
LES NOUVELLES morales: Éthique et Philosophie. **Magazine Littéraire**, n. 361. Paris, janvier, 1998.
LIET-VEAUX, Georges. **La continuité du droit interne**: essai d'une théorie juridique des révolutions. Paris: Sirey, 1942.
LIMA, Francisco Gérson Marques de. Os Deveres Constitucionais: O Cidadão Responsável. In: BONAVIDES, Paulo (Coord.); LIMA, Francisco Gérson Marques de; BEDÊ, Faya Silveira. **Constituição e Democracia**: Estudos em Homenagem ao Professor J. J. Gomes Canotilho. São Paulo: Malheiros, 2006.
LIMA, Francisco Meton Marques. As Implicações Recíprocas entre os Valores e o Direito. In: BONAVIDES, Paulo (Coord.); LIMA, Francisco Gérson Marques de; BEDÊ, Faya Silveira. **Constituição e Democracia**: Estudos em Homenagem ao Professor J. J. Gomes Canotilho. São Paulo: Malheiros, 2006. p. 188 e ss.
LIMA, Ronaldo Cunha; OLIVEIRA, Leonardo Cunha Lima de. **Princípios e Teorias Criminais (Verbetes)**. Rio de Janeiro: Forense, 2006.
LOEWENSTEIN, Karl. **Teoría de la Constitución**. 3. reimp. Tradução castelhana de Alfredo Yallego Anabitarte. Barcelona, 1983.
LOUGHLIN, Martin. **The Idea of Public Law**. Oxford; Nova Iorque: Oxford University Press, 2004 (1. ed., 2003).
LOUREIRO JUNIOR. **Parlamentarismo e Presidencialismo**. São Paulo: Revista dos Tribunais, 1962.
LUCAS VERDÙ, Pablo. **Teoría de la Constitución como Ciencia Cultural**. 2. ed. cor. e aum. Madrid: Dykinson, 1998.
LUCENA, Manuel de. **Contradanças**: Política e Arredores. 2004-2005. Lisboa: Instituto de Ciências Sociais, 2006.
LUCENA, Manuel de. Rever e Romper (Da Constituição de 1976 à de 1989). **Revista de Direito e de Estudos Sociais**, ano XXXIII, VI da 2ª série, n. 1-2, p. 1-75.
LUHMANN, Niklas. Legitimation durch Verfahren. 2. ed. Neuwid, 1975. Tradução portuguesa. **Legitimação pelo procedimento**. Brasília: Ed. da UnB, 1980.
LYON-CAEN, Gérard. Informe de Síntesi. In: MARZAL, Antonio (Ed.). **Crisis del Estado de Bienestar y Derecho Social**. Barcelona: J. M. Bosh Edit; ESADE, Facultad de Derecho, 1997.
MACAROV, David. **Un monde quasiment sans travail? RIT**, v. 124, n. 6, nov./dez. 1985.
MACEDO, Jorge Borges de. Absolutismo. In: SERRÃO, Joel (Dir.). **Dicionário de História de Portugal**. Lisboa: Iniciativas Editoriais, 1963. v. I. p. 8-14.

MACHADO, João Baptista. **Introdução ao Direito e ao Discurso Legitimador**. reimp. Coimbra: Almedina, 1985.
MACHETE, Rui Chancerelle de. Os Princípios Estruturais da Constituição de 1976 e a próxima revisão constitucional. **Revista de Direito e Estudos Sociais**. Coimbra, ano 29, n. 3, jul./set. 1987. p. 337-371.
MAGALHÃES, José. **Dicionário da Revisão Constitucional**. Lisboa: Editorial Notícias, 1999.
MAGALHÃES, José Luiz Quadros. **Direito Constitucional**. 2. ed. Belo Horizonte: Mandamentos, 2002.
MALLORY, J. P. **In Search of the Indo-Europeans**. reimp. Londres: Thames & Hudson, 2003.
MAMARI FILHO, Luís Sérgio Soares. **A Comunidade Aberta de Intérpretes da Constituição**. Rio de Janeiro: Lumen Iuris, 2005.
MARSHALL, Carla C. **Curso de Direito Constitucional**. Rio de Janeiro: Forense, 2000.
MARTIN, François Olivier. **Histoire du Droit Français**: des origines à la Révolution. Paris: CNRS, 1990.
MARTIN, François Olivier. **Les Lois du Roi**. reimp. Paris: Editions Loysel, 1988.
MARTINEZ, Vinício C. Estado do bem estar social ou Estado social? **Jus Navigandi**, Teresina, ano 9, n. 656, 24 abr. 2005. Disponível em: <http://jus2.uol.com.br/doutrina/texto.asp?id=6623>. Acesso em: 21 abr. 2006.
MARTINS, Afonso d'Oliveira. O Poder Constituinte na Génese do Constitucionalismo Moderno. **Estado & Direito**, n. 5-6, 1990.
MARTINS, Ives Gandra da Silva. **A Constituição Aplicada**. Belém: CEJUP, 1990. 4 vols.
MARTINS, Ives Gandra da Silva. **Direito Constitucional Interpretado**. São Paulo: Revista dos Tribunais, 2002.
MARTINS, Margarida Salema d'Oliveira. **O Princípio da Subsidiariedade em Perspectiva Jurídico-Política**. Coimbra: Coimbra Editora, 2003.
MARTINS, Oliveira. Causas Econômicas da Imoralidade Política. **Província**, Porto, ano 3, 23-IX-1887.
MARTINS, Oliveira. O Descrédito da Política. **O Repórter**. Lisboa, , ano 1, n. 19, 19-I-1888.
MATOS CORREIA, José de; LEITE PINTO, Ricardo. **A Responsabilidade Política**: Separata de "Estudos Jurídicos em homenagem ao Prof. Doutor António Motta Veiga". Coimbra: Almedina, 2007. máx. p. 822 e ss.
MATTEUCCI, Nicola. **Organizzazione del Potere e Libertà**: Storia del Costituzionalismo moderno. UTET, 1988. Tradução castelhana de Francisco Javier Ansuátegui Roig; Manuel Martínez Neira. **Organización del Poder y Libertad**: Historia del Constitucionalismo Moderno. Apresentação de Bartolomè Clavero. Madrid: Trotta, 1998.
McCORMICK, John P. **Carl Schmitt's Critique of Liberalism**: Against Politics as Technology. Cambridge, Cambridge University Press, 1997.
McILWAIN, Charles Howard. **Constitutionalism**: ancient and modern. ver. ed. Ithaca; New York: Cornell Univ. Press, 1974.
McWHINNEY, Edward. **Constitution-Making**: Principles, Process, Practice. Toronto: University of Toronto Press, 1981.
MEDEIROS, Rui. **Ensaio sobre a Responsabilidade Civil do Estado por Atos Legislativos**. Coimbra: Almedina, 1992.
MELO, António Barbosa de. **Democracia e Utopia (Reflexões)**. Porto: Almedina, 1980.
MELO, António Barbosa de. Legitimidade Democrática e Legitimação Governamental na União Europeia. **Boletim da Faculdade de Direito**: "Estudos em Homenagem ao Prof. Doutor Rogério Erharhdt Soares". Coimbra: Coimbra Editora; Faculdade de Direito, 2001. p. 103 e ss.
MENDES, João de Castro. **Direito Comparado**. rev. e atual. Lisboa: Associação Acadêmica da Faculdade de Direito de Lisboa, 1982-1983.
MENDONÇA, Jacy de Souza. **Curso de Filosofia do Direito**: o Homem e o Direito. São Paulo: Quartier Latin, 2006.
MERÊA, Paulo. **Introdução ao Problema do Feudalismo em Portugal**. Coimbra, 1912.
MICHELS, Robert. Political Parties. **A sociological study of the oligarchical tendencies of modern democracy**, 1962. Tradução castelhana de Enrique Molina de Vedia. **Los Partidos**

políticos: un estudio sociológico de las tendencias oligárquicas de la democracia moderna. Buenos Aires: Amorrotu Editores, 1996. 2 vols.

MIGUEL, Jorge. **Curso de Direito Constitucional**. 2. ed. São Paulo: Atlas, 1991.

MIRANDA Jorge. **Contributo para uma Teoria da Inconstitucionalidade**. Lisboa, 1968.

MIRANDA Jorge. Controlo da Constitucionalidade em Portugal. In: BELAUNDE, D. García (Coord.); SEGAO, Fernandez. **La Jurisdiccion Constitucional en Iberoamerica**. Madrid: Dykinson, 1997. p. 861 e ss.

MIRANDA Jorge. Inconstitucionalidade por Omissão. In: **Estudos sobre a Constituição**: I. Lisboa: Livraria Petrony, 1977.

MIRANDA, Jorge. Acabar com o Frenesim Constitucional. **Separata do volume coletivo "Nos 25 Anos da Constituição da República Portuguesa"**. Lisboa: Associação Acadêmica da Faculdade de Direito de Lisboa, 2001.

MIRANDA, Jorge. **A Constituição de 76**: Formação, Estrutura, Princípios Fundamentais. Lisboa, 1978.

MIRANDA, Jorge. A Interpretação da Constituição Econômica. **Separata do número especial do "Boletim da Faculdade de Direito"**: "Estudos em Homenagem ao Prof. Doutor Afonso Rodrigues Queiró", 1986. Coimbra, 1987.

MIRANDA, Jorge. **Formas e Sistemas de Governo**. Rio de Janeiro: Forense, 2007.

MIRANDA, Jorge. **Manual de Direito Constitucional**. Coimbra: Coimbra Editora, 6 vols., vvs. eds.

MIRANDA, Jorge. **Manual de Direito Constitucional**: Estrutura Constitucional da Democracia. Coimbra: Coimbra Editoria, 2007. Tomo VII.

MIRANDA, Jorge. **Manual de Direito Constitucional**. 2. ed. Coimbra: Coimbra Editora, 1993. v. IV.

MIRANDA, Jorge. Sobre os Limites Materiais da Revisão Constitucional. **Revista Jurídica**, n. 13-14, 1990.

MIRANDA, Jorge. **Teoria do Estado e da Constituição**. Coimbra: Coimbra Editora, 2002.

MONCADA, Luís Cabral de. **Filosofia do Direito e do Estado**. Nova edição compacta reunindo os 2 vols. Coimbra: Coimbra Editora, 1995.

MONCONDUIT, François. **Devenir citoyen**: Essai de philosophie politique. Bruxelles: Bruylant, 2006.

MONTEJANO, Bernardino. **Ética Pública**. Buenos Aires: Ediciones del Cruzamante, 1996.

MONTORO BALLESTEROS, Alberto. Iusnaturalismo y Derecho Comparado. In: PUY, Francisco (Org.). **Separata de El Derecho Natural Hispanico**: Actas de las "Primeras Jornadas Hispánicas de Derecho Natural". Madrid: Escelicer, 1973.

MONTORO BALLESTEROS, Alberto. **Razones y limites de la legitimación democrática del Derecho**. Múrcia: Universidad de Murcia, 1979.

MONZEL, Nikolaus. **Katholische Soziallehre**: II. Colônia: J. P. Bachem, 1967. Versão castenha de Alejandro Estebán Lator Rós. **Doctrina Social**. Barcelona: Herder, 1972.

MORAES, Alexandre de. **Direito Constitucional**. 15. ed. São Paulo: Atlas, 2004.

MORAES, Alexandre de. **Presidencialismo**. São Paulo: Atlas, 2004.

MORAIS, Carlos Blanco de. **Justiça Constitucional**. Coimbra: Almedina, 2002- 2005. 2 vols.

MOREIRA, Adriano. Conceitos Operacionais. In: **Polis: Enciclopédia Verbo da Sociedade e do Estado**. Lisboa; São Paulo: 1983. v. I. Col. 1064.

MOREIRA, José Carlos. **Lições de Direito Constitucional**: de harmonia com as prelecções feitas ao 1º ano jurídico. [Coligidas em 1957-1958 por Daniel Gonçalves e revistas pelo Assistente da cadeira, Dr. Crucho de Almeida. Actualizadas no ano lectivo de 1959-1960]. Coimbra, policóp., 1959-1960.

MOREIRA, Vital. Princípio da maioria e princípio da constitucionalidade: legitimidade e limites da justiça constitucional. In: **Legitimidade e Legitimação da Justiça Constitucional**. Coimbra: Coimbra Editora, 1995.

MOREIRA, Vital. Revisão e Revisões: a Constituição ainda é a mesma? In: **20 Anos da Constituição de 1976**. Coimbra: Coimbra Editora; Faculdade de Direito, 2000. Col. Stvdia Ivridica. p. 197 e ss.

MORESO, José Juan. Conflictos entre Principios Constitucionales. In: **Neoconstitucionalismo(s)**. Edição de Miguel Carbonell. Madrid: Trotta, 2003. p. 99 e ss.
MORTATI, Costantino. Concetto, Limiti, Procedimento della Revisione Costituzionale. **Rivista Trimestrale di Diritto Pubblico**, 1952.
MORTATI, Costantino. **La Costituzione in Senso Materiale**. Milão: Giuffrè, 1940. reed. 1998.
MORTATI, Costantino. **Studi sul Potere Costituente e sulla Riforma Costituzionale dello Stato**. Milão: Giuffrè, 1972.
MOSSÉ, Claude. **Le Citoyen dans la Grèce Antique**. Paris: Nathan, 1993.
MOTA, Leda Pereira; SPITZCOVSKY, Celso. **Curso de Direito Constitucional**. 5. ed. São Paulo: Juarez de Oliveira, 2000.
MOURA, Paulo Veiga e. **A Privatização da Função Pública**. Coimbra: Coimbra Editora, 2004.
MOURA RAMOS, Rui de. **O Cidadão tem Direito a uma Justiça Melhor. Justiça & Cidadania**, entrevista a Paulo Tavares, 25 jun. 2007.
MOUTSOPOULOS, E. **L'Univers des valeurs. Univers de l'homme**. Atenas: Academia de Atenas, 2005.
MOUTSOPOULOS, E. **Thought, Culture, Action. Studies in the Theory of Values and its Greek Sources**. Atenas: Academia de Atenas, 2006.
MUCCHIELLI, Roger. **Le Mythe de la cité idéale**. Brionne: Gérard Monfort, 1960 (reimp. Paris, P.U.F., 1980).
MÜLLER, Friedrich. **Fragment (über) Verfassunggebende Gewalt des Volkes**. Berlim: Duncker & Humblot, 1995. Tradução portuguesa de Peter Naumann. **Fragmento (sobre) o Poder Constituinte do Povo**. São Paulo: Revista dos Tribunais, 2004.
MÜLLER, Friedrich. **Métodos de Trabalho do Direito Constitucional**. 3. ed. Tradução portuguesa. Rio de Janeiro; São Paulo; Recife: Renovar, 2005.
NADAL, Fábio. **A Constituição como Mito**: o Mito como Discurso Legitimador da Constituição. Apresentação de Dimitri Dimoulis, Prefácio de André Ramos Tavares. São Paulo: Método, 2006.
NEGRI, Antonio. **The Constituent Power**. Tradução castelhana de Clara de Marco. **El Poder Constituyente**: Ensayo sobre las alternativas de la modernidad. Madrid: Libertarias; Prodhufi, 1994.
NELKEN, D. (Ed.). **Comparing legal cultures**. Aldershot: Dartmouth, 1997.
NEVES, António Castanheira. A Revolução e o Direito: a situação actual da crise e o sentido no atual processo revolucionário. Separata de "Revista da Ordem dos Advogados, 1976, in ex in Digesta. **Escritos acerca do Direito, do Pensamento Jurídico, da sua Metodologia e Outros**: I. Coimbra: Coimbra Editora, 1995. p. 51 e ss.
NEVES, António Castanheira. **Introdução ao Estudo do Direito**. Coimbra, policóp., nova versão, S.d.
NEVES, Fernando Santos. **Introdução ao Pensamento Contemporâneo**. 2. ed. Lisboa: Edições Universitárias Lusófonas, 1999.
NEVES, Marcelo. **A Constitucionalização Simbólica**. São Paulo: Acadêmica, 1994.
NORONHA, Miguel. **As Agruras do Estado Social**: Causa Liberal. Disponível em: <http://www.causaliberal.net/documentosMN/TWSWI.htm>. Acesso em: 13 maio 2022.
NOVAES, Adauto (Org.). **A Crise do Estado-Nação**. Rio de Janeiro: Civilização Brasileira, 2003.
NOVAIS, Jorge Reis. Contributo para uma Teoria do Estado de Direito, do Estado de Direito liberal ao Estado Social e Democrático de Direito. **Separata do vol. XXIX do Suplemento ao "Boletim da Faculdade de Direito" da Universidade de Coimbra**. Coimbra, 1987.
NOVAIS, Jorge Reis. **Os Princípios Constitucionais Estruturantes da República Portuguesa**. Coimbra: Coimbra Editora, 2004.
NUNES, António Avelãs et al. **Os Caminhos da Privatização da Administração Pública**. Coimbra: Faculdade de Direito; Coimbra Editora, 2001. Col. Stvdia Iviridica, n. 60.
NUNES, Wanda Cláudia Galluzzi. A Solidariedade como Princípio Constitucional: uma Visão comparativa das culturas jurídicas europeia e americana. In: VIEIRA, José Ribas. **Perspectivas da Teoria Constitucional Contemporânea**. Rio de Janeiro: Lumen Juris, 2007. p. 71 e ss.
OLIVEIRA, Manuel Alves de. **O Lugar da Ética na Contemporaneidade**: a Análise Critica de Victoria Camps. Lisboa: Editorial Notícias, 2003.

OTERO PARGA, Milagros. **Valores Constitucionales**: Introducción a la Filosofía del Derecho – axiologia jurídica. Santiago de Compostela: Universidade de Santiago de Compostela, 1999.

OTTONELLO, Pier-Paolo. **La Barbarie Civilizzata**. Génova: Edizioni dell'Arcipelago, 1993.

OVEJERO, Félix; MARTÍ, José Luis; GARGARELLA, Roberto. **Introdução a Nuevas Ideas Republicanas**: Autogobierno y Libertad. Barcelona: Paidós, 2004.

OVEJERO, Félix et al. (Org.). **Nuevas Ideas Republicanas**. Barcelona; Buenos Aires; México: Paidós, 2004.

PACE, Alessandro; VARELA, Joaquín. **La Rigidez de las Constituciones Escritas**. Madrid: Centro de Estúdios Constitucionales, 1995.

PALMA FERNÁNDEZ, José Luis. **La Seguridad Juridica ante la Abundancia de Normas**. Madrid: Centro de Estudios Políticos y Constitucionales, 1997.

PALMA, Maria Fernanda. **Direito Constitucional Penal**. Coimbra: Almedina, 2006.

PASCOAES, Teixeira de. **Arte de Ser Português**. Nova edição com prefácio de Miguel Esteves Cardoso. Lisboa: Assírio & Alvim, 1991.

PECES-BARBA, Gregorio. Seguridad Jurídica y Solidaridad como Valores de la Constitución Española. In: **Funciones y Fines del Derecho**: Estudios en Honor del Profesor Mariano Hurtado Bautista. Murcia: Universidad de Murcia, 1992.

PECES-BARBA, Gregorio. **Los Valores Superiores**. 1. reimp. Madrid: Tecnos, 1986.

PEREIRA, André Gonçalves. **O Semipresidencialismo em Portugal**. Lisboa: Ática, 1984.

PEREIRA, José Esteves. **O Pensamento Político em Portugal no Século XVIII**: António Ribeiro dos Santos. Lisboa: Imprensa Nacional–Casa da Moeda, 1983.

PEREIRA, José Esteves. **Silvestre Pinheiro Ferreira**: o seu pensamento político. Coimbra: Universidade de Coimbra, Faculdade de Letras, Seminário de Cultura Portuguesa, 1974.

PEREIRA MENAUT, Antonio-Carlos. Constitución, Principios, Valores. **Dereito**, v. 13, n. 1, 2004. p. 189-216.

PEREIRA MENAUT, Antonio-Carlos. Constitución, Princípios, Valores. **Separata de "Dereito. Revista Xurídica da Universidade de Santiago de Compostela"**. v. 13, n. 1, 2004.

PEREIRA MENAUT, Antonio-Carlos. **El Ejemplo Constitucional de Inglaterra**. Madrid: Universidad Complutense, 1992.

PEREIRA MENAUT, Antonio-Carlos. **El Ejemplo Constitucional de Inglaterra**. Madrid: Universidad Complutense, 1992.

PÉREZ LUÑO, Antonio Enrique. **La Seguridad Juridica**. 2. ed. Barcelona: Ariel, 1994.

PETIT, Philip. **Republicanism**: a Theory of Freedom and Government. Oxford: Oxford University Press, 1997.

PIÇARRA, Nuno. A **Separação dos Poderes como Doutrina e Princípio Constitucional**. Coimbra: Coimbra Editora, 1989.

PINTO, Luzia Marques da Silva Cabral. **Os Limites do Poder Constituinte e a Legitimidade Material da Constituição**. Coimbra: Coimbra Editora; Faculdade de Direito, 1994.

PIOVESAN, Flávia. **Direitos Humanos e o Direito Constitucional Internacional**. São Paulo: Max Limonad, 1996.

PIRES, Francisco Lucas. **Teoria da Constituição de 1976**: a Transição dualista. Coimbra: S.e., 1988.

PIRES, Francisco Lucas. A Política Social Comunitária como exemplo do Princípio da Subsidiariedade. **Revista de Direito e de Estudos Sociais**. Coimbra, Almedina, ano XXXIII (VI da 2.ª série), n. 3-4, p. 239-259, jul./dez. 1991.

POCOCK, J. G. A. **The Machiavellian Moment. Florentine Political Thought and the Atlantic Republican Tradition**. Princeton; Londres: Princeton University Press, 1975.

POCOCK, John G. A. Linguagens do Ideário Político. MICELI, Sérgio (Org.). Tradução portuguesa de Fábio Fernandez. São Paulo: Ed. da USP, 2003.

POITRINEAU, Abel. **Les Mythologies révolutionnaires**. Paris: PUF, 1987.

PONTAUT, Jean-Marie; SZPINER, Francis. **L'Etat hors la loi**. Paris: Fayard, 1989.

POPPER, Karl; CONDRY, John. **Televisão**: um perigo para a democracia. Edição portuguesa. Lisboa: Gradiva, 1995.

POPPER, Sir Karl R. **The Open Society and its Enemies** (1957, revista em 1973). Tradução portuguesa. **A Sociedade Aberta e seus Inimigos**. Belo Horizonte: Ed. da USP; Itatiaia, 1974. v. I.

POSNER, Richard (Ed.). **The Essential Holmes**. Chicago: The University of Chicago Press, 1992.
POUND, Roscoe. Law in Books and Law in Action. **American Law Review**, v. XLIV, 1910.
POUND, Roscoe. Mechanical Jurisprudence. **Columbia Law Review**, v. VIII, 1908.
PRIETO SANCHÍS, Luís. **Constitucionalismo y Positivismo**. México: Fontamara, 1997.
PUHVEL, J. (Ed.). **Myth and law among the Indo-Europeans**. Los Angeles; London: Berkeley, 1970.
PUY, Francisco. **Derechos Humanos**. Santiago de Compostela: Imprenta Paredes, 1985. 3 vols.
PUY, Francisco. **Teoria Tópica del Derecho Natural**. Santiago do Chile: Universida Santo Tomás, 2004.
PUY, Francisco. **Tópica Juridica**. Santiago de Compostela: Paredes, 1984. v. I.
QUADROS, Fausto de. **Direito Comunitário I**: Programa, Conteúdo e Métodos do Ensino. Coimbra: Almedina, 2000.
QUADROS, Fausto de. **O Princípio da Subsidiariedade no Direito Comunitário após o Tratado da União Europeia**. Coimbra: Almedina, 1995.
QUEIRÓ, Afonso Rodrigues. Os Fins do Estado (Um Problema de Filosofia Política). **Suplemento ao vol. XV do "Boletim da Faculdade de Direito"**. Coimbra: Universidade de Coimbra, 1939. p. 1-72.
QUEIRÓ, Afonso Rodrigues. **Uma Constituição Democrática, hoje**: como? Coimbra: Atlântida, 1980.
QUEIROZ, Cristina. **Direitos Fundamentais (Teoria Geral)**. Coimbra: Coimbra Editora; Faculdade de Direito da Universidade do Porto, 2002.
QUEIROZ, Cristina. **Direitos Fundamentais Sociais**. Coimbra: Coimbra Editora, 2006.
QUEIROZ, Cristina. **O Princípio da Não Reversibilidade dos Direitos Fundamentais Sociais**: Princípios Dogmáticos e Prática Jurisprudencial. Coimbra: Coimbra Editora, 2006.
QUEIROZ, Cristina. O Sistema de Governo Português. **Separata de Homenagem ao Prof. Doutor André Gonçalves Pereira**. Coimbra: Faculdade de Direito da Universidade de Lisboa; Coimbra Editora, 2006.
RAAFLAUB, Kurt A. et al. **Origins of Democracy in Ancient Greece**, Berkeley et al.: University of California Press, 2007.
RAMAUX, Christophe. **L'Etat social**: une révolution qui n'a pas sa théorie, Actes de l'Université d'été. Ed. Mille et une nuits, 2004.
RAMOS TAVARES, André. **Curso de Direito Constitucional**. 2. ed. São Paulo: Saraiva, 2003.
RAMOS TAVARES, André. **Fronteiras da Hermenêutica Constitucional**. São Paulo: Método, 2006.
RAZ, Joseph. **Value, Respect and Attachment**. Cambridge: Cambridge University Press, 2001.
REALE, Miguel. **Filosofia do Direito**. 13. ed. São Paulo: Saraiva, 1990.
REALE, Miguel. Invariantes Axiológicas. In: **Paradigmas da Cultura Contemporânea**. 1. ed. 2. tir. São Paulo: 1999. p. 95 e ss.
REALE, Miguel. Os Valores Fundamentais da Democracia. In: **A Doutrina Democrática e a Realidade Nacional**. São Paulo: Fórum Roberto Simonsen, Serviço de Publicações da Federação e do Centro das Indústrias do Estado de São Paulo, 1964. p. 31 e ss.
REIS, António. O Estado. In: REIS, António (Coord.). **Retrato de Portugal**: Factos e Acontecimentos. Lisboa: Instituto Camões; Círculo de Leitores; Temas e Debates, 2007.
REIS, António. Os Valores Republicanos Ontem e Hoje. In: REIS, António (Org.). **A República Ontem e Hoje**: II Curso Livre de História Contemporânea. Lisboa: Colibri, 2002. p. 11-29.
REIS, António (Coord.). **A República Ontem e Hoje**: II curso Livre de História Contemporânea. Lisboa: Colibri, 2002.
REIS, José Alberto dos. **Ciência Política e Direito Constitucional**. Coimbra, 1908.
RESTA, Eligio. **Il Diritto Fraterno**. Roma; Bari: Laterza, 2006.
RESZLER, André. **Mythes politiques modernes**. Paris: PUF, 1981.
RIALS, Stéphane. Supraconstitutionnalité et systématicité du droit. **Archives de Philosophie du Droit**. Paris: Sirey, 1986. t. XXXI.
RIBEIRO BASTOS, Celso; AYRES DE BRITTO. **Interpretação e Aplicabilidade das Normas Constitucionais**. São Paulo: Saraiva, 1982.

RIFKIN, Jeremy. O Fim dos Empregos: o Declínio Inevitável dos Níveis dos Empregos e a Redução da Força Global de Trabalho. Tradução portuguesa de Ruth Gabriela Bahr. São Paulo: Makron Books, 1996.

RIGAUX, Marie-Françoise. **La théorie des limites matérielles à l'exercice de la fonction constituante**. Bruxelles: Larcier, 1985.

RIMOLI, Francesco. Costituzione Rígida, Potere di Revisione e Interpretazione per Valore. **Giurisprudenza Costituzionale**, XXXVII, n. 5, 1992.

ROMANO, Santi. **Frammenti di un Dizionario giuridico**. Milão: Giuffrè, 1947.

ROMERO, Jose Luis. **Estudio de la Mentalidad Burguesa**. Madrid: Alianza Editorial, 1987.

ROSANVALLON, Pierre. **La crise de l'Etat providence**. Paris: Seuil, 1981.

ROTHENBURG, Walter Claudius. **Inconstitucionalidade por Omissão e Troca do Sujeito**. São Paulo: Revista dos Tribunais, 2005.

SÁ, Almeno de. A Revisão do Código Civil e a Constituição. **Revista de Direito e Economia**, ano III, n. 2, jul./dez. 1977.

SALDANHA, Cezar. **O Tribunal Constitucional como Poder**. São Paulo: Memória Jurídica, 2002.

SALDANHA, Nelson. **As Formas de Governo e o Ponto de vista Histórico**. Nova edição. Belo Horizonte: RBEP, 1960.

SALDANHA, Nelson. Em torno dos Valores Jurídicos. **Revista da ESMAP**, Recife, v. 2, n. 4, abr./jun. 1997.

SALDANHA, Nelson. **Formação da Teoria Constitucional**. 2. ed. Rio de Janeiro; São Paulo: Renovar, 2000.

SALDANHA, Nelson. O Conceito de Nação e a Imagem do Brasil. **Revista Brasileira**, Fase VII, ano XII, n. 46, jan./fev./mar. 2006. p. 213 e ss.

SALDANHA, Nelson. **Ordem e Hermenêutica**. Rio de Janeiro: Renovar, 1992.

SALDANHA, Nelson. **Secularização e Democracia**: sobre a Relação entre Formas de Governo e Contextos Culturais. Rio de Janeiro; São Paulo: Renovar, 2003.

SANCHES DE LA TORRE, Angel et al. El Estado de Derecho en la España de Hoy. In: SEMINÁRIO DA SECÇÃO DE FILOSOFIA DO DIREITO DA REAL ACADEMIA DE JURISPRUDÊNCIA E LEGISLAÇÃO DE ESPANHA. Madrid: Editorial Actas, 1996.

SANCHES VIAMONTE, Carlos. **El Poder Constituyente**. Ed. Argentina, 1957.

SÁNCHEZ AGESTA, Luis. **Curso de Derecho Constitucional Comparado**. Madrid: Universidade de Madrid, Facultad de Derecho, Seccion de Publicaciones, 1980.

SANTAMARÍA, Javier. **Los Valores Superiores en la Jurisprudencia del Tribunal Constitucional**: libertad, igualdad, justicia y pluralismo político. Madrid: Dykinson/Universidad de Burgos, 1997.

SANTIAGO NINO, Carlos. **Fundamentos de Derecho Constitucional**: Análisis Filosófico, Jurídico y Politológico de la Prática Constitucional. Buenos Aires: Astrea, 2000.

SANTOS, António de Almeida. Globalização e Anti-globalizaçao. In: **Picar de novo o porco que dorme**. Lisboa: Editorial Notícias, 2003.

SANTOS, António de Almeida. União Europeia: Projecto portador de Futuro ou Santa Casa da Misericórdia?. In: **Civismo e Rebelião**. Mem Martins: Europa-América, 1995.

SANTOS, José António. **Regionalização**: processo histórico. Lisboa: Livros Horizonte, 1985.

SARLET, Ingo Wolfgang. Direitos Fundamentais e Direito Privado: algumas considerações em torno da vinculação dos particulares aos direitos fundamentais. In: SARLET, Ingo Wolfgang (Org.). **A Constituição Concretizada**: Contruindo pontes com o público e o privado. Porto Alegre: Livraria do Advogado Editora, 2000. p. 107 e ss.

SARLET, Ingo Wolfgang (Org.). **Constituição, Direitos Fundamentais e Direito Privado**. 2. ed. rev. e ampl. Porto Alegre: Livraria do Advogado, 2006.

SARLET, Ingo Wolfgang (Org.). **O Novo Código Civil e a Constituição**. Porto Alegre: Livraria do Advogado Editora, 2006.

SARMENTO, Daniel. **Direitos Fundamentais e Relações Privadas**. Rio de Janeiro: Lumen Iuris, 2004.

SARTORI, Giovanni. **Comparative Constitutional Engineering**: an Inquiry into Structures, Incentives and Outcomes. Nova Iorque: New York University Press, 1994.

SAVIGNY, Friedrich Karl von. **La Vocazione del nostro Secolo per la Legislazione e la Giurisprudenza**. Tradução italiana. Bolonha: Forni, 1968.
SAVIGNY, Friedrich Karl von. **System des heutigen Römischen Rechts**: Berlim, 1840. Edição em seleção castelhana de Werner Goldschmidt. Los Fundamentos de la Ciencia Juridica. In: **La Ciencia del derecho**: Savigny Kirchmann, Zitelmann, Kantorowicz. Buenos Aires: Losada, 1949.
SCHMITT, Carl. **Der Hüter der Verfassung**. Tradução castelhana de Manuel Sanchez Sarto, com Prólogo de Pedro de veja. **La Defensa de la Constitución**. Madrid: Tecnos, 1998.
SCHMITT, Carl. **Politische Theologie**: Vier Kapitel zur Lehre der Souveränität. reed. Berlin: Duncker und Humblot, 1985. Tradução francesa de Jean-Louis Schlegel. **Théologie Politique**. Paris: Gallimard, 1988.
SCHWANITZ, Dietrich. Bildung. **Alles was Man wissen muss**. Francoforte sobre o Meno: Eichborn, 1999. Tradução portuguesa de Lumir Nahodil. **Cultura**: Tudo o que é preciso Saber. Lisboa: Dom Quixote, 2004.
SCHWARTZ, Germano André Doederlein. **A Constituição, a Literatura e o Direito**. Porto Alegre: Livraria do Advogado, 2006.
SEARLE, John R. **The Construction of Social Reality**. Londres: Allen Lane, 1995.
SÉRGIO, António. **Democracia**. Lisboa: Sá da Costa, 1974.
SERRANO, Pedro Estevam A. P. **O Desvio de Poder na Função Legislativa**. São Paulo: FTD, 1997.
SHACKLE, G. L. S. **What makes an Economist?** The University Press of Liverpool, 1953. p. 1.
SHENNAN, J. V. **The Origins of the Modern European State (1450-1725)**. Tradução italina. **Le Origini dello Stato Moderno in Europa**. Bolonha, 1991.
SIEYES, Emmanuel. **Qu'est-ce que le Tiers Etat?** Edição crítica de Edme Champion, p. 68. Disponível em: <http://visualiseur.bnf.fr/Visualiseur?Destination=Gallica&O=NUMM-89685>. Acesso em: 13 maio 2022.
SIEYES, Emmanuel. Reconnaissance et exposition raisonnée des droits de l'Homme et du Citoyen, 20 e 21 de julho de 1789. In: FURET, François; HALEVI, Ran (textos estabelecidos, anotados... por). **Orateurs de la Révolution française**: I - Les Constituants. Paris: Gallimard, La Plêiade, 1989.
SILVA, José Afonso da. **Aplicabilidade das Normas Constitucionais**. 3. ed. 6. tir. São Paulo: Malheiros, 2004.
SILVA, José Afonso da. **Curso de Direito Constitucional Positivo**. 20. ed. São Paulo: Malheiros, 2002.
SILVA, José Afonso da. **Manual da Constituição de 1988**. São Paulo: Malheiros, 2002.
SILVA, Maria Beatriz Nizza da. **Silvestre Pinheiro Ferreira**: Ideologia e Teoria. Lisboa: Sá da Costa, 1975.
SILVA, Nady Moreira Domingues da. **O Sistema Filosófico de Silvestre Pinheiro Ferreira**. Lisboa: Biblioteca Breve; Instituto de Cultura e Língua Portuguesa, 1990.
SILVA, Paulo Thadeu Gomes da. **Poder Constituinte Originário e sua Limitação Material pelos Direitos Humanos**. Campo Grande, Mato Grosso do Sul: Solivros, 1999.
SILVA NETO, Manoel Jorge e. **Curso de Direito Constitucional**. Atualizado até a EC 52/2006. Rio de Janeiro: Lumen Iuris, 2006.
SIMON, Yves. **Filosofia do Governo Democrático**. Tradução de Edgard Godói de Mata-Machado. Rio de Janeiro: Agir, 1955.
SKINNER, Quentin. **Visions of Politics**. Cambridge, 2002. Tradução portuguesa de João Pedro George. **Visões da Politica**: sobre os Métodos Históricos. Lisboa: Difel, 2005.
SLAIBI FILHO, Nagib. **Direito Constitucional**. Rio de Janeiro: Forense, 2004.
SOARES, Torquato de Sousa. Feudalismo em Portugal. In: SERRÃO, Joel (Dir.). **Dicionário de História de Portugal**. Porto: Figueirinhas, 1981. v. II. p. 572 e ss.
SOMBART, Werner. **Le Bourgeois**. Tradução francesa. Paris: Payot, 1966.
SOUSA, Marcelo Rebelo de. **Direito Constitucional**: I - Introdução à Teoria da Constituição. Braga: Livraria Cruz, 1979.
SOUSA, Marcelo Rebelo de. **O Sistema de Governo Antes e Depois da Revisão Constitucional**. Lisboa, 1983.

SOUSA, Marcelo Rebelo de. O Sistema de Governo Português. In: MIRANDA, Jorge (Org.). **Estudos sobre a Constituição**. Lisboa: Livraria Petrony, 1979. v. III.
SOUSA, Marcelo Rebelo de. **O Valor Jurídico do Acto Inconstitucional**. Lisboa: Edição do Autor, 1988.
SPENGLER, Oswald. **Der Untergang des Abendlandes**. Tradução castelhana de Manuel García Morente. **La Decadencia de Occidente**: Bosquejo de una Morfología de la Historia Universal. 14. ed. Madrid: Espasa-Calpe, 1989.
STAMATO, Bianca. **Jurisdição Constitucional**. Rio de Janeiro: Lumen Iuris, 2005.
STARCK, Christian. **La Constitution, cadre et mesure du droit**. Paris: Presses Univ. D'Aix Marseille, 1994.
STEINER, George. **Les logocrates**. Paris: Éditions de l'Herne, 2003. Tradução portuguesa de Miguel Serras Pereira. **Os Logocratas**. Lisboa: Relógio D'Água, 2006.
STEVENS, Richard G.; FRANCK, Matthew J. (Eds.). **Sober as a Judge**: the Supreme Court and Republican Liberty. Lanham: Lexington Books, 1999.
STRAYER, Joseph R. **On the Medieval Origins of the Modern State**. Princeton University Press. Tradução portuguesa. **As Origens Medievais do Estado Moderno**. Lisboa: Gradiva, S.d.
TAJADURA TEJADA, Javier. **El Preâmbulo Constitucional**. Granada: Comares, 1997.
TARANTINO, Antonio (Ed.). **Legittimità, Legalità e Mutamento Costituzionale**. Milão: Giuffrè, 1980.
TAVARES, André Ramos. **Teoria da Justiça Constitucional**. São Paulo: Saraiva, 2005.
TEIXEIRA, António Braz. **Sentido e Valor do Direito. Introdução à Filosofia Jurídica**. 2. ed. Lisboa: 2000.
TEIXEIRA, J. H. Meirelles. **Curso de Direito Constitucional**. Organização de Maria Garcia. Rio de Janeiro: Forense universitária, 1991.
TEJADA, Francisco Elias de. **Tratado de Filosofía del Derecho**: I. Sevilla: Universidad de Sevilla, 1974.
TELES, Miguel Galvão. O Problema da Continuidade da Ordem Jurídica e a Revolução Portuguesa. **Boletim do Ministério da Justiça**, Lisboa, n. 345, 1985.
TEMER, Michel. **Elementos de Direito Constitucional**. 19. ed. São Paulo: Malheiros, 2004.
THOMAS, Yan. **Mommsen et 'l'Isolierung' du Droit (Rome, l'Allemagne et l'État)**. Paris: Diffusion de Boccard, 1984.
THOMASHAUSEN, André. Constituição e Realidade Constitucional. **Revista da Ordem dos Advogados**. Lisboa, ano 37, 1977. p. 471 e ss.
THORLEY, John. **Athenian Democracy**. 2. ed. Londres; Nova Iorque: Routledge, 2004.
TIGAR, Michael E.; LEVY, Madeleine R. **Law and Rise of Capitalism**. Tradução portuguesa de Ruy Jungmann. **O Direito e a Ascensão do Capitalismo**. Rio de Janeiro: Zahar, 1978.
TORGAL, Luís Reis. **Ideologia Política e Teoria do Estado na Restauração**. Coimbra: Biblioteca Geral da Universidade, 1982.
TORRES DEL MORAL, Antonio. **Introducción al Derecho Constitucional**. Madrid: Universidad Complutense, 1996.
TORRES, Ricardo Lobo. O Poder de Tributar no Estado Democrático de Direito. In: TÔRRES, Heleno Taveira (Coord.). **Direito e Poder**: nas instituições e nos valores do público e do provado contemporâneos – Estudos em Homenagem a Nelson Saldanha. Barueri, São Paulo: Manole, 2005. p. 460 e ss.
TROPER, Michel. **Pour une théorie juridique de l'État**. Paris: PUF, 1994. p. 183 e ss.
TROPER, Michel; JAUME, Lucien (Dir.). **1789 et l'invention de la constitution**: Actes du Colloque de Paris, da Association française de science politique, mar. 1989. Paris; Bruxelas: LGDJ; Bruylant, 1994.
UCHA, Ana Paula. Direitos Sociais. In: **Estudos sobre a Jurisprudência do Tribunal Constitucional**. Lisboa: Aequitas; Editorial Notícias, 1993.
VALADÉS, Diego. **Conversaciones Académicas com Peter Haeberle**. México: Universidad Nacional Autônoma de México; Instituto de Investigaciones Jurídicas, 2006.
VALLANÇON, François. L'Etat ou l'Odyssée. **EYDIKIA**, Atenas, n. 1, 1991. p. 73 e ss. Tradução portuguesa de Clara Calheiros, recolhida in: **Teoria do Estado Contemporâneo**. Organização nossa. Lisboa; São Paulo: Verbo, 2003.

VALLAURI, Luigi Lombardi. **Corso di filosofia del diritto**. Cedam: Padova, 1978. Nova edição, 1981.
VALLET DE GOYTISOLO, Juan. Justicia Moral y Justicia Jurídica. **Verbo**, Madrid, Fundación Speiro, n. 443-444, mar./ab. 2006. p. 161 e ss.
VARELA, Antunes. Direito Civil. **Polis**, Lisboa: Verbo, 1984. v. II. Col. 404 ss.
VARMA, Dr. Vishwanath Prasad. **Studies in Hindu Political Thought and its Metaphysical Foundations**. 3. ed. Delhi; Varanasi; Patna, 1974.
VAZ, Manuel Afonso. **Lei e Reserva da Lei**: a Causa da Lei na Constituição Portuguesa de 1976. Porto: Universidade Católica Portuguesa, 1992.
VEDEL, Georges. Souveraineté et supraconstitutionnalité. **Pouvoirs**, n. 67, 1993. p. 79-97.
VEGA, Pedro. **La Reforma Constitucional y la Problemática del Poder Constituyente**. Madrid: Tecnos, 1985.
VERGOTTINI, G. de. **Diritto Costituzionale Comparato**. Tradução castelhana com introdução de Pablo Lucas Verdù. **Derecho Constitucional Comparado**. Madrid: Espasa-Calpe, 1983.
VERÍSSIMO, André. **A Intriga Ética**: Ensaio sobre a Antropologia e a Ética Levinasianas. Guimarães: Cidade Berço, 2001.
VIDAL-NAQUET, Pierre. **Les Grecs, les historiens, la démocratie**: le grand écart. Tradução portuguesa de Jônatas Batista Neto. **Os Gregos, os Historiadores e a Democracia**: o grande desvio. São Paulo: Companhia das Letras, 2002.
VIEIRA DE ANDRADE, José Carlos. **Os Direitos Fundamentais na Constituição Portuguesa de 1976**. Coimbra: Almedina, 1983.
VILLEY, Michel. **Le Droit et les Droits de l'Homme**. Paris: PUF, 1983.
VILLEY, Michel. Polémique sur les "Droits de l'Homme". **Etudes Philosophiques**, n. 2, 1986. p. 191 e ss.
VILLEY, Michel. Jusnaturalisme, essai de définition. **Revue Interdisciplinaire d'Etudes Juridiques**, n. 17, 1986.
VILLEY, Michel. **Réflexions sur la Philosophie et le Droit**. Paris: Les Carnets; PUP, 1995.
VINCENT, André. **Les révolutions et le droit**. Paris: LGDJ, 1974.
VITORINO, António. A Democracia Representativa. In: RATO, Helena; FERREIRA, Eduardo Sousa (Coord.). **Portugal Hoje**. Oeiras: Instituto Nacional de Administração, 1994.
VOEGELIN, Eric. **Die politischen Religionen**, 1938. Tradução portuguesa de Teresa Marques da Silva. **As Religiões Políticas**. Lisboa: Vega, 2002.
VORLÄNDER, Hans. **Integration durch Verfassung**, VS Verlag für Sozialwissenschaften, 2002.
VORLÄNDER, Hans. **Verfassung und Konsens**. Berlim: Duncker & Humblot, 1981.
WEBER, Max. **Wirtschaft und Gesellschaft**: Grundriss der verstehenden Soziologie. Tradução inglesa. **Economy and Society**. Berkeley et al.: University of California Press, 1978. 2 vols.
WERLE, Denílson Luis; MELO, Rúrion Soares. **Democracia Deliberativa**. Porto Alegre: Livraria do Advogado, 2007.
ZAGREBELSKY, Gustavo. **La Crucifixión y la Democracia**. Tradução castelhana de Atílio Pentinalli Melacrino. Barcelona: Ariel, 1996.
ZENHA, Francisco Salgado. Processo Civil, Constituição e Democracia. **Revista da Ordem dos Advogados**, ano 52, II, jul. 1992. p. 341 e ss.
ZWEIG, Stefan. **Castélio Contra Calvino**. 7. ed. Tradução portuguesa. Porto: Livraria Civilização, 1977.
ZWEIG, Stefan. **Erasmo de Roterdão**. 9. ed. Tradução portuguesa. Porto: Livraria Civilização, 1979.

Os papéis utilizados neste livro, certificados por instituições ambientais competentes, são recicláveis, provenientes de fontes renováveis e, portanto, um meio **respons**ável e natural de informação e conhecimento.

FSC
www.fsc.org
MISTO
Papel produzido
a partir de
fontes responsáveis
FSC® C103535

Impressão: Reproset
Novembro/2022